Über dieses Buch Dieses Buch führt zu einer persönlichen Begegnung mit Menschen in Südafrika, die alle nicht so leben können, wie sie wollen, weil die Gesetze der Apartheid sie daran hindern. Ihre Schicksale dokumentieren verpaßte Chancen, verbotene Ambitionen, vergeblichen Widerstand im Kleinen. An diesen Einzelschicksalen, exemplarisch für das begrenzte Leben aller in Südafrika, werden die Arroganz und die Erbarmungslosigkeit spürbar, mit denen die weiße Minderheit die sozialen Gegebenheiten des Landes umzustülpen, die Realitäten der menschenfeindlichen Ideologie anzupassen versuchte. Die Opfer sind nicht nur die schwarzen, sondern auch die weißen Menschen Südafrikas. Die Wege dieser Opfer, ihre Empfindungen von Demütigung, Bedrohung und Aussichtslosigkeit, hat die Autorin nachgezeichnet.
Jede dieser vier in sich abgeschlossenen Geschichten ist eine Annäherung an den südafrikanischen Alptraum, an ein deformiertes Lebensgefühl, an die Ängste im Land, die die Beziehungen zwischen den Menschen auf Jahrzehnte hinaus vergiftet haben. Die Berichte machen die jahrhundertelangen Verstrickungen nachvollziehbar und sind so auch eine Hilfe zum Verständnis des schwierigen Wandlungsprozesses, der jetzt in Gang gekommen ist. Nicht zuletzt machen sie deutlich, daß die hierzulande populäre Meinung, Apartheid sei schon Vergangenheit, nur ein Fehlschluß sein kann.

Die Autorin Claudia Decker, geboren 1953, studierte Politikwissenschaft, Neuere Geschichte und Kommunikationswissenschaft. Arbeitet seit 1979 als Journalistin für den Bayerischen Rundfunk, für andere Rundfunkanstalten und Zeitungen. Sie schrieb Reportagen über ihre Reisen durch Australien, Nicaragua, Alaska und Südafrika.

Claudia Decker

Die falsche Hautfarbe

Lebensgeschichten aus der Apartheid

Fischer
Taschenbuch
Verlag

Originalausgabe
Veröffentlicht im Fischer Taschenbuch Verlag GmbH,
Frankfurt am Main, Juni 1991

© Fischer Taschenbuch Verlag GmbH, Frankfurt am Main 1991
Umschlaggestaltung: Buchholz/Hinsch/Hensinger
Umschlagabbildung: Afrapix CC, Milxe Hutchings
Gesamtherstellung: Clausen & Bosse, Leck
Printed in Germany
ISBN 3-596-10796-2

Inhalt

Vorbemerkung 7

Das verlorene Paradies
Protokoll einer Vertreibung 11

Im weißen Ghetto
Anna entdeckt die Apartheid 71

»Mir dämmerte, ich habe die falsche Hautfarbe«
Ein Farbigenschicksal aus Kapstadt 141

Mandelas Genossen
20 Jahre Gefangener auf Robben Island 193

Danksagung 269

Vorbemerkung

Südafrika ist eine Wucht. Das weiß jeder, der seine Naturschönheiten kennengelernt hat: das weite offene Land, die üppig grünen Drakensberge, die Tierparks, die langen, weißen Strände am Atlantik und am Indischen Ozean.

Südafrika ist ein wunderbares Land. Ich wußte von diesen Schönheiten, längst bevor ich sie gesehen hatte. Nicht nur unbekümmerte Touristen sind begeistert vom herrlichen Reiseland Südafrika, sondern auch die mehr oder minder politisch Interessierten, die durchaus einen Blick auf die Realitäten des Landes geworfen haben, ganz vernünftige Leute also.

Das war meine Irritation: Wer das Land in Augenschein genommen hat, kommt zurück als Experte, ausgerüstet mit vielen Argumenten für die Notwendigkeit der Rassentrennung. Eigene Erlebnisse geben die feste Basis ab für die Erkenntnis, daß die Weißen in Südafrika ihr Bestes tun, um dieses Land mit seiner überwältigenden schwarzen Mehrheit in einer vernünftigen sozialen Balance zu halten. Mag ein vages Gefühl von Unrecht den Trip ans Kap sogar überlebt haben – es bleibt eine Menge guter Gründe, die zumindest für eine gemäßigte Form der Apartheid sprechen, die beste denkbare Lösung für Südafrika.

Wie soll man mitreden, wenn man nie dort war? Also wollte ich mir selbst ein Bild machen und begab mich auf die Reise.

Neun Monate blieb ich in Südafrika. Ich habe noch nie so viel gelernt wie dort. Fast täglich begegnete ich neuen Menschen, jeder mit einer anderen tragischen Lebensgeschichte, auf andere Weise geprägt von der Zerstörungskraft der Apartheid.

Freunde halfen mir, die verzwickten Widersprüche des Systems zu entdecken. Sie sprachen über ihren Alltag, in der Arbeit wie im Privatleben, sie erklärten mir geschichtliche Zusammenhänge, brachten mich mit immer neuen Menschen in Kontakt, nahmen mir die Furcht vor Ausflügen in die Townships. Sie knüpften mir ein Netz der Hilfsbereitschaft, das von Johannesburg über Kapstadt, Knysna, Grahamstown, Durban, Pietermaritzburg bis nach Louis Trichardt im Norden reichte. Und diese Namen sind unvollständig ohne die zu ihnen gehörenden Ghettos Soweto, Khayelitsha, Lawaaikamp, Umlazi, Imbali. Auch dort haben die Menschen mir vertrauensvoll Zutritt zu ihrem Leben erlaubt. So lernte ich, mit ihren Augen zu sehen, die Demarkationslinien wahrzunehmen, die die südafrikanische Gesellschaft durchziehen und die ich als Weiße ohne diese Hilfe nie hätte erkennen können. Zu verführerisch ist es, sich von der Fassade weißen Wohllebens täuschen zu lassen, denn das System hält das Elend der Apartheid in der Regel außer Sichtweite.

Jede Begegnung machte mir auf ihre Weise bewußt, daß das Leben aller in diesem Land so beschädigt ist, so vergiftet von dieser Ideologie, wie es hierzulande nicht vorstellbar ist. Das Gift reicht bis in banale Alltäglichkeiten hinein, ist hochwirksam, selbst wenn Demütigungen in kleinen Dosen verabreicht werden. Die Tatsache, daß sich jeder Weiße, mag er geistig noch so minderbemittelt sein, aufgrund seiner Hautfarbe an Wahlen beteiligen darf, ein Schwarzer, mag er politisch noch so gebildet sein, aber nicht, ist nur eine von unzähligen Absurditäten. Wie fühlen sich Menschen, wenn sie von allen wichtigen Entscheidungsprozessen, die ihr Leben betreffen, ausgeschlossen werden?

Aus den vielen Schicksalen, die ich kennenlernen konnte, haben sich schließlich die vier in diesem Buch für mich herauskristallisiert. Es ist eine willkürliche Auswahl, aber typisch für zahllose ähnliche Tragödien im Land der Apartheid.

Als ich vom Widerstand der Leute von Mogopa hörte, wollte ich zuerst nicht glauben, daß diese Regierung, die sich stets auf ihre demokratische Tradition beruft, so mit ihren eigenen Leuten verfährt. Aber dann habe ich die von ihrer Farm vertriebenen Menschen kennengelernt, habe die Ruinen ihrer Häuser gesehen. Ich bewundere die Zivilcourage und das Durchhaltevermögen dieser Menschen.

Ich traf Anna, Nutznießerin der weißen Privilegien, die mir geduldig begreiflich machte, wie sich rassistische Denk- und Empfindungsweisen in einem Kind einnisten können, wie ein Mensch lernt, die richtigen Fragen nicht zu stellen, Widersinnigkeiten zu akzeptieren, bis vielleicht doch – im glücklichen Fall – eine Konfrontation stark genug ist, diesem Menschen das Herz für die Wahrnehmung von Recht und Unrecht zu öffnen. Anna ist solch ein »Glücksfall«, aber glücklich ist sie durch ihre Wandlung nicht geworden. Mehr denn je leidet sie unter der Zerrissenheit ihres Landes.

Lea dagegen ist glücklich, obwohl sie im südafrikanischen Kastenwesen an vorletzter Stelle steht, klassifiziert als »Farbige«. Ihre Lebensgeschichte ist typisch für Farbige in Kapstadt. Lea ist eine von denen, die aus dem legendären Viertel District Six Anfang der 70er Jahre vertrieben wurden. Aber diese und viele andere »Katastrophen ihres Lebens«, wie sie nur in der Apartheid passieren können, haben Lea nicht ihres Stolzes berauben können. Sie engagiert sich voller Hoffnung und Lebenskraft für ein demokratisches Südafrika.

Genauso wie der ehemalige Häftling der Gefangeneninsel Robben Island aus der letzten Geschichte, einer von Hunderten, denen Jahre ihres Lebens gestohlen wurden, weil sie gegen die Apartheid aufbegehrten. Ich habe seine Erlebnisse mit den Erzählungen anderer Ehemaliger der Insel, mit eigenen Recherchen, Informationen aus Artikeln, Büchern und Filmen in einer Collage zu einem fiktiven Monolog verwoben, weil mir diese Form am geeignetsten schien, meine Gespräche mit den verschiedenen Häftlingen in ihrer typischen Diktion wiederzugeben. Auch dieser Häftling hat sich von den Bitterkeiten seines Lebens im permanenten Abseits nicht überwältigen lassen. Noch nach 20 Jahren hinter Gefängnismauern setzt er auf die Chance politischer Überzeugungskraft, auf Toleranz und Vernunft bei Schwarz und Weiß.

Die meisten Personen dieser Geschichten haben mich gebeten, ihre Namen zu ändern. Sie zweifeln noch am Reformwillen der Regierung de Klerk.

Jeder der hier geschilderten Lebensläufe spiegelt auf seine eigene und doch typische Weise die ganz alltägliche Gewalt, die Apartheid den Menschen antut.

Durch die Schicksale dieser Menschen habe ich erst verstanden, daß sich unendlich viel Verzweiflung und Haß ansammeln mußte. Mag auch irgendwann am Ende des Reformprozesses die Apartheid abgeschafft sein – die Erblast der Apartheid ist so groß, daß sich noch viel von diesem Haß Luft machen wird. Es brodelt überall im Land. Die Zeit des Leidens und der Opfer ist für Südafrika noch längst nicht vorbei.

Und noch etwas: Apartheid ist keine Erfindung irgendwelcher rückständiger Buren, die weit entfernt von Europa ihre eigenartigen Visionen vom Überleben weißer Kultur wahrgemacht haben. Apartheid als Unterdrückung und Entrechtung der Ureinwohner gibt es noch heute überall dort, wo »der weiße Mann« einmal seinen Fuß auf fremde Kontinente setzte und zu herrschen begann.

Das verlorene Paradies

Protokoll einer Vertreibung

Die Meute kam nach Mitternacht. Die Dörfler sagen, es sei später als zwei gewesen, in der Phase ihres tiefsten Schlafes. Die Hunde schlugen nicht mal an, und auch die Kühe schliefen, unten in der Senke, wo die Wasserstelle war. Mensch und Tier ruhte aus von der Hitze des Sommertages.

Gegen sieben hatte sich die Dunkelheit über das Dorf gebreitet. Abende begannen früh in Mogopa, man ging entsprechend früh schlafen. Es war die Nacht auf Dienstag, den 14. Februar 1984. Ein zunehmender Mond am leicht bewölkten Himmel warf das einzige Licht auf die still daliegenden Häuser.

Die Leute von Mogopa verschliefen die leise Invasion ihres Dorfes.

Erst Motorenlärm und lautes Rufen ließen sie aus dem Schlaf hochschrecken. Als sie ahnungsvoll aus dem Fenster schauten, starrten ihnen blendende Scheinwerfer entgegen. Es wimmelte von Lastwagen und Polizeiautos. Uniformierte mit Taschenlampen schwärmten aus, klopften ungeduldig an die Haustüren. »Aufmachen!« riefen sie. Gleichzeitig schnarrte eine Stimme aus einem Lautsprecherwagen: »Bleibt in euren Häusern! Wir sind gekommen, um euch zu beschützen.«

Die Leute von Mogopa sagen, nie habe das Dorf eine Betriebsamkeit gesehen wie in dieser Nacht. In dem gespenstischen Spiel der Lichter machten sie das unübersehbare Aufgebot an Polizisten und Männern in Overalls, an Polizeiautos, Lastwagen und Bussen aus. Die Polizisten redeten auf Walkie-talkies ein, riefen ihren Helfershelfern Kommandos zu, beorderten LKWs hierhin und dorthin. Die tanzenden Lichtkegel waren die Anhöhe hinauf bis zu den letzten Häusern zu sehen. Selbst am Fuß des fernen Hügels sah man helle Punkte. Die Polizei hatte ihr Netz über das ganze Dorf geworfen. Kein Bewohner sollte entkommen und kein Unbefugter das Gelände betreten.

Die Leute im Dorf wußten, was der nächtliche Aufmarsch zu bedeuten hatte: D-Day, sie waren reif zur Deportation. Ihre zähe Gegenwehr der ganzen letzten Jahre – sie versandete in dieser Nacht der endgültigen Niederlage.

Auch die Witwe von Jacob Molope, damals 67 Jahre alt, wachte erst auf, als die Fahrzeuge schon vor ihrem Haus rangierten. Sie brauchte wie immer eine Zeitlang, bis sie sich aus dem Bett manövriert hatte; seit Jahren hinkte sie. Sie tastete sich in der Dunkelheit vom Schlafzimmer durch den Flur zur Küche und wollte zur Haustür. Durchs Küchenfenster sah sie die sich bewegenden Lichter. Und auch sie hörte die Durchsage: »Wir sind gekommen, um euch zu beschützen.« Das ließ sie nur bitter lächeln. Sie zog es vor, sich nicht an der Tür zu zeigen, sondern hinter der Gardine das Vorgehen des Rollkommandos zu beobachten.

Ihr Haus stand nicht weit von dem des Isaac More, dem stellvertretenden Headman des Dorfes. Sie sah, daß Männer in sein Haus eindrangen. Die sechs Räume bewohnte der Witwer alleine, seine Kinder arbeiteten in der Stadt. Es dauerte eine Weile, bis die Möbel von Isaac More auf den starken Armen der nächtlichen Eindringlinge den Weg auf einen Lastwagen antraten. Isaac More berichtet später, daß die Polizisten ihm mehrmals sagten: »Die Regierung hat verfügt, daß ihr hier weg müßt; jetzt sorgen wir dafür, daß ihr geht.«

Seine Frage nach dem Warum beantworteten sie nicht. Während der Alte den schwarzen Jungen zusah, die seine Habe wegtrugen, fragte er sich unablässig, was er tun könnte. Aber während sein Haus sich leerte, mündeten seine Gedankenkreise immer nur in derselben Erkenntnis: daß er nichts tun konnte, gar nichts.

Die Sonne stand schon hoch, als der sechsundachtzigjährige Greis aus dem Haus geführt wurde, in Handschellen. Welche Barbarei, so empfanden es die Nachbarn, die allen davon berichteten. Er nahm Platz im Führerhaus des Lastwagens, auf dessen Ladefläche seine Stühle, ein Tisch, Schränke, das alte Ehebett und aller Hausrat verstaut waren. Isaac More war einer der ersten, der aus Mogopa abtransportiert wurde, von Polizei eskortiert. Einen Pflug, zwölf Ochsen, sechs Milchkühe und 54 Schafe ließ er zurück. Er hoffte, das Vieh werde mit einer der anderen Fuhren nachkommen. Er sah seine Tiere nie wieder, auch nicht den Pflug, keines der Ackergeräte, mit denen er jahrzehntelang das Feld bestellt hatte. Ein Judas assistierte dem Räumkommando: Jacob More, der entthronte Headman des Dorfes, ein anderer aus dem weitverzweigten Dorfclan der Mores. Bestechungsgelder hatten ihn vor Jahren zum Sprachrohr der Regierung und zum Befürworter der Umsiedlung gemacht. Unter seinen Machenschaften war das Dorf zu einer zerstrittenen, zerrütteten Gemeinschaft verkümmert. Vor wenigen Monaten erst hatte er Mogopa verlassen, mitsamt seinen Parteigängern, rund 150 Familien. Jetzt war Jacob More wieder da, als Komplize der Polizei. Mit einem Megaphon ging er durchs Dorf und forderte die Leute auf, sich zu fügen. In Tswana, ihrer Sprache, warnte er sie und redete ihnen zu, sofort zu packen. Zwischendurch zeigte er den Polizisten an seiner Seite die Häuser der zwölf Männer vom Dorfkomitee. So kamen deren Familien in den zweifelhaften Genuß polizeilicher Bevorzugung: Sie waren als erste dran. Keiner wagte es, den Handlanger aufzuhalten.

Die Leute sagen, die Furcht vor ihm sei groß gewesen.

Die ersten mußten ihre Häuser so verlassen, wie sie waren, im Nachthemd, im Schlafanzug, ohne Schuhe. Eine Decke war alles, was sie sich in der Eile umlegen konnten. Wo Türen sich nicht schnell genug öffneten, wurden sie eingetreten. »Packen und raus hier!« war das Kommando. Kinder weinten. Beim geringsten Zögern bekamen die Leute den Schlagstock zu spüren.

Die Polizisten trugen Revolver im Halfter, manche ein Gewehr in der Hand. Immerhin hatten sie die Schäferhunde zu Hause gelassen.

Szenen des nächtlichen Alptraums:

»Es war noch dunkel, als die Tür eingetreten wurde. Im Nu war ich umgeben von vier bewaffneten Männern, die mich anschrien: ›Na, wo sind denn jetzt eure Helfer von Black Sash?‹* Ich mußte sofort in den Bus steigen, der uns später wegbrachte.«

»Ich hatte plötzlich die Idee, alles abzuschließen, aber in der Aufregung fand ich die Schlüssel nicht. Es blieb mir nichts übrig, als zuzusehen, wie alles rausgetragen wurde. Ist das mein Haus oder eures? fragte ich einen der Männer, aber der antwortete nicht.«

Manche sahen Teile ihres Hausrats nicht wieder. Wieviel verloren und zu Bruch ging – die Vertriebenen von Mogopa haben die Rechnung nie aufgemacht.

Die Operation war keine Sache weniger Stunden. Als der Morgen graute, war noch kein weiterer Lastwagen auch nur annähernd voll.

---

* Black Sash – Schwarze Schärpe, sehr aktive Anti-Apartheid-Organisation weißer Frauen, die Beratungsbüros für Schwarze unterhält und Dokumentationen über die Folgen der Apartheidpolitik herausgibt.

Erst am Nachmittag gegen drei standen 27 Familien startbereit zur Fahrt an einen Ort, von dem sie nur den Namen kannten: Pachsdraai.

Die Täter und ihre Opfer sind die einzigen Augenzeugen der Räumung. Keiner sonst hatte Zutritt zum Schauplatz des polizeilichen Durchgreifens, nicht die Journalisten, nicht die Diplomaten, nicht die Sozialarbeiter vom Kirchenrat, von TRAC*und vom Black Sash, kein Anwalt. Einem aus dem Dorf war es gelungen, sich in der Dunkelheit davonzumachen und einen Notruf an die Helfer in Johannesburg zu schicken. Sie kamen nicht weiter als bis zum Sicherheitskordon der Polizei. Am Eingangstor zur Farm hatten sie sich eingefunden, hilflose Zaungäste, fast vier Kilometer vom Ort des Geschehens. Mogopa war »sealed off«, abgeriegelt von der Außenwelt.

Ein weißer Kirchenmann gelangte über einen Schleichweg ins Dorf, er wurde gefaßt und zu einer Geldstrafe verurteilt.

Die Dunkelheit unterbrach am Dienstagabend die Arbeit der Polizisten. Schichtwechsel. Andere Bewacher kamen.

Mit dem Morgengrauen des Mittwochs startete die Maschinerie von neuem. Die zielstrebige Hektik, Rufe, die zur Eile antrieben, Schimpfworte hielten die Dörfler in Atem.

Am Mittag verließen wieder über 30 Fahrzeuge die Farm, Busse und schwere Mercedes-Lastwagen, auf denen Schränke und Sofas, Topfblumen, Tische und Stühle sich türmten, Kisten und Koffer, Matratzen, zersplitterte Fenster, Autoreifen, Fahrräder, mal ein Pflug, eine Ziege, Hühner. Sogar ein Klavier, das einzige Klavier des Dorfes, hatten die Männer unter großer Anstrengung auf den Anhänger gewuchtet.

Unterdessen saßen Wartende im Schatten der Bäume, dort durften sie lagern. Alte Leute, Gebrechliche, auch ein Bettlägeriger unter ihnen, wirkten apathisch. Wer nur umhergehen wollte, ziellos, um der inneren Spannung Auslauf zu geben, mit einem Nachbarn zu reden, wurde zurückgepfiffen:

»Hey, du da, du hast da nichts zu suchen, geh ins Haus!«

Und »der da« gehorchte.

Was wußte man auch, was die Buren vorhatten mit einem? Schwarzes

---

* TRAC – Transvaal Rural Action Committee, Unterorganisation von Black Sash, hilft Gemeinschaften, die von Zwangsumsiedlungen oder Übernahme in ein Homeland bedroht sind.

Leben war nichts wert, das wußte man, und auch, daß es der Polizei auf eine Kugel mehr oder weniger nie ankam, wenn ein schwarzer Mensch sich widersetzte. Schwarze waren es zwar, die ihr Dorf räumten, auch schwarze Polizisten. Aber welche Bedeutung hatte das schon?

Die Wartenden aßen, was sie im Haus hatten. Mütter stillten ihre Kinder. Die schienen mehr zu schreien als sonst, als spürten sie den Schrecken.

Bis sie an die Reihe kamen, hatten die meisten Frauen schon Ordnung gemacht, den Hausrat in Koffern und Kartons verstaut und transportsicher verschnürt. Was sie tragen konnten, brachten sie eigenhändig zu den LKWs, vielleicht würde ihre Habe dann unversehrt bleiben.

Letzte Möglichkeiten der Schadensbegrenzung.

Auf die Türen der geräumten Häuser malten die Helfer eine Zahl und ein großes weißes Kreuz, die todbringende Chiffre für jedes Haus, das Abrißurteil.

Selbst die unbewohnten Häuser der Wochenendpendler wurden aufgebrochen, ihr Inventar wurde fortgeschafft wie das aller anderen.

Die Männer versuchten zu retten, was sie retten durften. Sie montierten Türen und Fensterrahmen ab, sie stiegen auf die Dächer, um Blechteile und Dachpfannen zu lösen, sie kümmerten sich um das Vieh. Die weit über 1000 Kühe und Ochsen, die Schweine, Schafe, Esel und Pferde waren die Basis ihres bescheidenen Lebens gewesen. Sie durften sie nicht mitnehmen. Allenfalls für Hühner und Ziegen gab es Platz auf den Anhängern. Was den Männern blieb, war Verkaufen, bloß rasch verkaufen, bevor man sie in die Busse beorderte.

Käufer hatten sich schon eingefunden. Für sie hatte der Bann über dem Dorf keine Gültigkeit. Ohne Einschränkung konnten sie sich bewegen, das Vieh begutachten, Preise drücken. Es waren die benachbarten Farmer, Weiße allesamt. Nicht in der Absicht nachbarschaftlicher Hilfeleistung waren sie da, sondern in der Hoffnung auf einen satten Reibach. Rinder wechselten zum Schleuderpreis von 50 Rand das Stück den Besitzer, obwohl sie 400 wert waren, Bullen sogar 1200 Rand. Für ein Schaf, das bei einem gerechten Handel 110 Rand erbracht hätte, gaben die Nachbarn jetzt 10 Rand. Mit leeren Lastwagen waren sie ins Dorf gekommen, sie verließen das Gelände vollbeladen. Nur einer nahm Vieh in Verwahrung, bis die Besitzer Tage später zurückkommen und es in der Stadt verkaufen konnten.

Einmal gab Major Alfonso Scheepers, der die Aktion leitete, den draußen wartenden Journalisten einige Informationen. Die Leute seien dabei, friedlich und freiwillig umzuziehen, sagte er. Nur falls sich jemand weigern sollte zu gehen, so sagte er, müsse man nachhelfen. Die Polizei sei für den Fall zur Stelle, daß die Männer vom Räumungskommando ihre Hilfe bräuchten. Im übrigen könne sich jeder der Mogopa-Leute vor Gericht beschweren.

Die ausgesperrten Beobachter zählten die LKWs und Busse, die das Tor der Farm passierten. 162 Familien waren schon fortgebracht, die Busse vollbesetzt mit ratlos blickenden Menschen. Zwei Polizisten saßen in jedem Bus. Sie sorgten dafür, daß unterwegs keiner ausstieg. In manchen LKWs saßen Kinder ohne ihre Eltern neben dem Fahrer, weinten oder schauten verängstigt auf die am Tor Stehenden.

Journalisten, die der Karawane hinterherfuhren, hatten nur während einer Tankpause die Chance, ein weiteres Stimmungsbild einzufangen: Als die Leute in den Bussen sie sahen, winkten sie und riefen durch die geöffneten Fenster um Hilfe.

Am Donnerstagabend waren alle Häuser von Mogopa geräumt. Selbst die Regale im Supermarkt waren leer.

Den Rest erledigten am Freitag die Bulldozer.

Gegen fünf Uhr nachmittags konnte Major Scheepers seinen weißen Herren in Pretoria Vollzug melden. Seine 90-Mann-Spezialtruppe hatte die Aktion gemeistert. 181 schwarze Familien – die Hilfsorganisationen sprachen von 300 – seien mitsamt ihrer Habe unter Einsatz von über 80 LKWs, zwei Bussen und den Fahrern »ohne Widerstand« umgesiedelt worden, »freiwillig und ohne Zwischenfälle«.

Alle Häuser waren zerstört. Das Dorf Mogopa existierte nur noch als weit ausgreifendes Ruinenfeld.

Die Regierung hatte ein Problem mustergültig gelöst.

Für die Leute von Mogopa begann die Odyssee vom Wohlstand in die Armut.

Bis heute ist die Odyssee der schwarzen Gemeinschaft nicht zu Ende.

Wann hat sie begonnen?

1978, mit der Wahl des Headmans Jacob More? 1982, mit der offiziellen Mitteilung, daß die Jahre Mogopas gezählt seien? 1984, mit der Vertreibung? Oder schon 1911, als die Mogopa-Pioniere die Farm kauften? Gar noch früher?

Die Geschichte Mogopas ist ein Spiegelbild weißer Herrschaft in Südafrika.

Die Bakwena vom Stamm der Tswana siedelten im Nordwesten Südafrikas, schon als Pretoria noch gar nicht existierte. Sie betrieben Ackerbau und Viehzucht, bauten hauptsächlich Hirse und Mais an. Bethanie hieß die Missionsstation, von der Hermannsburger Mission im 19. Jahrhundert in ihrer Nachbarschaft gegründet. Im Burenkrieg 1899 bis 1902 gerieten die Bakwena zwischen die Fronten von Briten und Buren. Ein Teil von ihnen setzte sich nach Süden ab, in den burisch regierten Oranje-Vrystaat. Der Paramount Chief in Bethanie blieb ihre höchste Autorität, der Tradition gemäß.

Die Bakwena hatten sich bei ihrer Suche nach einer neuen Existenz einen schlechten Ort ausgesucht. Der Oranje-Vrystaat – frei nur dem Namen nach – war die konservativste Republik der südafrikanischen Union. Die Politiker des Vrystaats waren eifrige Schrittmacher schwarzer Benachteiligung, immer erfindungsreich bei der Suche nach neuen Fesseln für das schwarze Streben nach einem ungestörten Leben. Nur dort verbot es ein Gesetz den schwarzen Bewohnern, Land zu kaufen oder zu pachten. Schwarze Landbesitzer durften ihr Land nur noch an Weiße verkaufen. Lediglich der unzureichenden Infrastruktur war es zu danken, daß Schwarzen trotzdem noch Land verpachtet wurde. Es fehlten Kläger gegen diese Praxis.

Auch die Bakwenas hatten Land gepachtet. Sie bestellten es auf eigene Rechnung und durften ihr Vieh auf den Weiden des Gutsbesitzers grasen lassen. Als Gegenleistung mußten die Kinder einige Monate im Jahr für den Pachtherrn arbeiten, und die Hälfte der Ernte gehörte ihm. Wer am Tag der Ernteabgabe die größte Menge einbrachte, der wurde vor versammelter Mannschaft belobigt.

Solange niemand dieses eingespielte Miteinander störte, herrschte Ruhe an der schwarz-weißen Basis. Aber dann durchkämmten burische Agitatoren das Land. Der Minister für die Angelegenheiten der Eingeborenen, General Hertzog, wetterte gegen die Unsitte der Verpachtung an Schwarze, und seine Beamten brandmarkten auf öffentlichen Versammlungen jene Farmer, die Schwarze noch immer nicht zum Teufel gejagt hatten, um das Land für »verarmte Weiße holländischer Abstammung« freizumachen. Die Hetze ließ andere Bereiche des Arbeitsmarktes nicht ungeschoren. Beamte bei Bahn und Post wurden entlassen zugunsten stellungsloser Weißer. Und dann kamen die Inder und Asiaten dran: Die Vrystaat-Extremisten setzten im Parlament Gesetze durch, die auch deren Rechte mehr und mehr einschränkten.

Vor allem die Landfrage ließ den Agitatoren keine Ruhe. Unablässig machten sie Stimmung gegen das »Kaffir-farming«. Zu ihrem Leidwesen zogen die Farmer bei dieser Kampagne nicht recht mit. Die dachten nicht daran, ihre schwarzen Pächter durch weniger arbeitsame »poor whites« zu ersetzen. Aus dem Jahr 1912 ist die Ansprache eines Farmers überliefert, der beim Empfang der Ernteabgaben seine Pächter beruhigte:

»Sie sollen es nur wagen, die Männer in ihren Zylindern und Gehröcken, die in den Hotels in Kapstadt wohnen auf Kosten anderer Leute, sie sollen es nur wagen, mir zu befehlen, daß ich meine Eingeborenen von der Farm weisen soll. Das hier ist mein Grund und Boden; er kostet mein Geld und nicht das vom Parlament. Die können eher platzen, ehe ich da mitmache.«

Die hartnäckige Wühlarbeit muß den Vorfahren unserer Mogopa-Leute signalisiert haben, daß die Lage im Vrystaat brenzlig wurde. Die Alten von Mogopa, die um die Jahrhundertwende Geborenen, erinnern sich noch an das Kesseltreiben. Ihre Familien seien von den Holländern bedroht worden, sagen sie, auch von weißen Farmarbeitern. Die seien eifersüchtig gewesen auf das Vieh, das die Schwarzen besaßen, auf das bißchen Überschuß, das sie erwirtschafteten. Mit Sticheleien habe es angefangen. »Wozu braucht ihr so viel Vieh?« hätten sie gesagt. »Für eine Familie langen doch zwei Kühe und zwei Ziegen.«

Der Boden im Vrystaat wurde allmählich zu heiß. Eine eigene Farm, das wäre die Chance auf ein freies Leben. In der Provinz Transvaal durften Schwarze Land erwerben.

Das war der Moment, sich mit dem Chief in Bethanie zu beraten. Eine Abordnung fuhr hin, und er stimmte dem Kauf einer Farm zu.

Das Unternehmen brauchte Zeit. Die Leute wählten ein Komitee, das den Verkauf von Vieh organisierte. So kam genug Geld zusammen. Ein Ochse war 1911 fünf Pfund wert – man zahlte in englischer Währung, denn Südafrika unterstand der britischen Krone. Kundschafter wurden ausgeschickt, die Lage im Transvaal zu sondieren. 1911 war es soweit: Der Häuptling der Bakwena kaufte die 7000-Hektar-Farm Mogopa, knapp 20 Kilometer nördlich des Städtchens Ventersdorp.

Es war üblich, daß der Häuptling die Formalitäten abwickelte und als

Eigentümer auftrat. Allerdings gab es für solche stammesrechtlichen Formalien im weißen Rechtssystem keine Paragraphen. Also hatte es sich eingebürgert, den weißen Minister für Eingeborenenfragen zum Treuhänder schwarzen Landbesitzes zu machen, eine juristische Hilfskonstruktion, mehr nicht. Solange der Häuptling Streitigkeiten einvernehmlich regelte, würde die ministerielle Vormundschaft nicht wirksam werden. Das Gesetz verpflichtete den Treuhandminister unter anderem, immer im besten Interesse der Mogopa-Leute zu handeln. Jahrzehnte später sollte der Nachfolger eben jenes Treuhänders den Vertreibungsbefehl unterzeichnen, die Zwangsvertreibung anordnen und schließlich Mogopa enteignen...

Es dauerte noch zwei Jahre, bis die ersten nach Mogopa aufbrachen. Mühselig zog der kleine Treck über 200 Kilometer nordwärts. Zwölf bis 14 Ochsen, so erinnern sich die Alten, zogen die hochrädrigen Karren, auf denen der ärmliche Hausrat verstaut war. Wer die Aufsicht über die Kühe hatte, ritt auf einem Esel oder einem Pferd.

Die Reise war lang. Das Vieh mußte grasen, die Ochsen trotteten langsam. Nachts schlugen die Leute ihr Lager am Straßenrand auf, die Frauen sammelten Feuerholz und sorgten fürs Essen. Nach über zwei Wochen kamen die ersten in Mogopa an. Die Pionierarbeit begann.

Die Jungen mußten mit zulangen. Häuser entstanden, rund, aus Stein, Lehm und Gras, warm im Winter und kühl im Sommer. In der Nacht kam das Vieh in Kraals, die man mit umherliegenden Steinen errichtete. Es gab keinen Fluß in der Nähe, das Regenwasser mußte aufgefangen werden. Mit einer Wünschelrute fand man Wasseradern. Brunnen wurden gegraben, mit Spaten und Spitzhacke. Die weißen Nachbarn halfen. Es war die Zeit, in der die Farmer noch freundlich waren, sagen die Leute über die Gründerzeit Mogopas.

Die Farm war in letzter Minute etabliert worden.

Denn bis Mitte des Jahres 1913 hatten die Parlamentarier in Kapstadt im Eilverfahren jenes Gesetz ausgeheckt, das einer der Grundsteine der Apartheid wurde.

Im Februar 1913 richtete ein Parlamentarier die folgenschwere Anfrage an den Minister für Landfragen, wie viele Farmen oder Teile von Farmen in der Provinz Transvaal in den letzten drei Jahren auf den Namen von Eingeborenen – Natives – registriert worden seien. Die Antwort: 78 Farmen mit 145 000 Morgen, die Kaufsumme insgesamt 95 000 Pfund.

Der Transvaal war die Provinz mit den meisten Farmen in schwarzem Besitz. Erst seit drei Jahren durften Schwarze im Transvaal überhaupt Land kaufen. Bis dahin hatten sie weiße Strohmänner – Freunde oder Missionare – vorschieben müssen.

Die Wirkung der parlamentarischen Antwort war kalkuliert: Mit einem Proteststurm begleiteten die burischen Zeitungen die Tatsache, daß es Schwarzen gelungen war, innerhalb vom drei Jahren 145 000 Morgen Land zu kaufen.

Die Buren-Lobby des Parlaments arbeitete auf Hochtouren, und so brachten die Vertreter vom Vrystaat und vom Transvaal ein Gesetz gegen die Gefahr schwarzer Landeroberung auf den Weg. Innerhalb weniger Monate hatte es die parlamentarische Hürde genommen.

Die ersten waren auf dem Weg nach Mogopa, als das Gesetz im Juli 1913 verabschiedet wurde, der Native Land Act, Gesetz über das Land der Eingeborenen. Faktisch nahm es allen schwarzen Farmern und Pächtern das Recht, sich auf dem als »weiß« deklarierten Land aufzuhalten.

Die Idee, unerwünschte Bewohner in separaten Gebieten zusammenzufassen, war erstmals in der englisch regierten Provinz Natal aufgetaucht. 1847 hatte eine Kommission entsprechende Vorschläge gemacht, um Land für die weiße Besiedlung freizusetzen. Schon damals zeigte sich: Eingeborenenpolitik der Kolonialisten war Enteignungspolitik, und schon damals hieß es, die Schwarzen sollten Gebiete bekommen, wo sie ihr eigenes Leben leben könnten.

Der Native Land Act von 1913 bestimmte, den minimalen Anteil von 7,3 Prozent des südafrikanischen Bodens für die schwarze Mehrheit zu reservieren. Der kleinste Teil davon sollte im Vrystaat liegen, nur 0,48 Prozent, obwohl die Bevölkerung dort zu über 68 Prozent aus Schwarzen bestand. Der Transvaal gab 3,2 Prozent seines Gebietes für die schwarzen Reservate her; aber 73 Prozent der Transvaal-Bevölkerung waren schwarz. In einer Novellierung des Gesetzes 1936 wurden die Reservate – Homelands genannt – auf 13,7 Prozent des ganzen Landes vergrößert. Außerhalb der Homelands sollte kein Schwarzer mehr Boden besitzen noch als Pächter bebauen dürfen.

Über Nacht hatten Millionen Schwarze ihre Existenzgrundlage verloren. Pächter, die wie immer nach sechs Monaten ihre Verträge erneuern wollten oder sich arglos nach neuem Pachtland umsahen, standen vor verschlossenen Türen. Den weißen Farmern war es bei einer

Geldstrafe von 100 Pfund oder sechs Monaten Gefängnis verboten, Pachtverträge zu verlängern oder neu abzuschließen. Lediglich als Tagelöhner durften Schwarze auf den Farmen bleiben, ohne eigenes Vieh. Sonst blieb ihnen nur noch die Arbeit in den Städten, Johannesburg zum Beispiel, dessen wachsende Minenindustrie schon lange auf die Arbeitskraft der Schwarzen wartete.

Das Gesetz wurde nicht mal in die schwarzen Sprachen übersetzt, die Opposition hatte das nicht durchsetzen können. Der 1912 gegründete SANNC, Südafrikanischer Nationalkongreß der Eingeborenen, der Vorläufer des ANC, war noch zu schwach. So erfuhren die Betroffenen von den veränderten Verhältnissen erst, wenn sie ihre Pachtverträge erneuern wollten.

Während zigtausend Schwarze ihre Bleibe von einem Tag auf den anderen verlassen mußten, mitsamt Vieh und Hausrat durchs Land zogen in der Hoffnung, vielleicht einen Farmer zu finden, der das Gesetz mißachtete, begannen die Mogopa-Leute damit, sich auf ihrem noch rechtzeitig gesicherten Fleckchen Erde eine neue Existenz aufzubauen. Für sie arbeiteten die Mühlen der Apartheidsvollstrekker langsam.

Mogopa wuchs.

Solide Häuser entstanden, aus dem harten blauen Stein der Gegend und aus gekauften oder selbstgetrockneten Ziegeln, dickwandige, geräumige Flachbauten, bescheiden. Die meisten Häuser waren innen und außen verputzt, trugen ein spitz zulaufendes Dach aus Wellblech. Ein Zaun aus kleinen aufgeschichteten Steinen markierte ein Grundstück, zu dem ein großer Garten gehörte. Häuser mit zehn Räumen entstanden, in denen drei Generationen miteinander lebten. Die Miete pro Haus betrug einen Rand für die Dorfkasse.

Keiner sperrte je sein Haus ab. Ohne Angst brauten manche illegal ihr Bier. Polizei tauchte selten auf in Mogopa.

Immer mehr Familien schlossen sich der Gemeinschaft an. Für die einmalige Zahlung von 20 Pfund bekamen sie Land für ein Haus mit Garten und waren damit in Mogopa aufgenommen.

Eine politische Struktur hatte sich die Gemeinschaft auch gegeben. Durch Zuruf bestimmten die Männer und Frauen der Vollversammlung zwölf Männer für das Dorf-Komitee und den Headman. Fünf Jahre dauerte eine Amtszeit.

Nach einigen Jahren entstand eine Schule mit vier Klassen. Kirchen der wichtigsten Konfessionen kamen dazu. Regelmäßig waren Priester da, um die Messe zu lesen. Ein Stück altes Eisen ersetzte die Glokken. Wurde es einmal geschlagen, so verkündete es einen Todesfall. Ertönte es viele Male hintereinander, dann rief es zur Messe.

Die Gemeinschaft funktionierte nach Art einer Kooperative. Jede Familie hatte rund zehn Morgen zu bebauen, zusätzlich zum eigenen Garten. Es war freigebiges Land, wo Kürbisse, Bohnen, Zwiebeln, Tomaten, Spinat, Möhren, süße Kartoffeln und Rote Bete wuchsen. Jeder hatte eigenes Obst.

Die Kinder hüteten das Vieh, die Frauen und die älteren Männer bestellten die Felder und die Gärten. Manche Frauen arbeiteten in den weißen Haushalten der umliegenden Städte, zogen dort die Kinder auf, während ihre eigenen bei den Großmüttern waren. Die jungen Männer arbeiteten meist in den Städten, auf diese Weise kam Geld ins Dorf. Das richtige Farmerleben begann für sie erst mit dem Ruhestand. Diese Pendler nahmen den Bus und kamen täglich heim oder, wenn sie in Johannesburg arbeiteten, nur einmal im Monat, denn die Fahrt war teuer. Die anfangs zwei Wochen Ferien im Jahr nutzten die Männer für die Feldarbeit, mit Ochse und Pflug bis zuletzt.

Wasser gab es reichlich. Vier Brunnen hatten die Leute im Lauf der Jahrzehnte auf dem Gelände gebohrt. Sie installierten Wasserpumpen und Windräder und zogen Zäune um das Farmgelände. Mogopa wurde eine Gemeinschaft, die sich selbst versorgte, in mühevoller Arbeit zwar, aber das bescheidene Auskommen war ihren Mitgliedern sicher. Hunger kannte keiner. Mit Eseln brachten sie den Überschuß aus ihren Ernten zur Vermarktungsgenossenschaft in Ventersdorp. Auch Elektrizität brauchte niemand in Mogopa, Kerzen und Paraffinlampen gaben genug Licht.

An Geburtstagen und zu Beerdigungen, an Weihnachten und Ostern kamen die Familien zusammen. In Mogopa heirateten sie, bekamen ihre Kinder unter dem Beistand der Mütter und Großmütter, dort fanden ihre Frauen die Kräuter gegen kleine Krankheiten, und auf dem Friedhof, in gebührender Entfernung von den Häusern, wie es die afrikanische Tradition gebietet, begruben sie ihre Toten. Die Särge zimmerten sie sich selbst, und wer das nicht konnte oder nicht das Geld für einen richtigen Sarg hatte, der hielt sich an die uralte Sitte und nahm die Haut einer frisch geschlachteten Kuh. Die hatte man immer schon genommen, um den Toten darin einzuwickeln, als Schutzschild fürs Jenseits.

Die Farm gedieh weiter. Eine Mittelschule entstand, die Kosten trug die Gemeinschaft; nur die Lehrer wurden von der Regierung bezahlt.

Irgendwann etablierte sich sogar ein Supermarkt. Dort kaufte man Kleider, Mützen, Handschuhe, Schnupftabak, Tee und Kaffee, Puddingpulver und Süßigkeiten, Waschpulver und Fahrradschläuche, Fußbälle, Fliegenspray, Streichhölzer und Klopapier. Die Besitzer konnten sich nach einiger Zeit einen angejahrten Alfa Romeo leisten.

Ein Gebäude wurde Gesundheitsstation, ein Arzt aus Ventersdorp hielt dort alle paar Wochen seine Sprechstunde.

Grund, in die Stadt zu fahren, gab es selten. Das Leben spielte sich in Mogopa ab.

Zum Schluß war das Dorf auf vier lange parallele Wege angewachsen, jeweils breit genug für ein Ochsengespann oder für den Traktor, für Radfahrer und Fußgänger allemal. Straßennamen oder gar Schilder gab es nicht. »Die Straße, in der Rampou wohnt« oder »die Straße von Kgatitswe«, das reichte als Orientierung.

Mogopa mit seinem friedlichen, sensationsarmen Alltag war zur Basis für eine solide Dauerexistenz geworden, immenser Reichtum in einem Land, wo jeder Schwarze, der sich nicht im weißen Sinne nützlich machen konnte, in ein Homeland abgeschoben wurde.

Davon nahmen die Menschen in Mogopa so gut wie nichts wahr. Innerhalb der gewohnten Beschränkungen lebten die Mogopa-Leute so ungeschoren, wie es für Schwarze in Südafrika nur irgend möglich war. Die Eingriffe der Rassisten mochten sich anderswo auswirken, nicht auf dem Grund und Boden von Mogopa, der schützenden Nische, dem vergessenen Winkel im Apartheidland.

Nur einmal wurde das Dorf von der großen Politik gestreift. Das war, als die Regierung Soldaten für den Zweiten Weltkrieg brauchte, zur Unterstützung Englands. Als Soldaten waren Schwarze willkommen. Und als Geldgeber. Mogopa gab beides für den fernen Krieg. Sechs oder sieben ihrer Männer, so sagen die Leute, haben die Uniform angezogen, kämpften in diesem fernen Krieg, sahen Orte wie Tobruk, Tripoli, Kairo und Bengasi und schlugen sich auf den Schlachtfeldern von General Montgomery und Feldmarschall Rommel.

»Wir kämpfen gerne für unser Land«, sollen sie gesagt haben. Die Verwaltung in Ventersdorp habe einen Dankesbrief nach Mogopa geschickt. Mindestens einer der Soldaten, so erinnern sich die Leute, kam nicht mehr zurück.

Und dann, irgendwann, war Mogopa für die Apartheitstrategen in Pretoria kein vergessener Winkel mehr. Und die Regierung legte ihre Hand auf das Land, sie markierte Mogopa als sogenannten »Black Spot«, als schwarzen Fleck auf der weißen Landkarte. Black Spot, ein verhängnisvolles Etikett für seine Träger, Synonym für begrenzte Lebenserwartung.

Ein Netz von Gesetzen war geknüpft, elf Kategorien waren aufgestellt worden, nach denen die Vertreibung von Menschen rechtmäßig war. Unter der Rubrik Black Spot führte die Regierung jene Gebiete, wo Schwarze auf eigenem, notariell beglaubigtem Besitz lebten. Black Spots hießen sie, weil sie von weißen Farmen umgeben, also buchstäblich schwarze Inseln im Meer des weißen Landbesitzes waren. Und seit 1936 waren diese Muttermale auf weißer Erde zur Eliminierung vorgesehen. Ein Minister für Bantu-Angelegenheiten drückte das Ziel solcher Politik einmal so aus: »Eines Tages werden wir erreicht haben, daß kein Schwarzer mehr die Staatsbürgerschaft Südafrikas haben wird.«

Wann kam die Angst nach Mogopa?

Gerüchte waren es zunächst, die irgendwie ins Dorf einsickerten.

Der Headman hieß seit 1978 Jacob More. Er war mal Polizist gewesen, hatte mithin einen guten Draht zu den Größen in Ventersdorp.

Die Leute sagen, er habe sich schon bald nicht mehr an demokratische Prinzipien gehalten. Geldstrafen und Vieh habe er ihnen für Vergehen abgenommen, die nicht vor dem Dorfgericht verhandelt worden waren. Er habe keine Quittungen ausgestellt. Die Beträge seien nie auf dem Konto des Dorfes aufgetaucht. Rentnern habe er Geld abgeschwatzt, und von Arbeitern habe er 20 Rand eingestrichen, wenn sie ihren jährlichen Arbeitsvertrag verlängerten. Die Männer aus der Stadt schickten das Geld, das vom Komitee angefordert worden war, um den Schulfußboden oder die Zäune zu reparieren. Aber nichts wurde repariert, und das Geld tauchte nie wieder auf. Jacob More weigerte sich, vor einer Generalversammlung zu den Beschwerden Stellung zu nehmen. Da handelten die Leute: Am 20. September 1981 setzten die knapp 400 Teilnehmer der Vollversammlung Jacob ab und wählten Shadrack, ebenfalls einer aus dem More-Clan, zum neuen Headman. Auch das Komitee wählten sie neu. Der neue Sekretär informierte ordnungsgemäß den Schiedsmann de Villiers in Ventersdorp über die veränderten Kompetenzen im Dorf, und alle glaubten, damit sei die Affäre ausgestanden.

Aber der Schiedsmann berief eine Versammlung ein, für den 7. Oktober. In solchen Dorfklüngeln war er die oberste Instanz. Nach ein paar einführenden Worten fragte er die Menge, wer Jacob More nicht mehr unterstützen wolle. Die Antwort war einhellig:

»Wir alle wollen ihn nicht mehr haben!«

Bei der Gegenprobe hoben nur sieben Leute ihre Hand für Jacob More. Als abschließendes Urteil ist der Satz des Schiedsmanns überliefert:

»Ich bin der Schiedsmann dieses Gebietes, und ich als weißer Mann sage, Jacob More wird Headman bleiben, bis er stirbt.«

Nur daß die Komiteemitglieder neu gewählt werden müßten, das war sein einziges Zugeständnis. Aber zu der Neuwahl kam es nie. Jacob More konnte mit Rückendeckung der weißen Behörden weitermachen, ohne ein Komitee an seiner Seite.

Aber die Gemeinschaft ließ nicht locker.

Im Januar 1982 hörte sich eine Untersuchungskommission mit einem anderen Vorsitzenden die Beschwerden von rund 100 Leuten über Jacob More an. Das Resultat der Untersuchung wurde nie bekanntgegeben, obwohl die Mogopas es mehrmals anforderten. Einen Rechtsweg gab es nicht; nach dem Gesetz lag die oberste Entscheidung über schwarze Dorfangelegenheiten beim (weißen) Minister für Kooperation und Entwicklung.

Jetzt wollten auch die Gerüchte über eine Umsiedlung nicht mehr verstummen.

Die Leute sagen, Jacob More habe von Anfang an die Umsiedlung nach Bophuthatswana befürwortet. Daß das sein Kuhhandel mit der Regierung war, die ihn als Gegenleistung ungeschoren ließ, können die Leute nur vermuten.

Wenige Wochen später, im Februar 1982, kamen zwei Regierungsvertreter aus Pretoria nach Mogopa. Sie teilten der Vollversammlung mit, das Dorf sei zur Umsiedlung vorgesehen.

Augenblicklich soll die Versammlung aus dem Ruder gelaufen sein. Die Leute waren entsetzt, schimpften, schrien. Nur Jacob More und seine Freunde seien ruhig geblieben, sagen die Leute.

Die Beamten verschwanden mit der Ermunterung, die Dörfler müßten ihre Meinungsverschiedenheiten schon selbst lösen.

Zunächst blieb es still um das Thema, als wollte niemand an diese Bombe rühren. Es gab keine Versammlungen, keine Verlautbarungen mehr.

Aber dann bekam Jacob More eigenartige Besuche, sagen die Leute. Sie müssen aus Pretoria und Bophuthatswana gewesen sein. Sie galten nur Jacob More, so als sei er immer noch der anerkannte Führer. Immer verzog er sich mit ihnen in eine der Kirchen und verschloß die Tür. Wer vom Dorf dabei sein wollte, wurde weggeschickt.

Ohne Gegenwehr?

»Was hätten wir ausrichten können?« sagen die Leute. »Rede einen Weißen schräg an, und schon bist du verhaftet.«

Zu diesem Zeitpunkt war Mogopa längst keine Gemeinschaft mehr, Mißtrauen hatte sich breitgemacht, die Ahnung, daß die Mauscheleien von Jacob More nichts Gutes bedeuteten.

Es stellte sich heraus, daß Jacob More mit seinen Leuten in Pachsdraai gewesen war, dem Ort, den die Regierung für Mogopa ausersehen hatte. An den Haustüren dieser Leute befanden sich bald danach große Nummern in weißer Farbe. Keiner wußte, was sie bedeuteten.

Mehrmals versuchte Jacob More, dem Dorf die Umsiedlung schmackhaft zu machen. Regierungsleute drohten mit dem Vollzug obskurer Gesetze. Vergebens.

Jacob More und seine Gefolgschaft bildeten ein Planungskomitee. Im Februar 1983 wollte die Gemeinschaft eine Vollversammlung erzwingen. Eine entsprechende Aufforderung wurde Jacob übergeben, mit einer Kopie an den Schiedsmann. Es tat sich nichts. Unterdessen versuchten die Leute, die Marschrichtung der Regierung Botha abzuschätzen. War P. W. Botha nicht als Reformer angetreten? Hatte er nicht gesagt, daß es mit der Apartheid so nicht mehr weitergehen könne? Und hatte er nicht versprochen, daß niemand mehr von seinem Land vertrieben werde, daß es nur noch freiwillige Umsiedlungen gebe? Aber irgendwie paßten die Ereignisse doch nicht mit seinen Worten zusammen.

Am 24. Juni 1983 platzte die Bombe: Bulldozer kamen ins Dorf gefahren. Und am selben Tag verließ der erste Treck Mogopa: Jacob More und die zehn Familien seiner Unterstützer wurden von Regierungslastwagen nach Pachsdraai gebracht. Kaum waren sie weg, traten die Bulldozer in Aktion. Sie walzten die eben erst verlassenen Häuser – jene mit den Nummern – nieder. Und dann pflügten sie auch gleich noch die beiden Schulen und alle vier Kirchen unter.

Die Schulen würden nicht mehr benötigt, hieß es von Regierungsseite, neue Lehrer gebe es in Pachsdraai.

Die Bulldozer zogen nach dieser Aktion nicht wieder ab, sondern bezogen Wartestellung.

Die Zermürbungstaktik hatte Erfolg. Nicht alle krallten sich an ihrer Scholle fest. In den folgenden Wochen verließen mehr und mehr Familien das Dorf, eingeschüchtert, hoffnungslos, müde. Sie seien um die Schulbildung ihrer Kinder besorgt, sagten sie, und sie wollten durch den Widerstand ihre Entschädigung nicht riskieren.

Die Regierung ließ weiter demolieren: Die Pumpen an den Brunnen wurden abmontiert.

Die Leute sagen, Jacob More habe Dieselöl in die Brunnen geschüttet, kurz bevor er ging. Aber dafür gibt es keine Beweise.

Im August 1983 war über die Hälfte des Dorfes zerstört. Inzwischen war die Tragödie von Mogopa in den Schlagzeilen der großen Tageszeitungen gelandet. Die Publizität reichte bis Europa und Amerika. Die Empörung über das erbarmungslose Vorgehen der Regierung ebenfalls. Das nahm den Bedrohten nicht die Angst.

Das Leben lag brach. Die Leute sagen, vor allem die Alten seien niedergeschlagen gewesen. Alltäglichkeiten hätten ihren Sinn verloren. Lohnte es sich überhaupt noch zu säen? Die Kinder hingen rum, sie fanden keine rechte Freude an ihren unerwarteten Ferien. Wenn die Männer sich nach einem Wochenende verabschiedeten, um zur Arbeit nach Johannesburg zu fahren, konnten sie nie sicher sein, bei der Rückkehr ihre Familien wieder vorzufinden.

Der Schiedsmann de Villiers tauchte wieder auf und verkündete, die Farm sei verkauft worden. Es blieben zwei Wochen, Mogopa zu verlassen, sagte er.

Sofort fuhr eine Abordnung von Mogopa zum Paramount Chief in Bethanie. Der konnte die Verängstigten beruhigen, als er ihnen die Papiere der Farm zeigte, die er in Verwahrung hatte.

Am 23. September gab ein Vertreter vom Ministerium ein Zeitungsinterview voller Unwahrheiten. 1981 hätten die Umsiedlungsgespräche begonnen, sagte er. Das ganze Dorf sei daran beteiligt worden. Ein Planungskomitee sei gewählt worden und habe dem Verfahren der Entschädigung zugestimmt. Ein Großteil der Leute sei schon in Pachsdraai, mitsamt dem Headman Jacob More. Er sagte, noch sei die Farm nicht verkauft worden. Man verhandle weiterhin über die Enteignung. Die Schulen habe man zerstört, weil Bophuthatswana schon vorher seine Lehrer abgezogen habe. Den Journalisten gab der Mann sogar die Namen der Männer des ominösen Planungskomitees. Es waren jene Männer, die Jacob More sich selber ausgesucht hatte und deren Familien mit ihm in Pachsdraai waren.

Immerhin wußten die Leute jetzt, wer in diesem Komitee mit von der Partie war.

Der Kreis um Mogopa wurde eng. Die Supermarktbesitzerin bekam keine neue Lizenz, die Buslinie nach Ventersdorp wurde eingestellt, Pensionen an die Rentner nicht mehr ausgezahlt. Mogopas Lebensadern waren gekappt.

Erste Nutznießer tauchten auf: Einige der weißen Nachbarn trieben ihr Vieh zum Grasen auf die Weiden Mogopas.

Eine Abordnung beschwerte sich bei de Villiers in Ventersdorp über die Grenzverletzung der weißen Nachbarn. Aber de Villiers bedauerte. Er sei nicht mehr für sie zuständig, sie müßten nach Pachsdraai gehen und ihre Probleme mit dem Headman Jacob More und dem dortigen Schiedsmann besprechen.

Das waren die Monate, in denen die Leute allabendlich mit der Angst ins Bett gingen, von einem Räumkommando geweckt zu werden.

Die Regierung hatte sich in Positur gesetzt, unübersehbar, drohend: Ein Bulldozer stand immer noch neben der zerstörten Schule. Fahrer und Helfer hatten sich in einem Zelt daneben häuslich eingerichtet. Manchmal trat der Bulldozer wie beiläufig in Aktion, wenn Leute nicht zu Hause waren. Das Team räumte ein Haus aus und zerstörte es.

Die Zahl der Schutthalden in Mogopa wuchs.

Aber keiner vergriff sich an den Männern mit ihrem Bulldozer, kein Mob rottete sich gegen sie zusammen.

Ende Oktober forderten die Verbliebenen in einem Brief den Minister auf, er solle den Bulldozer zurückziehen und zusichern, daß kein Haus mehr ohne die Zustimmung des Besitzers zerstört werde. Zur Überraschung der Dörfler zog die kleine Zerstörercrew am 7. November mit dem Bulldozer ab.

Grund zum Aufatmen?

In der Zwischenzeit hatten die Leute das Leben im Dorf wieder angeworfen: Sie hatten Geld für die Anzahlung einer neuen Wasserpumpe gesammelt. Sie waren bei der Busgesellschaft vorstellig geworden mit der Bitte, die Busse wieder einzusetzen. Und sie hatten neue Lehrer für die Schule organisiert. Die Leute sagen, sie hätten das Gefühl bekommen, ihr Leben kehre in fast normale Bahnen zurück.

Da kam ein Brief mit der Nachricht, am 18. November werde eine Regierungsdelegation in Mogopa ein Statement vom Staatspräsidenten Botha verlesen. Der 18. war ein Arbeitstag, nicht viele Männer konnten erscheinen, außer den Frauen und Alten im Dorf.

Die Delegation bestand aus dem Schiedsmann de Villiers, zwei Vertretern vom Ministerium und einer Schar Polizisten. Daß Jacob More auch dabei war, wollten die Dörfler nicht mehr akzeptieren. Sofort verlangten sie, daß er zu verschwinden habe. Aber de Villiers sagte nur, er werde jetzt die Anordnung des Staatspräsidenten verlesen, eine Diskussion sei nicht vorgesehen. Und er las eine Verfügung vor, die sich auf Paragraph fünf vom Black Administration Act aus dem Jahre 1927 bezog. Seit Jahrzehnten war der nicht angewendet worden. Demnach mußte die Dorfgemeinschaft innerhalb von zehn Tagen nach Pachsdraai umsiedeln. De Villiers rasselte die Formalitäten herunter, nämlich daß die ersten Lastwagen drei Tage später, am Montag, 21. November, eintreffen würden. Alle seien aufgefordert, ihren Besitz auf die LKWs zu laden, dann führe man sie nach Pachsdraai. Gratis. Wer sich dieser Anordnung nicht bis spätestens 29. November gefügt habe, werde an diesem Tag unter Anwendung von Zwang weggebracht. De Villiers pappte eine Kopie der Order an einen der großen Eukalyptusbäume – Ende der Versammlung.

Am Abend war klar, daß niemand freiwillig einen Lastwagen besteigen würde.

Ein neuer Brief ging an den Minister. Die Anwälte der Dörfler hatten eine Hintertür im zitierten Gesetz ausfindig gemacht. Daß die Betroffenen mit ihrer Umsiedlung nicht einverstanden waren, machte eine Resolution des Parlaments nötig. Diese Eingabe hatte keinen Erfolg. Die Anwälte versuchten, beim Supreme Court in Pretoria eine Einstweilige Verfügung gegen die Umsiedlung zu erwirken. Auch die wurde abgelehnt. Der Berufung wurde zwar stattgegeben, aber bis zur Entscheidung würden Monate vergehen.

Unterdessen arbeiteten die Hilfsorganisationen in Johannesburg auf Hochtouren. Sie organisierten eine Pressekonferenz. Sogar die Vertreter mehrerer Botschaften kamen. Bei Top-Politikern in Übersee gingen Hilferufe ein, Zeitungen und TV-Stationen griffen die Geschichte auf. Mogopa, Südafrika, war international Gesprächsthema und begegnete Außenminister Pik Botha, der gerade auf einer Werbetour durch Europa war.

Countdown in Mogopa.

Die Leute sagen, alle seien sehr nervös geworden, je näher der 29. November rückte.

Tröstlich die Beweise der Solidarität von nah und fern. Am letzten Abend dann der Höhepunkt: Unter Leitung von Bischof Tutu, der gerade den Friedensnobelpreis bekommen hatte, kamen Kirchenleute aller Konfessionen, von den Hilfsorganisationen und UDF* in Mogopa zusammen, um unter dem großen Baum unweit des Friedhofs die Nacht über zu wachen. In Decken gehüllt, betend und singend, verbrachten die Fremden die kühle Nacht auf Bänken und Stühlen und auf dem Boden. Die Prominenz sorgte für noch mehr Publicity, Kameras hielten die Traurigkeit, die Angst und die Wut auf den Gesichtern fest. Bis zum Morgen des 29. November, dem Tag des Ultimatums, war ein Heer von Presseleuten und Korrespondenten internationaler Fernsehstationen auf diesem vormals so abgelegenen Fleckchen Erde angerückt. Und die Umsiedlungs-LKWs setzten sich nicht in Bewegung.

Die Luft blieb still in Mogopa.

Nur sieben Familien unterbrachen die Stille. Entnervt mieteten sie Lastwagen auf eigene Kosten und transportierten ihre Sachen nach Bethanie, um dem gefürchteten Umzug nach Pachsdraai zu entgehen. Die anderen blieben.

Nun startete die Regierung eine propagandistische Gegenoffensive. Mogopa wurde Thema in den Nachrichten des Staatssenders SABC. Der stellvertretende Informationsminister ließ sich von ausländischen Journalisten im Regierungshelikopter nach Mogopa und Pachsdraai begleiten.

Die Leute erinnern sich noch an seinen ermutigenden Besuch in Mogopa. Sie saßen wieder einmal unter dem großen Baum, um sich zu beraten. Die ganze Versammlung eilte zum Helikopter und begrüßte den Minister, der ihnen so freundlich zulächelte. Sie baten ihn, ihnen ihr Land zu lassen, sie nicht auf die Straße zu werfen. Und sie sangen ihm ein trauriges Lied in Tswana mit den Worten »Jesus sah mich, und ich weinte«.

Der junge Mann mag mit dieser Welle flehender Hilflosigkeit nicht gerechnet haben. Er stieg spontan auf einen Stuhl und sprach von den

---

* UDF – United Democratic Front, Bündnis von über 500 großen und kleinen Organisationen, die lokal und landesweit aktiv sind. Einigendes Ziel ist ein nichtrassistisches, demokratisches Südafrika.

guten Absichten der Regierung. Niemand werde die Leute von Mogopa auf die Straße setzen:

»Die Haltung der Regierung ist, daß euch geholfen werden muß, damit ihr ein besseres Leben in unserem wunderbaren Land führen könnt.«

Unvergessene Worte.

Sogar der verantwortliche Minister selbst empfing medienwirksam am 5. Dezember eine Mogopa-Delegation. Auch Jacob More war mit seinen Leuten da.

Die Mogopas hatten ein kurzes Memorandum mit Fragen vorbereitet. Nicht eine einzige beantwortete der Minister. Dabei hatten sie sich dazu durchgerungen, ihm auf halbem Wege entgegenzukommen. Sie boten ihm an, an einen Ort umzusiedeln, dem sie alle zustimmen könnten, nach ordentlichen Verhandlungen über die Größe des Landes und über die Höhe der Entschädigung. Der Minister lehnte ab. Seine Presseerklärung war längst fertig.

Da der Minister ihnen gesagt hatte, es gebe keine Alternative zu Pachsdraai, fuhr eine Gruppe von Mogopa notgedrungen doch einmal hin. Und blieb beim Nein. Die Gegend sei unzumutbar, der Boden schlecht und der Headman nie akzeptabel.

Das Ministerium wiederum gab bekannt, das einzige Problem sei der Streit zwischen den beiden Fraktionen der Dörfler. Alle Bemühungen des Ministers hätten den Stammeszwist nicht lösen können.

Die Leute in Mogopa hatten inzwischen wieder Anschluß an den Alltag gefunden.

Weihnachten stand vor der Tür, die Kinder hatten Ferien. Es war viel los in Mogopa. Unzählige Helfer kamen und brachten neuen Mut. Den Weihnachtstag feierten sie mit den Kindern. Sie sangen und tanzten und feierten nicht nur Weihnachten.

Gerettet?

Heute wissen die Leute nicht mehr recht zu sagen, woher sie den Optimismus nahmen, um das Geld für eine neue Schule zu sammeln. 2000 Rand kamen zusammen. Sie kauften Baumaterial und begannen mit dem Neubau. Acht Bauarbeiter gab es unter ihnen, und aus Johannesburg kamen viele Helfer dazu. Der Enthusiasmus beflügelte und deckte viele Ängste zu.

Die Alten des Dorfes arbeiteten mit. Sie suchten die verwendbaren Ziegel und Steine aus den Schutthalden heraus und klopften den Mörtel ab. Die Kinder halfen.

Die alten Frauen kochten, die jungen füllten die von den Bulldozern aufgerissenen Wege mit Steinen auf und räumten sie vom Schutt der ersten Zerstörungen.

Die Leute sagen, man habe übermütiges Lachen gehört und wieder fröhliche Gesichter gesehen. Und aus der Ruine der Schule wuchsen neue Mauern. Sogar die Lehrer für das neue Schuljahr waren schon gefunden. Und in Deutschland hatten Kirchenmitglieder die Familien aus Mogopa »adoptiert«.

Nach sechs Wochen stand die Schule aus Ziegelstein, schöner als vorher, mit fünf Klassenräumen. Nur der Verputz fehlte noch. In den feuchten Zement der Stufen hatte man das Datum des Richtfestes eingeritzt:

9.1.84.

Die Leute sagen, sie seien unendlich stolz auf die neue Schule und die reparierten Wege gewesen.

Die Zeit war reif für ein großes Fest.

»Die Wege haben wir so schön gemacht, daß wir darauf tanzen können«, sagten die Frauen.

Vielleicht brauchten die Leute diese Euphorie, um ihre Zweifel zu übertönen.

Die Schule war gerade zwei Tage fertig, da entschied am 10. Februar 1984 der Supreme Court, der Berufung im Falle Mogopa nicht stattzugeben. Sofort riefen die Anwälte den Obersten Gerichtshof in Bloemfontein an.

Doch das Fest wurde nie gefeiert.

Kein Kind hat je in der neuen Schule gesessen.

Am 14. Februar – Valentinstag – begann die Invasion Mogopas im Schutz der Dunkelheit, mit Hilfe der Gewehrläufe.

Pachsdraai wurde für die Mogopa-Leute die erste Station ihrer Odyssee. Pachsdraai war nicht einmal ein Nest, nur ein Fleck in einer trockenen Einöde, mit wenigen Attributen menschlicher Siedlung. Eine Ansammlung von Wellblechhütten und Latrinen erwartete die Leute. Sie fühlten sich abgeladen »in the middle of nowhere«. Das also war das »hervorragende Land«, das Regierungsvertreter ihnen seit Jahren als alternative Bleibe angepriesen hatten!

Es lag an die 140 Kilometer nordwestlich von Mogopa, nahe der Grenze zu Botswana.

Einerseits.

Andererseits war das Homeland Bophuthatswana nicht weit, eine der vier Schimären der Apartheidpolitik, die nur auf den südafrikanischen Landkarten und in den Hirnen von Regierungsleuten reale, funktionierende Staaten sind.

Pachsdraai empfing die Mogopa-Leute mit einem Chaos. Eltern suchten ihre Kinder, Kinder ihre Eltern, Familien ihren Hausrat.

Wer sein Vieh nicht hatte verkaufen können, sorgte sich um die Milchkühe, wägte ab, ob alles verloren war, machte sich Gedanken um die Frucht auf den Feldern. Mais, Hirse, Bohnen, Kürbisse, bisher war alles überraschend gut gewachsen, obwohl eine Dürre den Boden vielerorts ausgelaugt hatte.

Wer würde das alles ernten?

Was sollten sie essen?

Und überhaupt – wovon sollten sie jetzt leben?

Eine Hiobsbotschaft verbreitete sich erst jetzt und steigerte die Existenzangst. Am Mittwoch hatte die »Regierung« von Bophuthatswana bekanntgegeben, Pachsdraai werde bald in das Homeland eingegliedert werden. Das bedeutete, daß die Leute von Mogopa nicht nur Heimat und Land verloren hatten, sondern daß auch ihre südafrikanische Staatsbürgerschaft und das Recht, in Südafrika zu leben und zu arbeiten, zur Disposition stand. Das war Apartheidpolitik reinsten Wassers. 3,5 Millionen schwarzer Menschen waren seit 1960 in die ausgepowerten Homelands gezwungen worden. Und die Regierung in Pretoria plante, in den kommenden Jahren mit noch einmal so vielen genauso zu verfahren, hinter der Fassade der Freiwilligkeit.

Die Mogopa-Leute stellten erst einmal fest, daß ihre Habseligkeiten von den Fahrern der LKWs jeweils vor einer Hütte abgeladen worden waren. Viele Hühner hatten die 140-Kilometer-Fahrt in der Hitze nicht überstanden. Neue Verluste. Die Leute sagen, alle 16 Hühner einer Frau hätten tot auf dem Boden herumgelegen. Sie war noch gar nicht eingetroffen. Die Kadaver hätten wie ein absurdes Begrüßungskomitee gewirkt.

Kinder begannen als Vorhut ihrer Eltern mit dem Aufräumen. Die Hütten bestanden aus einem winzigen, nicht mal 10-Quadratmeter-Raum pro Familie.

»Sogar meine Vorratsräume in Mogopa waren besser als diese Hütten«, war der Kommentar der ehemaligen Supermarktbesitzerin.

Schon am Morgen war es vor Hitze kaum in ihnen auszuhalten.

Der letzte Transport war längst eingetroffen, da waren Bauleute noch immer dabei, Hütten aufzustellen. Die Planer der Aktion hatten die Zahl der Familien unterschätzt. Es gab auch nicht genügend Klos. Wasserhähne waren alle 250 Meter entlang der Hüttenstraße eingerichtet worden.

Die Leute sagen, das Wasser habe muffig geschmeckt.

Fast jede Familie hatte zu viele Möbel für eine Hütte. Ihren überschüssigen Hausrat deckten die Leute mit Zeltplanen zu, zum Schutz vor der Sonne und den sommerlichen Wolkenbrüchen.

Manch einer begutachtete nur stumm sein neues Heim. Ein Zeitungsfoto zeigt Isaac More auf einer Bank im Schatten eines Baumes, unweit seiner Hütte. Hilflosigkeit liegt auf seinem faltenreichen Gesicht, ein einfacher, einst stolzer Mann, der den aufrechten Gang nie verloren hat. Isaac More soll dagesessen haben, als wolle er sich nie mehr erheben.

Die Leute sagen, der Sechsundachtzigjährige sei in den ersten Tagen ganz in sich versunken gewesen und habe seine Nachbarn nicht gleich wiedererkannt.

Während den Leuten Zelte für ihre überschüssigen Möbel und für ihre Kinder gebracht wurden, während sie sich zu orientieren versuchten, während ihre Gesichter sich sogar zu einem Lächeln entschließen konnten, aus Freude über das erste Baby, das am Samstag nach dem Exodus gesund geboren wurde, während alldem wuchs ihre Entschlossenheit, diesen Ort so bald wie möglich zu verlassen. Kollektiver Reflex der Selbsterhaltung gegen die beginnende Resignation. Nicht nur, weil es so heiß und die Gegend so trostlos war, nicht nur, weil der Ackerboden schlecht und neue Arbeitsplätze weit weg waren, es war vor allem wegen Jacob More.

Die Verachtung für ihren Ex-Leader konnte ihnen keiner ausreden. Er hatte es in Mogopa jahrelang geschafft, sich seiner Abwahl zu widersetzen. Korruption in großem Stil schrieben sie ihm zu, nie hatte er sich den Vorwürfen gestellt. Mehr noch: Als er mit seiner Gefolgschaft Mogopa verlassen hatte, verlangte er von allen, die aus Unentschlossenheit Wochen später in Pachsdraai eintrafen, eine Geldstrafe. Man erzählte sich jetzt noch mehr Verstöße, mit denen er sich die Achtung seiner Leute weiter verscherzt hatte. Und obwohl er eine Menge auf dem Kerbholz hatte, betrachtete die Regierung ihn als Repräsentanten der Mogopa-Leute. Hier in Pachsdraai hörten alle auf sein Kommando. Er als Headman hatte die Befugnis, Land zuzuteilen, Renten auszuzahlen, Lizenzen für die Händler auszustellen.

Der Supermarktbesitzerin hatte er schon gedroht, sie werde die letzte sein, die von ihm einen Gewerbeschein bekäme. Sie hatte nie verheimlicht, daß sie in Mogopa bleiben wollte.

Nach alldem sollten sich jetzt die Vertriebenen wieder Jacob Mores Regiment ausliefern!?

Niemals!

Die Neuankömmlinge wurden über die Siedlung verteilt. Das erschwerte ihre Kommunikation und konfrontierte die Schützlinge Jacob Mores mit den frisch Vertriebenen. Nur die Führungsriege war nahe der Residenz von Jacob More plaziert worden. Der war der einzige, der seine Lage in Pachsdraai enorm verbessert hatte: Er lebte in dem einzigen richtigen Haus, dem ehemaligen Besitz eines weißen Farmers.

Die Publicity half den Mogopas aus ihrer ersten Verzweiflung. Da die Deportation Schlagzeilen gemacht hatte wie keine vorher, mobilisierten die Kirchen Geld- und Sachspenden. Innerhalb von Tagen standen Lastwagen zur Verfügung, ein Fluchtweg war offen. Die Regierung hatte nicht einmal Einwände. Jede Familie bekam eilends eine finanzielle Entschädigung ausgezahlt, für ihr Wohnhaus, nicht für das Vieh und nicht für das Land in Mogopa. Und alle mußten unterschreiben, daß sie keine Schadenersatzansprüche mehr an die Regierung hätten und nie mehr nach Mogopa zurückkehren würden.

Das Ziel der neuen Karawane hieß Bethanie.

Bethanie, eine ehemalige Missionsstation, war die Urheimat der Mogopa-Leute, deren vollständiger Name »Bakwena baMogopa« soviel wie »Mogopa-Zweig des Bakwena-Stammes« bedeutet. Dort lebte immer noch ihr Paramount Chief, die höchste Autorität. Sein Rat wird noch heute von jenen eingeholt, die seit Generationen woanders leben. Er gab den Vertriebenen die Erlaubnis zu kommen.

Die Leute sagen, es sei ein kolossales Gedränge entstanden, jeder habe als erster Pachsdraai mit dem Umzugslastwagen verlassen wollen. Von Apathie sei nichts mehr zu spüren gewesen.

Erneut wurde aller Hausrat auf Anhänger gewuchtet, die Tische, die Stühle, Kommoden und Schränke, Vasen, Töpfe und Teller, Bestecke, Kleider, die Hühner, die überlebt hatten, das Klavier. Selbst kleine Kinder wollten helfen. Pachsdraai muß erfüllt gewesen sein vom Lachen und anfeuernden Rufen der Leute.

Noch einmal davongekommen?

Am nächsten Tag, eine Woche nach dem nächtlichen Einfall der Staatsgewalt in Mogopa, waren die Menschen wieder auf Achse. Der neue Treck führte sie fast 200 Kilometer östlich, nach Bethanie.

In Bethanie wurden die Vertriebenen zwar willkommen geheißen, aber unter denkbar schlechten Umständen. Nichts hatte für die neuen Bewohner vorbereitet werden können. Ihre Sachen mußten die Mogopa-Leute auf offenem Feld abladen, zwischen Gestrüpp und knorrigen Dornbüschen. Wie lange würde es dauern, bis den vielen Familien Grundstücke zugewiesen waren?

Wochen später lebten sie immer noch im Provisorium. Immerhin hatten einige in der nahen Kleinstadt Brits Arbeit gefunden. Noch hielten die Leute ihren Optimismus aufrecht, noch waren sie entschlossen, ihre Vertreibung in einen erfolgreichen Neubeginn umzumünzen.

Aber es zeigte sich, daß Bethanie nicht der Ort zum Wurzelnschlagen war. Er konnte den Zuwachs nicht verkraften. Die Gastfreundschaft der Leute erschöpfte sich. Wasser war knapp, der Boden ausgedörrt, die Schule zu klein, Renten wurden nicht ausgezahlt, und neue Häuser zu bauen war nicht so einfach. Es gärte zwischen Gastgebern und Gästen. Der Häuptling gedachte sein Regiment auch auf die Neulinge auszudehnen, er untersagte ihnen eigene Versammlungen. Dem wollten sich die Mogopas nicht fügen. Zum erstenmal fühlten sie sich als Outcasts, Verlorene. Die Vertreibung hatte sie zu Bittstellern gemacht.

Und sie beschlossen, auf Kollisionskurs zu gehen.

Unterstützt von Spendengeldern, ermutigt von Kirchenrat, TRAC und Black Sash reichten ihre Anwälte eine Klage gegen die Regierung wegen illegaler Landvertreibung ein. Die reagierte prompt: Im Mai 1985 zauberte sie eine Gesetzesvorlage aus dem Hut, offensichtlich konstruiert, um die Mogopa-Verhandlung zu stoppen. Aber sie hatte die öffentliche Empörung unterschätzt. Sie mußte den Entwurf zurückziehen.

Und das Recht schien zu siegen: Am 19. September 1985 bestätigte der Oberste Gerichtshof in Bloemfontein, die Vertreibung der Mogopa-Leute sei ungesetzlich.

Die Leute sagen, der Jubel über diesen Spruch sei unbeschreiblich gewesen. Stundenlang habe man beisammengestanden und gelacht und davon gesprochen, bald nach Mogopa zurückzukehren. Das Ende des Alptraums schien nahe.

Aber die Option Mogopa hatte nur kurz Bestand. Bald nach dem Richterspruch enteignete die Regierung die Farm, ohne Angabe von Gründen. Sie benutzte nicht einmal den Vorwand, das Gelände werde für »öffentliche Zwecke« benötigt, wie es das Gesetz vorschreibt. Die Enteignung vertrieb die Mogopas endgültig von ihrem Land. Würden sie jetzt den Fuß auf ihren Heimatboden setzen, sie beträten unbefugt fremdes Eigentum.

Nie wurden die Mogopa-Leute über die Enteignung informiert. Für das Land bekamen sie auch keine Entschädigung. Pachsdraai sei die Entschädigung, hieß es vom zuständigen Ministerium, und dieses Siedlungsgebiet sei ihrem Headman, Jacob More, längst übergeben.

Also bleiben in Bethanie?

Monate vergingen, die Lebensbedingungen besserten sich nicht. Das Dorfkomitee beriet mit den Anwälten, Pläne entstanden und wurden verworfen. Es gab keinen Weg zurück nach Mogopa.

Dezember 1986. Ein Vertreter des Ministeriums teilte den Mogopas mit, die Regierung wolle sie aus ihrem Dilemma befreien. »Laßt uns das Vergangene vergessen und vorwärts schauen«, waren seine Worte. Bethanie sei untragbar, und auch Pachsdraai komme offensichtlich nicht in Frage. Zwar sei auch eine Rückkehr nach Mogopa unmöglich, aber die Regierung wolle neues Land für die Gemeinschaft ausfindig machen.

Es war die Zeit, in der Südafrika international besonders schlechte Karten hatte. Mandela war immer noch nicht freigelassen, im ganzen Land wurde demonstriert, die Regierung schickte Soldaten in die Townships und schürte erst recht den Widerstand. Als Präsident Botha gar den Ausnahmezustand verkündete, erntete er Kritik weltweit, Wirtschaftssanktionen gefährdeten den weißen Wohlstand. Die Zwangsumsiedlungen waren nur ein Thema von vielen im internationalen Beschwerdekatalog. Die Regierung mußte sich ums Image kümmern, auch im Fall Mogopa, der immer noch nicht aus den Zeitungen verschwunden war.

Die Leute von Mogopa mißtrauten den plötzlich moderaten Tönen. Aber sie waren mürbe und wollten über eine neue Heimat verhandeln. Die Konditionen Pretorias schälten sich rasch heraus:

1. Die Gemeinschaft sollte ihrer Eingliederung in das Homeland Bophuthatswana zustimmen.

2. Sie würde das neue Land nicht besitzen, sondern nur in Pacht übernehmen, ohne Sicherheiten über die Dauer der Pacht.

Lucas Mangope, einer der korruptesten und selbstherrlichsten Homeland-Führer, hatte sich schon öffentlich über die Mogopa-Leute geärgert. Es mißfiel ihm, daß sie die Eingliederung in sein Land ablehnten. Er werde dafür sorgen, hatte er gesagt, daß sie letzten Endes dorthin kämen, wohin sie gehörten, nämlich nach Pachsdraai. Es war nicht schwer, den Regierungsplan zu durchschauen. Ihn zu akzeptieren, so sagten die Leute, das wäre wie »von der heißen Bratpfanne ins Feuer zu springen«.

Wieder kam es zu endlosen Besprechungen mit den Unterstützergruppen in Johannesburg. Es fand sich ein Ausweg, zwar nicht zurück nach Mogopa, aber in eine sichere Bleibe.

Eine kirchliche Hilfsorganisation für enteignete Gemeinschaften hatte etwa 50 Kilometer nördlich von Mogopa eine große Farm ausfindig gemacht, Holgat, Bezirk Lichtenburg. Ideal für die Rettungsaktion. Nach monatelangen Vorbereitungen war das Projekt endlich perfekt: Eigens für den Kauf der Farm war ein Trust gebildet worden, dessen Mitglieder als Treuhänder der Mogopa-Leute fungieren sollten.

Die Hermannsburger Mission der Lutherischen Kirche war bereit, diese Farm an den Kirchentrust zu verkaufen. Die Anwälte hatten festgestellt, daß selbst nach der Rechtspraxis der Apartheid die Ansiedlung einer schwarzen Gemeinschaft in dieser Gegend legal war. Expertisen bestätigten die Erfolgsaussichten des Projektes. Bodenbeschaffenheit, Anbauweise, Fruchtfolge – alles war bereits besprochen. Und fast drei Millionen Rand hatten die Spendengelder aus der Bundesrepublik und anderen europäischen Ländern erbracht. Anfang Juli 1987 war das Puzzle zusammengefügt.

Zeit für die Mogopas, wieder auf Hochstimmung umzuschalten.

Die erste Rate der Kaufsumme wurde eingezahlt. Damit fehlte nur noch die amtliche Registrierung des Eigentümerwechsels. Eine Formsache, mehr nicht. Mitte Juli würde auch sie über die Bühne sein.

Die Formsache fand nie statt. Am 7. Juli 1987 enteignete die Regierung die Farm Holgat. In einem Brief erklärte sie, das Land werde dringend für die Errichtung einer schwarzen Landwirtschaftsschule benötigt.

Die Gemeinschaft erfuhr von dieser Wendung während einer großen Zusammenkunft. Alle glaubten, es sei die letzte in Bethanie. Tagesordnungspunkte: der bevorstehende Umzug und Kompetenzen bei der Bearbeitung der Felder.

Ihre Enttäuschung formulierte die Gemeinschaft in einem Brief: »All unsere Pläne wurden durch einen Brief der Regierung zunichte gemacht. Wir glauben, der Grund für die Enteignung war, unsere Zukunftspläne zu vereiteln. Wir haben versucht, unsere gerechten Ziele in friedlicher Weise zu erreichen, indem wir eine neue Farm kaufen wollten. Die Regierung hat damit diese Tür der friedlichen Aktion zugeworfen, genauso wie alle anderen Türen, die wir benutzen wollten. Wir glauben, daß all unser Leid durch die Art verursacht worden ist, in der die Regierung Schwarze behandelt, nämlich so, als seien wir nicht Menschen, sondern Tiere, die man von einem Ort zum andern treiben kann, oder Vögel, die im Himmel wohnen, ohne ein Heim auf der Erde zu haben.«

Es wurde bekannt, daß das Gebiet, auf dem die Schule entstehen sollte, gar nicht zur Farm gehörte. Außerdem war die Immobilie schon jahrelang auf dem freien Markt zum Kauf ausgeschrieben gewesen. Nie hatte sich die Regierung für das Land interessiert. Sie nahm die Enteignung nicht zurück.

Wieder am Nullpunkt.

Aber das aktivierte neue Risikobereitschaft in den Leuten. Unter allen Umständen wollten sie Bethanie verlassen. Und da die Regierung ihnen Holgat genommen hatte, würden sie nach Mogopa zurückgehen. Einstimmig beschlossen. Der 12. September 1987 würde der Tag der Rückkehr sein, trotz des Ausnahmezustands im ganzen Land, dem Freibrief für jedes staatliche Eingreifen. Die Gemeinschaft riskierte, daß ihr Konvoi auf der 150-Kilometer-Strecke nach Mogopa gestoppt, daß ihre Führer verhaftet werden würden. Vielleicht würde die Polizei sogar Tränengas einsetzen und scharf schießen.

»Wir können nicht mehr«, so schlimm soll die Stimmung gewesen sein, sagen die Leute. Sie wollten nur noch Mogopa, ohne Tricks.

Die Regierung schien zu begreifen, daß die Dörfler fest entschlossen waren. Das Echo in den Medien wog da vielleicht am schwersten.

Ein neues Gespräch wurde angeboten. Am 5. September trafen sich höchste Regierungsvertreter, der Minister und Beamte mehrerer Verwaltungen, mit dem Mogopa-Komitee.

Ein neues Angebot lag auf dem Tisch. Es enthielt die Zusagen,
1. die Gemeinschaft werde ihre südafrikanische Nationalität behalten;
2. wo immer die Mogopas siedeln würden, die Regierung werde das

Land als Treuhänder für die Gemeinschaft kaufen, und es solle innerhalb der Grenzen Südafrikas liegen;

3. das neue Dorf werde niemals einem Homeland eingegliedert;
4. ein Ausschuß für das Mogopa-Ansiedlungsprojekt werde eingerichtet.

Die Regierung nannte auch gleich ein Gebiet. Die Gemeinschaft könne sich sofort dort ansiedeln. Es lag an der Grenze zu Bophuthatswana.

In großer Eile, denn der Tag der geplanten Rückreise nach Mogopa nahte, fand sich die Gemeinschaft erneut zu einem großen Palaver zusammen und wendete die Chancen hin und her. Besonders die Jungen warnten, dem Minister sei nicht zu trauen. Garantiert hatte sich die Regierung nur wieder etwas ausgedacht, um ihren Widerstand lahmzulegen. Einhellig lehnten die Mogopa-Leute das Angebot ab, denn

1. so nahe der Grenze zu Bophuthatswana würden sie jederzeit das Objekt der Eingliederungswünsche des Homelands sein;
2. fast alles Land, das an das Homeland grenzt, sei Busch und nicht geeignet für den weiträumigen Anbau von Mais; es sei unmöglich, wieder einen gedeihlichen Ackerbau zu führen;
3. grundsätzlich seien sie der Meinung, daß Mogopa ihnen rechtmäßig zustehe.

Aber da die Enge in Bethanie unerträglich war, stimmte die Mehrheit der Dörfler einer Zwischenlösung der Regierung zu. Die Gemeinschaft war bereit, vorübergehend in Ondersdepoort ihr Lager aufzuschlagen, nahe der Kleinstadt Rustenburg. Dort gab es immerhin Wasser und Feuerholz, ebenso ein Schulhaus, nagelneu. In Ondersdepoort würde das Komitee für die Regierung neue Vorschläge zur endgültigen Ansiedlung der Gemeinschaft ausarbeiten. Die Regierung bezahlte den neuen Transport und sorgte für neue Hütten in Ondersdepoort. Ende November, sagte sie zu, werde der endgültige Verbleib der Gemeinschaft geregelt sein.

Ende November, nicht mal drei Monate – das schien ein Kompromiß mit Aussicht auf eine gute Lösung zu sein. Zwar waren viele immer noch mißtrauisch, aber die Gruppe sah keine Alternative.

Am 12. September 1987 packten die Mogopa-Leute wieder ihre Sachen. Dreieinhalb Jahre waren seit ihrer Vertreibung vergangen. Sie sammelten alles, was noch verwendbar war, Wellblechstücke, Baumstämme, Draht und anderes Baumaterial, verschnürten Kisten und Koffer und feierten Abschied.

Aufbruch mit gemischten Gefühlen.

Die Lastwagen der Regierung standen bereit, um aufs neue den Hausrat von knapp 300 Familien fortzubringen, diesmal 100 Kilometer westwärts.

Die Leute sagen, dieser Aufbruch sei anders gewesen als alle zuvor, nicht erzwungen, aber auch nicht wirklich freiwillig. Es sei still gewesen während des großen Packens. Es gab keinen Grund zum Jubeln, keinen zum Trauern, allenfalls Grund zur Erleichterung, die Verhältnisse von Bethanie endlich hinter sich zu lassen. Schlichte Notwendigkeit.

Polizei war nicht gekommen, sie wurde auch nicht gebraucht.

Am neuen Ziel Ondersdepoort war eine Menge los. An beiden Seiten entlang des Weges, der von einem Bulldozer schnurgerade in den Busch geschnitten worden war, lagen Bauteile aus Wellblech. Bauarbeiter fügten die Teile zusammen. Zwar gab es ein großes Schulhaus, eine Halle für Versammlungen, eine Wasserleitung, aber noch nicht genug Hütten. Innerhalb von drei Tagen waren Zelte da, um mehr Wohnraum zu schaffen. Jede Familie bekam sozusagen ein Doppelhaus, indem zwei Hütten aneinandergeschoben wurden. Eilig pinselten die Bauleute das in der Sonne blendende Zinkblech mit grüner oder rostroter Farbe an, um die Sonneneinwirkung zu mildern.

Die Schule in Ondersdepoort war sechs Jahre alt. Die Ironie: Sie war für eine andere Dorfgemeinschaft gebaut worden, die zur Vertreibung ausersehen war. Die hatte sich aber erfolgreich widersetzt.

Die Regierung war jetzt auffällig bemüht. Das Ministerium gab sogar ein Statement an die Presse. Es sei vorgesehen, die Gesundheitsversorgung in Ondersdepoort zu verbessern. Man werde Geld für Betriebsgründungen zur Verfügung stellen. Die Schule könne sofort in Betrieb genommen werden, Lehrer seien schon bestellt.

Das schien den Mogopa-Leuten denn doch fast zuviel der Hilfe für ein Provisorium. Das Dorfkomitee erinnerte daran, niemand wolle in Ondersdepoort bleiben. Man erwarte den Umzug innerhalb der nächsten drei Monate. Das werde dann wirklich der letzte sein.

Das Komitee beeilte sich mit Landvorschlägen an die Regierung. Den ersten machte es Anfang Oktober.

Am 28. November berief der Minister sein zweites Meeting mit dem Mogopa-Komitee ein. Er sagte, die Regierung sei nicht darauf eingestellt, die Vorschläge der Gemeinschaft zu akzeptieren.

1. Es sei nicht Regierungspolitik, Schwarzen das Leben oder die Wiederansiedlung in Gegenden zu erlauben, die als weiße Gebiete ausgewiesen seien.
2. Ein solches Vorgehen wäre problematisch, weil andere umgesiedelte Gemeinden dann ebenfalls verlangen könnten, auf Regierungsgebiet angesiedelt zu werden.

Dann wiederholte er das Angebot vom September, das die Mogopa-Leute längst abgelehnt hatten.

Sie lehnten es auch jetzt ab. Und die Regierung weigerte sich, auf einen neuen Vorschlag der Vertriebenen einzugehen.

Die saßen nun in der Sackgasse von Ondersdepoort, vertröstet, verschaukelt, so gut wie vergessen.

Am 14. Februar 1989, als sich der Jahrestag der Vertreibung aus Mogopa zum fünftenmal jährte, waren sie immer noch in Ondersdepoort.

Fünfter Jahrestag der Vertreibung.

Die Leute von Mogopa leben noch immer zwischen den Welten. Die alte haben sie verloren, eine neue nicht gefunden.

Ein Gedenkgottesdienst findet am Sonntag, den 19. Februar 1989, in Ondersdepoort statt. Aber die Gemeinschaft ist nicht komplett. 70 Alte und Junge, Männer, Frauen und Kinder fehlen. Sie haben das ungelöste Problem Mogopa wieder öffentlich in Erinnerung gebracht.

Der Minister hatte im August 1988 die Erlaubnis gegeben, daß eine Gruppe vorübergehend nach Mogopa zurückkehren dürfe, um, entsprechend schwarzer Tradition, den verwilderten Friedhof zu säubern. Großzügigkeit einer gottesfürchtigen Regierung. Geplant oder nicht – zuerst waren es zehn, dann 50, schließlich an die 70, die dem Sog der alten Heimat nicht widerstehen konnten. Mitsamt dem Material für behelfsmäßige Unterkünfte fuhren sie nach Mogopa, richteten sich zwischen den Ruinen häuslich ein und säuberten ihre Gräber. Über 30 Hütten sollen sie errichtet haben, heißt es, als die Regierung handelte. Sie warf in einer Mitteilung den Besetzern vor, die Erlaubnis zur Grabpflege mißbraucht zu haben, und zog ihre Erlaubnis zurück.

Die Besetzer ignorierten das. Am 27. Januar schloß die Polizei den Friedhof ab und gab den Besetzern 24 Stunden, um das Gelände zu

räumen. Sie blieben. Seitdem steht Mogopa unter Kuratel. Keiner darf mehr hinein. Kein Journalist hat Zutritt. Mogopa ist wieder » off limits«. Polizisten schieben am Eingangstor zur Farm im Schichtwechsel Wache. Lediglich einigen Männern von Ondersdepoort ist es erlaubt, den Eingeschlossenen Lebensmittel zu bringen, eskortiert und nach gründlicher Durchsuchung. Wieder wird Mogopa vor Gericht verhandelt. Der Minister beschuldigt die Mogopas jetzt des Landfriedensbruchs, beruft sich auf die längst vollzogene Enteignung. Die Regierung will jetzt vor dem Supreme Court das Recht erwirken, die Leute aus Mogopa zu entfernen. Wieder einmal.
Das sind die Vorzeichen der Gedenkfeier in Ondersdepoort.

Die Siedlung ist nicht einfach zu finden. Südafrikanische Landkarten beschränken sich meist auf die Wiedergabe weißer Ansiedlungen. Das Städtchen Rustenburg ist Orientierungspunkt.
Rustenburg – eine der vielen kleinen Kapitalen des alten, ungebrochenen Burentums auf dem »Platteland«. Hier leben die Farmer und Viehzüchter, deren Vorfahren sich auf den großen Treck gemacht, sich zäh mit ihren trägen Ochsengespannen Tag für Tag ins Innere des unbekannten Landes vorgearbeitet haben, um es in Besitz zu nehmen, unter großen Opfern, vor allem unter den schwarzen Bewohnern.
Rustenburg ist ein Vorposten der weißen Landnahme. Nicht weit vom gepflegten kleinen Stadtpark steht eine Skulptur zum ehrenden Gedenken an die tapferen Burenfrauen, die ihren Männern halfen, das Land zu besiedeln. Dargestellt ist eine zarte junge Frau in bodenlangem Kleid und anmutiger Haltung. Sie hält eine Kerze in der Hand. Die Inschrift auf dem Sockel erklärt:
»Diese Skulptur erinnnert an die Etablierung der Zivilisation in Rustenburg und der Umgebung mit der Ankunft der Trecker in den Jahren um 1840. Das Mädchen symbolisiert die Trecker, und die Kerze symbolisiert das Licht der Zivilisation.«
Rustenburg ist ein blitzsauberes Städtchen, gepflegte Biederkeit liegt über den Vorgärten hübscher Häuser, die Blumenpracht ist üppig. Die Atmosphäre atmet Sattheit. Hier ist gut leben.
Schwarzes Leben ist ausgesperrt. Am Stadtrand beginnt die Tristesse schwarzer Townships. Und dann kommen Felder, endlos scheinende Maisfelder und Obstplantagen, Basis des Wohlstands dieser Gegend.
Mehrmals passiert man eine Staatsgrenze, ohne Paßkontrolle. Ein

unscheinbares Schild am Straßenrand zeigt an, daß jetzt gerade Bophuthatswana beginnt, das Homeland, das in diesem Teil Afrikas als siebenteiliger Fleckenteppich konstruiert wurde.

Mal führt die Hauptstraße durch »Bop«-Gebiet, dann wieder durch Südafrika. Da kenne sich einer aus.

Links ab ein Feldweg. Er schlängelt sich durch Buschland, eine Wildnis von Dornensträuchern und niedrigen Akazien. Fahles Grün bedeckt die rotbraune Erde bis zum Horizont. Von Menschen künden allenfalls die Reifenspuren im trockenen Profil des Feldweges.

Und dann ist man mittendrin in der Hüttenkolonie. Schnurgerade haben Planierraupen einige breite Straßen in den Busch geschlagen. Hütten aus Wellblech reihen sich an ihnen entlang, genormte Größe, genormter Abstand, 20 Meter etwa, eintönig wie eine Abfolge identischer, trauriger Gesichter. Zelte zwischendurch bergen, was in den Hütten nicht mehr unterzubringen war, Hausrat oder Bettstellen. Die rote Erde ist trocken und hart wie Beton. An der Wegkreuzung ragt schief ein Wasserhahn aus der Erde, eine der Wasserstellen, die in der Siedlung eingerichtet wurden.

Nur die Schule ist ein solides Gebäude aus Ziegeln, fünf Klassenräume für 345 Schüler. In der Halle neben der Schule findet die Gedenkfeier statt.

Der hier lebende Rest der versprengten Gemeinde ist zusammengekommen. Kinder begucken die Gäste mit großen Augen, kichern. Der Chor der Jugendlichen macht Musik mit Trommeln und Pfeifen, singt traditionelle Lieder. Die Stühle in der Halle sind fast alle besetzt. Kinder, barfüßig die meisten, drängeln sich vorne auf dem Zementboden.

Zwölf ehrwürdige Männer sitzen an den Tischen vor der Versammlung. Es ist heiß. Sie tragen Sonntagsstaat, dunkle Anzüge, blütenweiße Hemden mit Krawatte und Weste und blitzblank geputzte Schuhe, hier, wo der Staub sich auf alles setzt. Die Patriarchen sitzen aufrecht, mit feierlicher Miene, unnahbar fast. Mit der Ruhe des Alters auf dem Gesicht lauschen sie den Worten eines schwarzen Bischofs. Was der sagt, ist gewagt:

»Die Botschaft Jesu ist: Gebt niemals die Hoffnung auf. Es ist nur gerecht, was ihr verlangt. Euer Wunsch, nach Mogopa zurückzukehren, wird erfüllt werden.«

Der Mann verbreite Hoffnung, wo es keine mehr gebe, sagen Gäste hinterher, er dürfe den Leuten nicht solche Illusionen machen.

Ohne Regung hören sie auch dem weißen Priester zu. Der sagt, die Männer mit den Gewehren seien selber Gefangene. Sie könnten nicht heraus aus ihrem eigenen, dem inneren Gefängnis.

»Dahinter steht ihr eigenes Unglück«, sagt der Priester, »sie können nicht glücklich sein mit dem, was sie uns angetan haben. Und alle Welt schaut auf ihre Untaten.«

Dann steht einer der Alten auf, gut über 70, ein stattlicher Mann mit poliertem Yul-Brynner-Schädel. Der Mann legt Feuer in seine Worte, streift kurz die schwersten Stationen der »traurigen Geschichte Mogopas« und schließt mit der Überzeugung: »Noch sind unsere Gräber in Mogopa, dort liegen unsere Vorfahren. Dort gehören wir hin. Das hier ist ein Ort, der krank macht. Hier sind wir isoliert, aber wir geben nicht auf. Wir werden unser Land zurückbekommen. Wir werden dorthin zurückgehen, wo einige von uns jetzt schon sind.«

Alle erheben sich, als zum Schluß die schwarze Nationalhymne Südafrikas »Nkosi Sikelel' i Africa – Gott schütze Afrika« angestimmt wird.

Vielleicht klingt sie deshalb so ergreifend schön, weil die Menschen, die sie singen, ihr Leid und ihre ganze Hoffnung hineinlegen.

Bald, nach einem guten Mittagessen, sind die Gäste fort und die Mogopa-Leute wieder unter sich.

Wie rasch die laute Betriebsamkeit verklungen ist. Die Siedlung wirkt plötzlich verlassen, zurückgelassen, jetzt, wo mit den Leuten aus der Stadt auch die wohltuende Anteilnahme wieder weg ist. Von Geselligkeit keine Spur mehr, die Alten sind in den Hütten verschwunden.

Einige Frauen nur versorgen am Wasserhahn hinter der Schule die Überbleibsel des großen Essens. Es war noch tiefe Nacht, als sie mit dem Kochen anfingen. Jetzt, beim Abwasch, singen und lachen sie, als wären sie frisch auf einer Landpartie.

Es ist wolkenlos heiß. Kinder drücken sich zwischen den Hütten herum. Ein Sonntag wie üblich, mit zielloser Langeweile. Trostlos leer wirkt dieses Ondersdepoort, öder als es ein Provinznest in sonntäglicher Atempause je könnte. Die Monotonie macht müde, augenblicklich.

Kurz nach sechs wird es dunkel, wirklich dunkel.

Hinter den kleinen Mattglasfenstern der Hütten flackert schwaches Licht. Das Geklapper von Blechgeschirr mischt sich mit Gesprächsfetzen, Gelächter und Radioplärren – Blechwände sind dünn.

So dunkel es in dieser Siedlung ist, so hell muß es drüben sein, am

Horizont, wo sich ein Lichtermeer ausbreitet wie ein zartes Geschmeide. 20 Kilometer mögen es bis dorthin sein, Luftlinie. Das ist Sun City – Fun City, Sin City – exterritorialer Knotenpunkt von Spiel- und sonstigen Leidenschaften in Südafrikas calvinistisch-bigotter Gesellschaft, biederes Sündenbabel im Las-Vegas-Imitat, ergiebige Geldquelle des Homeland-Führers Mangope und seiner Konzessionäre. Sun City ist eine Oase der Fülle im ansonsten bettelarmen Bophuthatswana. Die Bevölkerung hat nichts von dem Blendwerk. Die Mogopa-Leute haben immerhin aus der Ferne allabendlich die Erinnerung daran, daß die Welt auch leuchten kann. An ihnen ging die Elektrizität immer vorbei.

Die Dunkelheit deckt die Tristesse der Hütten gnädig zu. Der Geruch von Paraffin steht in der Luft. Hier draußen hat die Hitze nachgelassen.

Drinnen sorgen ein Paraffinkocher und eine Kerze für etwas Wärme unterm Blechdach. Lucy ist meine Gastgeberin, Witwe seit einem Jahr. Ihr Mann liegt in Mogopa, wie alle, die seit der Vertreibung gestorben sind. Das immerhin können sie noch: ihre Toten dort begraben, wo ihre Vorväter liegen.

In zwei Räumen haust Lucy, zusammen mit der vor wenigen Jahren erblindeten Margaret, ebenfalls Witwe. Der eine Raum ist die Küche, im anderen stehen eine Frisierkommode, zwei Betten, ein Kleiderschrank. Die Grundausstattung aus dem früheren Leben. Dazu kommt noch all das, was sich auf den beiden Betten stapelt: Wäsche und zwei Handtaschen. Neben und auf dem Schrank: Kartons und Koffer, vier Schubladen, wer weiß woher, und ein großer, verschnürter Plastiksack. Der Stuhl steht nicht zum Sitzen da, er ist Ablage für zwei Waschpulverkisten, Wäsche quillt heraus. Auf den Drahtbügeln an der Wand hängt Kleidung vierfach. Hier ist kein Fußbreit Raum verschenkt.

Ein Dorf im Zwischenlager.

Das Licht einer Kerze muß reichen für den Raum. Lucy hat Sparsamkeit gelernt in den letzten Jahren.

»Mein Haus in Mogopa hatte neun Räume«, sagt sie, »und jeder im Dorf hatte einen eigenen Garten.«

Nicht nur wenn Besuch da ist, redet sie über das Trauma der Vertreibung, sagt Lucy. Jeden Tag falle einmal der Name Mogopa, mindestens. Sie schildert, wie sie die Invasion vor fünf Jahren erlebt hat, den Schrecken auf das Hämmern an ihrer Haustür, wie sie und ihr Mann mit einem Satz aus dem Bett waren und sich mit den verängstigten Kindern in der Küche wiederfanden, konfrontiert mit Polizisten.

»In Mogopa konnte jeder für sich sorgen«, sagt Lucy, »hier haben viele keine Arbeit, es gibt doch nur Bophuthatswana um uns herum, und dort gibt es kaum Arbeitsplätze.« Lucy selbst betrifft das nicht mehr, sie ist über 60, aber von ihrer Pension, 234 Rand alle zwei Monate, kann sie kaum leben.

Lucys Rede begleitet die blinde Margaret auf der niedrigen Bank an der Wand mit ständigem Nicken. Hin und wieder nimmt sie eine Prise »Ugwayi-Snuff« aus dem gelben, runden Döschen, Schnupftabak, »der ist gut gegen Kopfschmerzen«. Viele Frauen schwören auf ihn.

»Gott wird uns eines Tages den Schlüssel geben, damit wir das Tor nach Mogapa wieder aufschließen können«, wirft Margaret ein. Und sie erzählt von den Träumen, die sie manchmal des Nachts nach Mogapa tragen.

Träume von der Vergangenheit, Beten für die Zukunft, Margaret hat viel Zeit, um ihre Trauer zu pflegen.

Lucy hat für ihren verwitweten Onkel, einige Hütten weiter, das Essen gekocht, Maisbrei, Fleisch, Tomaten. Pule, 22, ihr jüngster Sohn, bringt es ihm. Er schläft auch in der Hütte des Onkels.

Die beiden Frauen gehen früh schlafen. Lucy verriegelt die Tür. Dabei macht das Türblech bei jeder Bewegung einen Lärm, daß man nicht mal die Chance hat, unbemerkt auf die Latrine draußen zu gehen. Ein Dieb hätte da keine Chance, und sowieso: Hier gibt's nichts zu holen.

Am nächsten Vormittag steht Lucy am Tisch, vor sich den Paraffinkocher und eine Emailleschüssel voll Hefeteig. Mit einem Löffel teilt sie kleine Teigballen ab und läßt sie ins heiße Öl gleiten. In der Pause kommen die Kinder von der Schule schräg gegenüber und drängeln sich, kichernd und flüsternd, in dem engen Raum. Ein Krapfen kostet zehn Cent, Lucys tägliches Zubrot zur Pension. Das Speiseöl kauft sie halbliterweise. So lebt es sich halbwegs, von der Hand in den Mund.

Die Schulkinder kommen schubweise. Ihre Uniformen, Trägerröcke und Hosen in Braun, dazu Hemden oder Blusen in Weiß, Beige oder Blau, sind blitzsauber wie in einer Stadt ohne Staubstraßen. Nicht mal die weißen Söckchen zeigen eine Spur von Staub. Manche Mädchen tragen ihr Haar kunstvoll parzelliert, in vielen kurzen Zöpfchen, dünn wie Regenwürmer. Ihre Mütter müssen viel Zeit haben.

Lucy spricht vom guten Leben in Mogopa.

»Wir konnten das meiste zum Essen selber anbauen, wir mußten nicht viel Geld ausgeben, nicht für Milch und nicht für Mais. Reich waren wir zwar nicht, aber hier haben wir gar nichts. Hier müssen wir für alles bezahlen.«

Schwere Arbeit gehörte zum »guten Leben dort«. Von der Großmutter hat Lucy gelernt, Mais zu stampfen:

»Der Mais kam in einen großen, ausgehöhlten Stein, und mit einem anderen Stein wurde er zermahlen. Den Stein habe ich mitgebracht. Vielleicht kann ich ihn eines Tages wieder benutzen.«

Er liegt in der Ecke auf dem Tisch, grau und glatt und geformt wie ein kleiner Brotlaib.

Die blinde Margaret sitzt wieder auf der Bank, die Hände im Schoß. Frauen finden sich ein, setzen sich zu ihr, vertreiben sich den trägen Vormittag, der nichts hergibt als schleppende Gespräche.

»Wir werden schneller alt in Ondersdepoort.«

Das sagt Harriet, Jahrgang 1906. Eine stattliche Frau immer noch, die einen großen Schatten warf, als sie die Hütte betrat. Eine Unzahl Fältchen tanzt in ihrem dunklen Gesicht, wenn sie spricht. Unter ihrem roten Kopftuch schauen vorwitzig ein paar dünne weiße Löckchen hervor. Ächzend hat sie sich neben Margaret niedergelassen. Jetzt ruhen ihre welken Hände auf dem knotigen Stock zwischen ihren Knien. Ohne den schafft sie das Gehen nicht mehr.

»Was sollen wir tun, wenn wir morgens aufwachen?« sagt Harriet. »Früher war ich mit dem Garten beschäftigt, mit Pfirsichen, Wassermelonen, Gemüse. Das war meine Gymnastik. Hier sind wir zu Nichtstuern geworden. Wir schauen zu, wie die Sonne kommt und geht. Wir zermartern uns den Kopf über unsere Zukunft. Und ich, ich roste und merke, daß ich alt werde. Dieses Warten macht müde.«

Harriets Gesicht wirkt jetzt mürrisch.

Drei Frauen sitzen inzwischen auf der kleinen Bank, reden, nicken, schweigen. Sie sprechen Tswana.

Hitze hat sich in der Hütte breitgemacht.

»Wir Alten wollen, daß unsere Kinder einen Platz haben, wo sie sicher sind. Das war immer wichtig für uns. Wie können wir in Ruhe sterben, wenn wir nicht wissen, was aus unseren Kindern wird?« Die Frauen nicken stumm.

Und nennen dann noch tausend Gründe, warum dies kein Ort ist, an dem es sich leben läßt. Krankheiten, die die Kinder hier kriegen, die Schlangen, die es hier gibt, die Affen in der nahen Wildnis. Der einzige Grund, der zählt, ist jedoch nur der: Ondersdepoort ist nicht Mogopa und kann es nie ersetzen.

»Mit diesem Platz hier können wir keine Freundschaft schließen«, sagt Lucy, »wenn die Sonne scheint, ist es furchtbar heiß, und wenn es regnet, sind die Wege matschig, und das Wasser läuft nicht ab. Gestern blieb sogar der Lastwagen vom Bäcker, der den Laden hier mit Brot beliefert, im Morast stecken.«

Jeder Nachteil, den die Frauen aufzählen, führt zum Anpreisen dessen, was sie verloren haben.

»Mogopa ist first class«, sagt Harriet, »aber an Mogopa denken macht mich krank, es macht mich zu träge zum Aufstehen.«

Sie erhebt sich seufzend.

Wir gehen zu ihrer Hütte, wo die Tochter vielleicht das Essen fertig haben wird. In der Mittagshitze muß sie auf dem schattenlosen Weg immer wieder anhalten, gestützt auf ihren Stock. Sie trägt schwer an ihrem ausladenden Körper, der beim Gehen schaukelt wie ein behäbiges Schiff.

»Mein Herz liebt die Arbeit, verstehst du«, sagt sie, »aber hier sitze ich den ganzen Tag herum und esse. Jetzt macht mein Körper schon beim Gehen Schwierigkeiten. Das ist kein Leben hier. Leben heißt arbeiten. Schau, hier gibt's nur wilde Bäume. Wir haben ja versucht, Neues anzupflanzen, aber die Ameisen haben alles aufgefressen. Es hat keinen Zweck hier.«

Zwei Männer vom Komitee nennen später noch einen anderen Grund, der dagegen spricht, diesen Boden auch nur zu testen:

»Wir wollen hier gar nichts anbauen, denn dann würde die Regierung denken, wir hätten aufgegeben und wollten bleiben.«

Wie lange können Menschen sich weigern, Wurzeln zu schlagen?

Mit einem Blick zurück über die schnurgerade Hüttenzeile schüttelt Harriet den Kopf:

»Das ist ein schlechter Ort.«

Und als sie sich wieder in Bewegung gesetzt hat, murmelt sie vor sich hin:

»Die Regierung behandelt uns Schwarze so schlecht, es ist eine Schande.«

Der breite Weg endet abrupt, Wildnis beginnt. Dort hat die Planierraupe haltgemacht und ist rechts abgebogen. Hier, am Rand der Siedlung, steht Harriets Hütte.

Sie ist säuberlich aufgeräumt. Kein Krümel bedeckt die grüne Zeltplane auf dem Boden. Das hat sie aus der früheren Existenz herübergerettet: einen großen Holztisch mit sechs Stühlen, schwarz gebeizt, mit feinen, roten Bezügen. An diesem Tisch also hat die Familie sich damals zu den Mahlzeiten getroffen. Vergangene Wohlhabenheit, lächerlich deplaciert in dieser Behausung. »In Mogopa hatte ich ein Haus mit fünf Räumen, einer war nur für Leute, die zu Besuch kamen«, sagt Harriet. »Mein Mann und ich haben es gebaut, Freunde haben uns geholfen. Die Steine fürs Fundament haben wir selbst behauen. Das war eine schwere Arbeit. Für die Mauern haben wir Ziegelsteine genommen. Die Mauern waren so gerade, wie sie nur sein konnten, wir haben mit einer Wasserwaage gearbeitet und die Steine hin- und hergeschoben, bis die Luftblase genau in der Mitte war.«

Harriet hat beide Hände wieder auf den Stock gelegt und schaut auf den Boden.

»Das Linoleum aus unserem Wohnzimmer liegt in der Hütte meiner Tochter nebenan«, sagt sie, »sogar das haben die Polizisten nicht vergessen. Sie haben es zusammengerollt und auf den Lastwagen geworfen. Ja, sie haben ganze Arbeit gemacht. Aber hier, diese Zeltplane«, und sie stochert mit ihrem Stock auf dem Boden herum, »die hält nicht mehr lange, die wird bald auch von den Ameisen zerfressen sein. Die sitzen im Lehm hier drunter.«

Sie grübelt, schüttelt den Kopf.

»Was für eine Verschwendung. An einem lausigen Ort sind wir gelandet.«

In einer anderen Hütte die gleiche leise Trauer. Ein alter Mann wohnt dort mit Kindern und Enkeln. Er ist der Mann mit dem Klavier. In polierten braunen Schuhen, schwarzem Jackett über dem weißen Nyltesthemd und einem Strohhut auf dem Kopf kam er des Weges und nahm mich mit. Eine spindeldürre Erscheinung, kerzengerade, ohne Gehhilfe. Er muß einmal ein drahtiger Typ gewesen sein. Dünner, grauer Flaum wird auf seinem Schädel sichtbar, als er in der Hütte seinen Hut zur Seite legt. Bedächtig setzt er sich in den fadenscheinigen Polstersessel und schlägt die langen Beine übereinander. Uralt müssen die Schuhe sein, ihr Leder ist brüchig.

1905 wurde er geboren. Seine Eltern waren unter den ersten in Mogopa.

»Wir hatten zuletzt Kühe und Ziegen«, sagt er, »und acht Esel. Mit den Eseln brachten wir das Trinkwasser vom Brunnen zum Haus.« Er hatte einen Job in einer Tankstelle in Johannesburg. Die freien Wochenenden verbrachte er in Mogopa, auch die Ferien.

»Meine Ferien, das war die Feldarbeit in Mogopa.«

Und der Tag, an dem das alles verlorenging?

»Ich bin fast verrückt geworden«, sagt er, »daß sie uns einfach so wegbringen, was gibt ihnen das Recht –«, er schüttelt den Kopf. Aus der Zeitung hatte er erfahren, daß Mogopa geräumt wurde. Es stand auf der ersten Seite. Sofort ließ er die Arbeit liegen und fuhr per Anhalter nach Mogopa. Die beladenen Lastwagen kamen ihm entgegen. Die Polizisten am Gatter ließen ihn nicht aufs Farmgelände.

»Ich hab' ihnen gesagt: ›Wißt ihr, was ihr da macht? Wißt ihr, daß unsere Väter dieses Land gekauft haben? Daß es das Erbe für unsere Kinder und Enkel ist?‹ Aber die haben gar nicht zugehört.«

So ging er querfeldein.

»Und da dachte ich zum erstenmal: Sie werden gewinnen, sie werden es schaffen. Diese Teufel, zerstören in wenigen Tagen, was wir 70 Jahre lang aufgebaut haben.«

Er fand seine Familie.

»Wir kamen am dritten Tag weg. Zwei Ziegen durften wir mitnehmen. Die Kühe und die Esel hab' ich nie wiedergesehen. Ich kann das nicht vergessen.«

Der Alte schließt die Augen.

»Und das ist Ihr berühmtes Klavier?«

»Yes, Madam«, sagt er lächelnd, »ich habe es als junger Mann gebraucht gekauft. Ich habe mich schon immer für Musik interessiert und mir selbst ein bißchen das Spielen beigebracht. Manchmal habe ich für die Kinder gespielt und dazu gesungen.«

Es ist längst kein Prunkstück mehr. Burling & Mansfield steht auf dem Deckel. Schiefe Töne kommen heraus, wenn überhaupt. Die Tasten stehen unregelmäßig, die Pedale reagieren nicht.

»Das viele Hin und Her hat es nicht gut überstanden«, sagt der Mann, »wie die Menschen hier. Vielleicht sind aber auch nur die Ameisen drin. No, Madam, eine Reparatur lohnt sich nicht. Was lohnt sich schon noch für uns?«

Kinder, vier, fünf Jahre alt, barfuß, kommen vorwitzig von draußen an die Tür, Finger im Mund.

»Auch den Kindern hat das Hin und Her nicht gutgetan«, sagt der

Alte, »mein Enkel hat mich vor kurzem gefragt: ›In der Bibel steht doch, du sollst nicht stehlen, warum hat uns dann die Regierung Mogopa gestohlen?‹ Was sollte ich dem Jungen sagen?«

Ein kleines, verblichenes Familienfoto in Plastikfolie pappt an der Blechwand.

Der Alte hat sich im Sessel zurückgelehnt, die Hände vor dem Mund gefaltet.

»Ich glaube, Gott wird uns wieder raushelfen«, sagt er leise, »wir sind hier wie Gefangene. Mogopa ist unsere Heimat. Und Gott wird uns helfen, daß wir zurückkönnen auf das Land unserer Väter.« Wieder einer, dessen Leben sich in Warten erschöpft.

Es ist früher Nachmittag. Heiß drinnen und draußen erst recht. Der Weg ist leer und still.

Um die Ecke trägt eine junge Frau zwei Eimer Wasser den Weg hinunter.

Vor einer Hütte prangt eine rote Geranie im Vorgärtchen, mit Ästen verbarrikadiert, Schutz vor den Ziegen, die zwischen den Hütten umhertrotten. Kakteen stecken in der Erde. Die winzige Parzelle ist mit Steinen eingerahmt.

Hinter der Hüttenreihe, wo schon die Wildnis beginnt, steht eine Armada von Latrinen beisammen, unbenutzt, überzählig.

Weiter unten am Wegrand liegen rostige Wellblechteile auf einem Haufen. Eine emaillierte Badewanne ist mit einer Zeltplane abgedeckt. Kinder blitzen kokett mit ihren großen Augen und rennen weg.

Hinter einer Hütte flattert Wäsche an der Leine. Sie reicht von der Hütte zu einem mickrigen Bäumchen, vorbei an einem mannshohen, windschiefen Verschlag aus Pfählen und Wellblech, baufällig wie ein Kartenhaus.

Eine Frau ist über eine Zinkwanne voll Wäsche auf der Bank vor sich gebeugt. Energisch reibt sie die Wäschestücke übers Waschbrett. Das seifige Wasser ist rotbraun vom Staub der Kleider. Die Frau hält inne.

»Hallo, what can I do for you?« ruft sie vergnügt. Sie lacht und zeigt dabei ihre leuchtendweißen Zähne, lacht ganz im Einklang mit ihrem rundum fröhlichen, weichen Gesicht. Sie heißt Mary.

Mary wäscht für neun. So viele Personen leben in der Zwei-Zimmer-Hütte und in den beiden Zelten nebendran.

Der Verschlag ist Marys Küche, dort steht der schwere emaillierte Kohleofen aus ihrer richtigen Küche, »in Mogopa, du weißt schon…«

Mary bittet mich, aufmunternd lächelnd, in ihre Hütte. Da steht ein sehr schönes Möbel, eine Jugendstilkommode aus Eiche mit hohem Spiegelaufsatz und Messingbeschlägen. Unbeschädigt.

»Ja«, lacht Mary, »die stand in unserem Eßzimmer. Das war der Geschirrschrank.«

Geschirr steht auch jetzt wieder drin und Flaschen aller Art. Dosen und Kartons stehen obendrauf und verdecken den Spiegel. »Ich hatte das Geschirr so gut in Decken eingewickelt, daß auf dem Transport nichts zerbrochen ist«, sagt Mary.

Der große, dreitürige Schrank aus dem früheren Schlafzimmer hat dagegen mehr als nur Schrammen abbekommen. Eine Tür schließt nicht mehr, der Sessel davor hält sie zu. Das Geflecht seiner Rückenlehne ist durchstoßen. Zwei Sessel sind heil geblieben. Der große Tisch auch. Drei Tische hat Mary besessen. Einer verschwand bei der Vertreibung, vom anderen gibt es nur noch die Tischplatte, die steht jetzt hochkant im Zelt. Zwei Beine geben in Blumentöpfen Kletterpflanzen Halt.

Ein Bettuch schützt den Bezug des Sofas.

Hinterm blau geblümten Vorhang liegt der Schlafraum. An drei Seiten steht je ein Bett normaler Breite, zwei hat Mary von Mogopa mitgebracht.

»Wir haben nicht mehr so viel Platz wie in Mogopa«, untertreibt sie fast kokett. In dem einen Bett schläft sie mit ihrem Enkelkind. Das andere teilen sich zwei halbwüchsige Kinder. Zwei Kleiderschränke stehen über Eck, hochbepackt beide, der eine mit einem ovalen Spiegel in der Mitteltür. Aus dem anderen sind die Türen herausgebrochen. In der Mitte, wo einmal eine Schublade war, ist jetzt ein Loch. Sie ging verloren.

Aus Koffern quillt Kleidung. Aus dem Schrank auch. Decken, Taschen, das Oberteil einer Nähmaschine liegen auf den Betten. Jeden Abend vor dem Schlafengehen beginnt hier das große Räumen.

Auf einer Leiste an der Wand stehen Deospray, Shampoo, eine Dose Vaseline, ein Glas mit Knöpfen, ein Nadelkissen, eine Tube Colgate, ausgedrückt und aufgeschnitten auf der Suche nach dem letzten Rest.

In einer Emailleschüssel liegt Bügelwäsche. Auf dem lehmschmutzigen Boden steht neben dem Kerzenleuchter eine Seifenschale mit Zahnbürste. Der weiße Bezug des Kissens auf dem Bett ist verschlissen. Ein Wecker tickt laut.

So also sieht es in einer Hütte aus, wenn neun Personen sie sich teilen müssen.

»Ich bin eine ganz schön arme Lady«, lacht Mary hinter mir. Mit Blumen versucht sie, den Raum zu verschönern, sie bastelt sie aus Plastiktüten, »das bringt Farbe«.

Mary wird in diesem Jahr 50, »und ich bin immer noch voller Energie«.

Absolut glaubwürdig. Acht Kinder hat sie geboren, eines starb nach drei Wochen. Ein Sohn ist Lehrer in der Schule gegenüber. Die jüngste Tochter kann zum Gymnasium gehen, die Kirche zahlt das Schulgeld. Ihr Mann, Reiniger bei der Eisenbahn, ist seit zwei Wochen im Krankenhaus, Tuberkulose, die Krankheit der armen Leute.

»Meine Kinder halten mich auf Trab«, sagt Mary, »noch macht mir mein Körper keine Schwierigkeiten, nur die Augen lassen nach.«

Sie geht zum Bügelbrett und beginnt zu bügeln, mit einem gußeisernen Bügeleisen nach Großmutters Art. Flink fährt sie während des Redens über Hemden und Röckchen ihrer Kinder und Enkelkinder.

Sie und ihr Mann sind beide in Mogopa geboren und aufgewachsen. »Drei Schlafzimmer hatten wir«, sagt sie und das Lächeln erscheint wieder auf ihrem Gesicht. »Ich war unter den ersten, die wegkamen. Zwei weiße Polizisten nahmen mich wie ein Baby und trugen mich zum Auto. Meine Tochter war damals hochschwanger. Ihr Kind war das erste, das nach der Vertreibung geboren wurde, am 18. Februar, in Pachsdraai.«

Und dann kramt Mary eine Überraschung hervor. Mit einem verschwörerischen Lächeln reckt sie sich nach einem Karton auf dem Schrank.

»Das ist mein Hochzeitskleid«, sagt sie, »von 1960, ich habe es immer gut aufgehoben.«

Sie hält einen durchlöcherten Fetzen vor ihren Körper, schaut an sich hinunter.

Es muß einmal ein schönes Kleid gewesen sein, der Stolz der Braut, bodenlang, aus weißem Taft, in drei bauschigen Stufen bis zum Saum von Tüll bedeckt. Jetzt ist es übersät von handtellergroßen Löchern. Rot sind die Ränder dieser Löcher, so rot wie die Erde draußen.

»Die Ameisen haben es zerfressen«, sagt Mary, »über 20 Jahre hatte es schon überstanden. Aber hier...«

Sie zuckt die Schultern, legt es wieder zusammen und schiebt den Karton auf den Schrank zurück.

Mary, warum vergeht dir nicht das Lachen, wenn du von alldem sprichst?

»Was bleibt mir übrig?« sagt sie und lacht dabei wieder so anziehend, als erklärte sie das Einfachste von der Welt, »Gott hat mir alles das geschickt, und ich muß es tragen.«

Ihre Sicht des Ganzen:

»Es wäre falsch zu sagen, Gott hat uns das angetan. Ich sage: Er hat uns geholfen. Es hätte ja noch schlimmer kommen können. Er war es, der sie gehindert hat, uns zu erschießen.«

Wenn das kein Grund zur Freude ist...

Sie hat immer noch eine Menge Kraft. Das allein nimmt sie als Gnadenbeweis Gottes, Mary, die mir noch winkt und aufmunternd zulacht, als ich schon weit von ihrer Hütte entfernt bin.

Einer der Ältesten der Siedlung ist Isaac More, damals, 1984, der stellvertretende, heute der erste Headman.

Schweigend sitzt der alte Häuptling in einem abgeschabten Chippendalesessel neben dem Küchentisch. Am 3. Januar 1898 wurde er als drittes von neun Kindern geboren, im Vrystaat. Dort hütete er Schafe, ging nur drei Jahre lang zur Schule.

»Das war so üblich für uns Schwarze auf dem Platteland«, sagt er beiläufig in seiner schleppenden Art.

Ein schwerer Sommerregen hat eingesetzt und trommelt aufs Blechdach. Ein Höllenlärm, wir können uns kaum noch verständlich machen.

Schweigen also.

Regen tropft auf das Wachstuch des Tisches.

Diesem würdigen Greis mit Bauchansatz und grauem Schnurrbart, diesem gänzlich unaggressiven Alten haben sie also in jener Nacht Handschellen angelegt.

Der Regen läßt nach.

Aber warum, in Gottes Namen, will sich nach all den Jahren partout niemand hier in Ondersdepoort ansiedeln? Wozu dauernd diese trotzig insistierenden Vergleiche mit Mogopa?

»Weil die Regierung kein Recht hatte, uns zu vertreiben«, sagt Isaac

More, und dabei räuspert er sich und räkelt sich in der Sesselkuhle, als sei damit jede weitere Erklärung überflüssig. »Außerdem gibt es noch eine Menge anderer Gründe«, sagt er, »in Mogopa ist es nicht so heiß wie hier. Wir hatten dort alles, was wir brauchten, genug Land für unser Vieh, genug Land, um davon zu leben. Und hier – bei der Hitze hier legen die Hühner weniger Eier. Und sehen Sie nur, wenn es regnet, hält der Boden das Wasser nicht fest. Das ist kein guter Ackerboden hier.«

Der fast zahnlose Alte erzählt von früher.

Er hütete das Vieh, und an den Sonntagen, wenn niemand arbeitete, spielte er mit den anderen Jungen unterhalb der Hütten. Dort waren zwei Stangen in den Boden gerammt, das Fußballtor. Sein Vater hatte eines Tages einen Fußball mitgebracht, »und ich war zweiter Stürmer«.

Isaac More fand Arbeit in einer Johannesburger Wäscherei, seine Familie blieb in Mogopa. Einmal im Monat kam er heim, zu mehr reichte das Geld nicht. In den Ferien half er seiner Familie bei der Farmarbeit.

»4500 Sack Mais hat die Farm in guten Jahren an die Genossenschaft in Ventersdorp verkauft«, sagt Isaac More laut vor Stolz und beugt sich augenzwinkernd vor.

Als er 1977 Rentner wurde, fing er erst richtig mit dem Ackerbau an. Seine Frau war da schon 30 Jahre tot.

»Soll ich Ihnen mal was sagen? Südafrika, das ist ein schlechter Platz, mit seiner Apartheid. Wissen Sie, was Apartheid bedeutet? Sie werden es nie wissen, weil Sie weiß sind. Apartheid bedeutet, daß ein Polizist mich mal beim Arm nahm, als ich im Gerichtssaal einer weißen Frau neben mir was zuflüsterte. Und wissen Sie, was der Polizist mir sagte? Er sagte: ›Es gehört sich nicht, eine weiße Lady zu berühren, nein, nicht mal am Arm.‹ Ich sage Ihnen, Südafrika ist ein schlechter, verrotteter Platz. Hier lebt man wie ein Maulwurf. Kaum steckt man seinen Kopf raus ans Licht, kriegt man einen Schlag auf die Nase.«

Nur im Krieg, da spürte er einen Hauch von Freiheit. Soldat More kam bis nach Italien, per Schiff von Durban über Kairo und Sizilien nach Mailand.

»Milano«, sagt er.

Dort trug er kein Gewehr, sondern Verantwortung für die Feldpost. »Ich wußte eigentlich nicht recht, wofür oder wogegen wir kämpfen«, sagt er, schüttelt sinnierend den Kopf.

Immerhin, der Krieg, in den man ihn hineingezogen hatte, war für ihn fast nur schön und aufregend.

»Bella Italia«, sagt er lächelnd, »da durfte ich ausgehen und mit weißen Frauen am Tisch sitzen, ohne daß es ein Verbrechen war. Leider hatten wir wenig Ausgang.«

Vor der Hütte gurgelt das Regenwasser durch tiefe Furchen. Das erinnert Isaac More an die ersten Regengüsse hier, von denen alle überrascht wurden. Das Wasser floß in vielen kleinen Bächen durch die Hütten. Kniehoch staute es sich an den Wänden. Seitdem verläuft um jede Hütte ein Wall aus Lehm und Plastik.

»Was soll's«, sagt er abschließend, »was geschehen ist, ist geschehen. Das bereitet mir keine Alpträume. Eines Tages wird Jesus Christus uns aus dem ganzen Ärger raushelfen.«

Hat er etwa wirklich noch Hoffnung, nach Mogopa zurückzukommen? Ganz kurz nur muß er überlegen:

»Ja, wir werden zurückgehen.«

»Hast du gehört, am Samstag gehen wir jemanden in Mogopa beerdigen. Ein Mann ist gestorben, Herzversagen. Wir fahren alle hin.«

Es ist Abend. Lucy stellt das Essen auf den Tisch: Maisbrei, nicht mehr wie früher mit Milch, sondern mit Wasser angerührt, Kohl, Hühnchen. Wir erheben uns, Lucy betet vor, in Tswana. Radio Bop bringt die allabendliche Fortsetzungsgeschichte um Liebe, Leidenschaft und Mord. Es ist kurz vor acht.

Pule ißt mit. Er hat den Laden heute früher zugemacht. Sein Onkel ist froh, daß Pule sich um den Laden kümmert. Dort steht er also hinter der Theke und reicht den wenigen Kunden Brot, Kekse, Kartoffeln, Tomaten, Speiseöl rüber. Das Sortiment ist klein. Milch gibt es selten, der Hitze wegen, der Kühlschrank hat kein großes Fassungsvermögen. Und niemand sonst hat einen Kühlschrank. Überhaupt ist nicht viel Kaufkraft da. Und die Pendler bringen viel aus der Stadt mit, weil die Preise dort niedriger sind.

Der Job im Laden ist nicht aufregend. Aber Pule hat sonst keine Beschäftigung. Ein Träumer, der sein Erwachsenwerden auf die Zeit »nach der Rückkehr« verschiebt. Dann, ja dann wird er einen Getränkeladen aufmachen. Er wäre gerne Ingenieur geworden oder Bücherschreiber. Jetzt will er zuerst mal den Führerschein machen.

Für was ist die Tragödie um Mogopa wirklich Ursache, und für was muß sie auch als Alibi herhalten?

Pule ist Mitglied im Mogopa-Jugendklub, einem politischen Klub ohne feste Struktur. Irgendwann ist der lockere Debattierkreis entstanden, wo die Jungs sich politisch auf Vordermann bringen wollen. Mandela und Sisulu sind die Vorbilder, der ANC ist die politische Heimat. Dauerthema ist das Unrecht in Südafrika. Ihr hautnah erlittenes Unrecht ist Dreh- und Angelpunkt auch ihrer persönlichen Lebensplanung geworden.

»Das wichtigste ist, zuerst müssen wir zurückkehren, dann können wir wieder leben«, sagt Pule.

Fünf Jahre Schwebezustand dämpft Zukunftsplanungen, macht viele Jugendliche lustlos. Zwei von Pules Freunden zum Beispiel, die haben noch keinen Job gefunden, hängen bei ihren Müttern rum oder verquatschen die Zeit mit Pule im Laden. Da läuft der Fernseher, gespeist von einer Autobatterie, da reden sie darüber, wie das Leben sein könnte, wenn, ja wenn.

Mogopa – der einzige Grund, der zählt, auch für diese Jugendlichen. Soviel immerhin stimmt ja:

»Wer weiß, wie lange wir überhaupt noch hier sind.«

Sich in Johannesburg bewerben?

»Da mußt du erst einmal das Geld haben, um hinzufahren«, sagt einer der beiden.

Ondersdepoort ist ein Ort, wo Träume sich in Nichts auflösen, wo Lebensenergien atrophieren, mit Leichtigkeit.

Stillstand.

Ondersdepoort – vergessener Ort, eine Rumpelkammer, ideal für Überflüssiges. Ein Ort mit hoffnungsloser sozialer Prognose.

So werden Menschen verschlissen, Energien verschwendet, Lebensjahre gestohlen, nicht nachholbar, temps perdu.

Pule sagt: »Hier ist mein Denken eingesperrt. Aber wenn wir wieder in Mogopa sind, kommt frischer Wind in mein Hirn.«

Die Beerdigung morgen – wie immer in Mogopa? Natürlich.

In der Nacht gibt es in der Hütte des Toten die obligatorische Nachtwache, mit Gebet, Gesängen, die Leute sitzen, stehen, klatschen im Takt bis zum Morgengrauen. Zwei Busse wurden wie üblich organisiert, um die große Beerdigungsgesellschaft nach Mogopa zu bringen. Beerdigungen sind die Angelegenheit aller. Jeder nimmt teil, ob man den Toten gut kannte oder nicht. Noch in der Nacht brechen die Busse auf. Der Tradition gemäß muß die Leiche morgens vor acht beerdigt sein. Gestern abend ist eine Gruppe von Männern nach Mogopa vorausgefahren, um das Grab auszuheben. Die Beerdigungsgesellschaft wartet in Rustenburg mit der Leiche. Wer weiß, ob die Polizei sie durchläßt.

Die Vorsicht ist angebracht. Am Checkpoint zur Farm erfährt die Vorhut, daß der Tote nicht in Mogopa beerdigt werden darf. Niemand darf rein, auch kein Toter mit seinen Angehörigen.

So macht die ganze Beerdigungsgesellschaft kehrt und fährt mit der Leiche nach Bethanie. Der Paramount Chief war vorsorglich um Erlaubnis gebeten worden.

»Mogopa, das Land, wo Milch und Honig fließen«, hörte ich in Ondersdepoort einmal jemanden sagen.

Die Leute haben dem Ideal die Aura von Paradies und Himmelreich umgelegt, obwohl das Leben dort nie mühelos war. Ein Hinweis auf den schwarzen Maßstab für ein Leben im Überfluß, in Freiheit. »Zurück nach Mogopa!«, das ist Heilmittel für alles, sogar für die angeblich vorher unbekannten Krankheiten Diabetes und Bluthochdruck, für geschwollene Füße.

Hätte die Regierung den Leuten sofort eine Alternative geboten – wer weiß, vielleicht hätten sie ihre Anhänglichkeit an Mogopa nie so entwickelt, wie sie es in den fünf Jahren Regierungsbluff getan haben.

Was ist wohl das Kalkül der Regierung? Glaubt sie im Ernst, die Mogopas würden aufgeben? Sitzt die Regierung in ihrer eigenen Falle? Hätte sie längst eingelenkt, wenn sie nur könnte, ohne eine Lawine von Rückforderungen anderer Vertriebener auszulösen?

Immerhin, obwohl das Gericht in Pretoria nach mehreren Verhandlungen über den Abtransport der 70 Dorfbewohner noch keine Entscheidung getroffen hat, verschwindet die Polizei plötzlich vom Tor zur Farm, von einem Tag auf den anderen.

»Keine Ahnung, was das zu bedeuten hat«, sagt ein Anwalt und vermutet: »Vielleicht haben sie eingesehen, daß es nichts bringt, daß sie nur ihrem Image schaden.«

Wie sieht es aus, das gelobte Land Mogopa?

Da ist zuerst Ventersdorp. Hinter den weiten Maisfeldern taucht seine Skyline auf: ein großes Silo und ein gotischer Kirchturm. Landwirtschaft und Kirche, sie prägen die Gegend und die Leute. Ventersdorp ist ein Städtchen wie viele andere im Transvaal, gegründet 1906, 3000 Einwohner, umgeben von gutem Land, bewohnt von guten Buren. Ventersdorp ist ein Nest, behaglich, überschaubar, still, mit ein paar Supermärkten, Tankstellen, Imbißläden, kleinen Geschäften. Die Straßen sind gepflegt, sauber, es herrscht europäische Ordnung. Die Kirche ist ein kleines, weißes Schmuckstück, mit Schieferturm, exakt gezogenen Blumenrabatten und kurzgeschnittenem Rasen. Für Schwarze ist sie nicht gebaut.

»Sie würden sowieso unsere Sprache nicht verstehen«, sagt eine junge Frau auf der Straße, »sie sprechen ja kein Afrikaans.« Ventersdorp ist konservative Hochburg. Die Rechten von der Afrikaaner Weerstandsbeweging des Eugene Terreblanche und die Konservative Partei haben in dieser Gegend familiären und politischen Rückhalt. Sie sind die großen Scharfmacher gegen jede Reform. De Klerk gilt in diesen Kreisen als Kommunistenfreund. Ist es nur ein Gerücht, daß die Regierung mit den Mogopa-Leuten auch deshalb so unerbittlich verfährt, weil die Rechten hier das Klima bestimmen?

Gut zehn Kilometer hinter Ventersdorp geht eine ungeteerte Straße links ab. Weiße Farmen säumen sie in großem Abstand voneinander. Cotzee, Kruis, Grobbelaar sind ihre Namen. Oder Le Roux, das ist einer von denen, die ihr Vieh jetzt gratis auf Mogopa-Grund grasen lassen.

Hübsche, weiß getünchte Häuser sind das, in einiger Entfernung zur Straße. Holzpfähle tragen die elektrischen Leitungen zu diesen Farmen am Weg. Windräder drehen sich. Die weißen Gebäude leuchten in der Sonne, jedes hat seine üppige, gepflegte Blumenpracht. In offenen Gerätehallen stehen Traktoren und Erntemaschinen. Bauernhöfe wie aus dem Bilderbuch.

Sie stehen alle rechts der Straße. Auf der anderen Seite, gerade noch in Sichtweite, stehen schäbige Hütten. Schwarze Kinder spielen dort im Staub zwischen Hühnern und Hunden. Frauen, manche mit einem Kind auf dem Rücken, sitzen vor großen, bauchigen Kochtöpfen. Das also sind die Unterkünfte der Farmarbeiter. Jede weiße Farm hat ihre Township.

Links geht der Weg nach Mogopa ab. Das Gatter ist wirklich unbewacht. Nur eine Feuerstelle zeugt noch vom Wachdienst der Polizisten.

Der Feldweg schlängelt sich durch die Ebene, übersät mit tiefen Schlaglöchern. Ein mühsamer Weg für ein Auto. Die Zäune der Mogopa-Leute stehen noch, durchteilen das weite Land, Weideland.

Das also ist Mogopa, eine Ebene bis zum Horizont, nur im Osten ein langgezogener Hügel. Der Wind streicht über das kniehohe Gras.

Springböcke machen sich davon. Hoch oben zieht ein Raubvogel seine Kreise. Die untergehende Sonne wirft roten Schimmer aufs Gras, das sich im Wind neigt.

Ein Land, das rührselig macht, mit seiner Geschichte zumal. Es entführt zu stundenlangem Sitzen, Der-Sonne-hinterher-Schauen, Weltvergessen.

Und da kommt rechterhand die erste Ruine ins Blickfeld, ein Steinhaufen, daneben der Grundriß des Hauses noch erkennbar.

Links ist die Senke mit dem Wassertank, 200 Liter Fassungsvermögen. Kühe stehen dort, fremde Kühe, gut genährt.

Dann das Dorf. Weit verstreut die Ruinen. Ziemlich weit weg ist ein letzter Trümmerhaufen auszumachen. Zwischen den Ruinen die Provisorien der Dorfbesetzer.

Jedes Auto, das in dieser Abgeschiedenheit auftaucht, holt die Leute aus ihren Hütten. Nach und nach finden sie sich ein, setzen sich zum Kreis, auf Holzklötze, umgedrehte Eimer und Getränkekästen.

Ernst blickende Gesichter sind da beisammen, manche wirken versonnen, gegerbt vom Wetter und vom schwarzen Schicksal, strenge Patriarchengesichter darunter, faltenlos und hager, mit großen Ohren. Fast jeder der überwiegend alten Männer trägt einen Hut oder eine Wollmütze, tief ins Gesicht gezogen.

Jeder für sich eine stolze Häuptlingsgestalt.

Das sind keine jungen Hitzköpfe, keine Maulhelden, sondern einfache, würdevolle Menschen, die endlich Frieden haben wollen.

Leise sprechen sie miteinander, hören hin, lachen kurz. Ein kleiner Junge im Hintergrund betrachtet die Ältestenrunde.

Ein paar Frauen stehen abseits. Weiter weg ins Gras haben sie weiße Wäschestücke zum Trocknen in die Sonne gelegt. 19 Frauen gehören zur Gruppe. Sie kochen das Essen, die großen, dreibeinigen Eisentöpfe stehen auf offenem Feuer. Sie waschen und »bringen überhaupt Ordnung hier herein«, ruft ein Alter ihnen neckend zu. Dicke, fröhliche Mamis sind unter den Frauen, aber auch welche mit tiefen Sorgenfalten im ernsten Gesicht.

Diese rund 70 Leute leben seit Monaten in dieser noch größeren Abgeschiedenheit, als Ondersdepoort es ist. Sie sind hier zwar auf Heimatboden, aber ohne ihre gewohnte Dorfgemeinschaft. Der Verlust mag ihnen in diesen Monaten der einsamen Besetzung noch deutlicher geworden sein.

So weit das Auge reicht – Mogopa! Und noch viel weiter. »Hinter dem Hügel da am Horizont, das ist auch noch Mogopa«, sagen die Alten stolz, »und da, links, weit hinter dem Friedhof, das gehört auch dazu, mit dem Berg.«

Die Runde nickt. Ja, 7000 Hektar, das alles hier gehört ihnen. Hier waren sie die Feld-Herren, bevor die Apartheidregierung sie zu Habenichtsen machte, zu Almosenempfängern.

»Unsere Herzen sind hier, in Mogopa, auf dem Land unserer Vorfahren«, sagt einer, »aber wenn man uns gutes Land angeboten hätte, wären wir auch dorthin gegangen. Südafrika ist groß, es hat Land für uns alle.«

Der Alte mit dem zerbeulten braunen Hut, dem kurzgehaltenen grauen Bart und den blauen Augen, wie sie viele alte Leute haben, ist Jeremiah, Isaac Mores Bruder, Jahrgang 1899. Wie fühlt er sich hier jetzt nach diesen Monaten der Besetzung?

»Es tut gut, wieder hier zu sein«, sagt er nur.

Er lächelt spitzbübisch, wie einer, der gewonnen hat, und kaut genüßlich an seiner Pfeife.

Der Spaziergang durchs Dorf ist einem Kreuzweg ähnlich. Die ganze Gruppe geht mit. Die Männer werden sehr gesprächig, erklären, wie es einmal war.

Altes lebt auf.

Oft bleiben die Männer stehen, die Hände in den Hosentaschen. Sie wirken dabei wie respektable Gutsherren auf Inspektion. Ein Junge schildert seine Nacht der Invasion und sagt: »Leider hatten wir damals keine Gewehre und keine Bomben. Ich hätte große Lust gehabt, irgendwas in die Luft zu sprengen, mindestens Jacob More sollte dran glauben.«

Seine Wut hat sich gelegt.

Verbitterung ist geblieben.

Eukalyptusbäume säumen die Hauptstraße. Längst hat Gras die Straße zugedeckt. Hier also wollten die Frauen vor Freude tanzen. Ist das wirklich schon fast sechs Jahre her?

Ruinen jetzt auf beiden Seiten, nur noch Fundamente stehen. Eisenträger ragen aus zerbrochenen Mauern. Bausteine liegen weit verstreut, ganze Mauerstücke, dick wie ein Baum von fünfzig Jahren. Viele Mauern waren innen weiß gestrichen. Rosa und Swimmingpool-Blau leuchtet aus den Trümmern. In den Grundrissen sind die Andeutungen von vier, fünf, sechs kleinen Zimmern sichtbar. Auch die Felsbrocken stecken noch in der Erde, mit denen manche Familie ihr Grundstück markiert hatte.

Der junge Mann stellt sich auf einmal in einen Trümmerhaufen hinein und sagt: »Das hier war unsere Küche, mit dem Fenster zur Hauptstraße.«

Und dort unten, in der Senke, da wurden die Kühe zusammengetrieben. Die Jungen ritten auf Eseln oder Pferden, dort hat er morgens und abends im Kral auch die Kühe gemolken. »Zwei Eimer Milch kamen jeden Tag für uns zusammen«, sagt er, »daraus hat meine Mutter Butter und Sauermilch gemacht.« Was war das bloß für eine Katastrophe, die die Menschen von hier fortjagte?

Und hier war der Supermarkt, auch an der Hauptstraße, mit fünf Zimmern und dem Verkaufsraum. Ein Pfirsichbaum steht im verwilderten Garten.

»Aber er ist nicht mehr beschnitten worden seit 1984«, sagt einer, »er trägt nicht mehr so viel wie früher.«

Wir kommen an Aprikosenbäumen vorbei, einem Feigenbaum, einem vielarmigen Riesenkaktus. Die Blüte einer Agave ragt turmhoch am Wegrand. Auch in den Ruinen wächst Gras. Ein Pflug steht verloren in dieser Wildnis, fast überwuchert.

Der Fuß stößt an eine rostige Bettfeder im Gras.

»Das da oben war die Suburb, die Vorstadt von Mogopa«, sagt einer lachend und zeigt die Anhöhe hinauf.

Das Gefühl der Enge hat es hier bestimmt nie gegeben – Südafrika hat Land für alle.

»Dort, hinter dem großen Baum, das war unser Haus«, sagt ein anderer. Und: »Das hier war das Haus vom Busfahrer.«

Auf der Anhöhe standen auch die Kirchen.

Und dort, links, am unteren Rand des Dorfes, da war die Mittelschule, in der nie ein Kind gesessen hat. Bis auf den gegossenen Zementboden sind die Mauern umgeworfen.

»Die Regierung hat uns nie geholfen, hier irgendwas aufzubauen. Die Schulen, die Wasserpumpen, alles haben wir selber aufgebaut, mit ehrlicher, schwerer Arbeit. Die Regierung kam immer nur, um zu zerstören«, sagt ein Alter.

Die drei Stufen sind unversehrt, das Datum noch lesbar: 9.1.84.

»Kaum war die Schule fertig, kamen die dutch fellows – die holländischen Jungen«, sagt einer, »soviel Geld und Arbeit für nichts« und wendet sich ab mit einer wegwerfenden Handbewegung.

Der entlegenste Punkt des Dorfes ist der Friedhof, umgeben von schulterhohem Maschendraht. Das Tor ist mit einem Vorhängeschloß gesichert. Den Schlüssel hat die Polizei. Zutritt verboten.

Der Friedhof ist nicht groß, zwölf lange Reihen nur. Knapp die Hälfte des Areals sieht frisch aus, das Unkraut frisch gejätet. Die andere Hälfte ist verwildert, Gras und Gestrüpp wächst zwischen den Gräbern.

Die Leute von Mogopa haben Respekt vor der Staatsmacht. Keiner käme auf den Gedanken, einfach den Zaun zu übersteigen und die Grabpflege fortzusetzen.

Auf den Grabsteinen sind die Namen der großen Sippen zu lesen. Da sind die Kgatitswes, von denen einer, John, 107 Jahre alt wurde; er lebte von 1868 bis 1976. Viele liegen da, die über 90 wurden; es sind die Pioniere Mogopas.

Und sie sind mehr als das.

»Wir leben mit unseren Vorfahren«, sagt einer, »bei jeder wichtigen Entscheidung fragen wir sie um Rat. Das ist nicht nur symbolisch, wir tun das wirklich.«

Ein Grab ist noch frisch, vor wenigen Wochen erst hat die Beerdigung stattgefunden. Seitdem die Polizei weg ist, dürfen die Toten wieder nach Mogopa kommen. Es ist das Grab von Isaac More. Er starb ganz plötzlich, im April. Daß er so bald schon für immer nach Mogopa zurückkehren dürfte, das hat er sicher nicht gedacht.

Der junge Mann zeigt auf einen großen Baum unweit vom Friedhof. »Das ist der Baum, unter dem die Nachtwache stattgefunden hat«, sagt er, »im November 1983, als Bischof Tutu kam und die Leute von Black Sash und so viele Journalisten. Wenn wir wieder hier sind, werden wir unter diesem Baum Gott danken.«

Früh wird es dunkel. Einige Männer stehen zu zweit, zu dritt beisammen, nah bei ihren selbstgemachten Öfen, Blecheimer mit vielen Löchern, in denen getrocknete Kuhfladen glühen. Die Hände haben sie in ihren Manteltaschen vergraben, es ist kalt. Ihre Atemluft steht in Nebelsäulen zwischen ihnen.

In einem der Provisorien aus armdicken Baumstämmen und rostigen Wellblechplatten sitzen Männer und Frauen um das offene Feuer. Die Hütte hat keinen Abzug, Rauch beißt in den Augen. Hier essen sie zu Abend, hier beten sie und schweigen sie.

Fast jeder hat sich eine Wolldecke umgelegt. Wir schauen in die Glut.

Die Frauen reichen süßen Tee herum.

Seitdem sie nicht mehr auf dem Friedhof arbeiten dürfen, bringen die Besetzer die Tage mit Nichtstun herum. Sie essen, sitzen, sammeln Holz und Kuhfladen für die Kochstelle und ihr nächtliches Feuer, das ihnen spärlich Wärme spendet, und schlafen. Und warten. Auf den nächsten Gerichtsbeschluß. Oder auf die nächste Räumung. Warten.

Aushalten.

Apartheid ereignet sich pausenlos.

Black Sash und TRAC helfen, den Wartezustand durchzustehen. Sie geben Geld für Lebensmittel, die zweimal pro Woche von einem Laden im nächsten Dorf gebracht werden. Einige Männer versuchen sich im Jagen von Hasen oder Springböcken.

»Wenn sie uns hier weghaben wollen«, sagt eine Frau, »dann müssen sie uns schon holen kommen. Wir gehen jetzt nicht mehr weg. Sollen sie uns doch festnehmen.«

»Wenn ich in zwei Jahren meine Rente bekomme«, sagt einer, der aus Johannesburg zu Besuch gekommen ist, »dann will ich wieder nach Mogopa und nur noch Farmer sein. Bis dahin sollten wir es geschafft haben, daß Mogopa wieder uns gehört.«

Es ist unnötig, weiter über die Vorzüge Mogopas zu reden. Jeder, der hier ist, den sozialen Abstieg von der stabilen Hütte in Ondersdepoort zum polizeilich bedrohten Provisorium in Kauf genommen hat, demonstriert seine Wahl.

Eine stille, entschlossene Ergebenheit ist da um dieses Feuer versammelt. Nur scheinbar ist das ein Widerspruch.

Als im Januar einer der Wachpolizisten kam und durch eine Flüstertüte schrie: »Das ist nicht mehr euer Land! Wir werden eure Hütten zerstören und euch nach Ondersdepoort zurückbringen!«, da haben sie sich nicht gerührt. Sie hätten sich gefügt, wenn die Polizei sie abtransportiert hätte, wie 1984. Aber von selber gehen sie nicht.

»Ich will hier sterben und nirgends sonst«, sagt Jeremiah More, leise, in dieser speziellen Mischung aus Gelassenheit und absoluter Bestimmtheit.

Was würde es wohl kosten, Mogopa wieder zu dem zu machen, was es einmal war?

Darüber hat sich noch keiner den Kopf zerbrochen.

»Wir haben schon so viel Geld und Energie in Mogopa reingesteckt, wir werden es auch jetzt wieder schaffen«, sagt einer. »So viele Menschen haben uns geholfen, sogar aus Deutschland sind Briefe gekommen, so was macht uns Mut.«

»In Neu-Mogopa werden wir sogar Elektrizität haben«, sagt Jeremiah, und alle lachen.

Trotz dieser selbstbewußten Haltung wirkt der Widerstand der Mogopas erbärmlich. Da harren ein paar Versprengte aus, in baufälligen Buden und Unterständen, abseits von öffentlicher Aufmerksamkeit, und sind so vermessen zu glauben, daß diese Demonstration die Regierung beeindrucken wird.

Was würde aus diesen Menschen werden, wenn die Regierung sie erneut vertreiben ließe?

Was ist es bloß, daß diese Menschen selbst jetzt, bei dieser kaum noch beachteten Demonstration zwischen den Schutthalden ihrer Häuser, die Hoffnung nicht aufgeben läßt?

Viele Male haben sie schon dabeigesessen, wenn in den Gerichtssälen von Bloemfontein und Pretoria über sie verhandelt wurde. Jedesmal hatten sie das Geld und die Zeit investiert, hatten Autos organisiert, waren in ihrem Sonntagsstaat, mit Krawatte und in dunklen Anzügen die Männer, mit feschen Hütchen und Seidenstrümpfen und Stöckelschuhen die Frauen, zusammengekommen und hatten Stunden um Stunden der Verhandlung gelauscht, meist ohne das genuschelte Afrikaans des Richters zu verstehen, ermüdend das Ganze und meist mit einem enttäuschenden Ergebnis, neuer Ungewißheit.

Sind sie uneinsichtig, verstockt?

Haben sie sich verrannt?

Sind sie ihren eigenen Beschwörungen auf den Leim gegangen? Pflegen sie nur einen naiven Freiheitsfimmel, wie Kinder, denen der Sinn für die Realität abgeht?

Denn die Realität, die ist einfach gegen sie. Die politischen Verhältnisse lassen ihnen keine Chance zur Rückkehr. Nicht mal das Angebot der Mogopas, die eigene Farm zurückzukaufen, hat die Regierung bislang zum Einlenken bewegt.

Und hat der zuständige Minister nicht erst vor kurzem gesagt, es müsse zu einer landesweiten Revolution führen, wollte man allen Leuten wieder Zutritt zu ihrem Land gewähren? Logisch. Außerdem hat die Regierung ein Gesicht zu verlieren.

Aber welches könnte sie gewinnen?

Könnte der frische Wind der Reformen nicht die Leute nach Mogopa zurücktragen? Der neue Minister, der jetzt für sie zuständig ist?

Wer besäße soviel Gewißheit, die Mogopas von ihrer Hoffnung abbringen zu wollen? Etwa die Experten aus der Stadt, die den großen Durchblick haben, die im politischen Ränkespiel zu kontern verstehen und über jeden Richter, der mit der Sache befaßt ist, bestens informiert sind? Daß die Mogopas auf verlorenem Posten ausharren, wissen sie längst, die gestreßten Schreibtischhengste, die cool die nächsten Tricks der Regierung erwarten, um sie gesetzmäßig zu parieren, wissend, daß nur deren Ziele zählen und nicht die Gerechtigkeit oder der Quatsch von Besitztitel und Heimaterde.

Nein, denke ich mir, das ist nicht alles, was zählt.

Sieh dir doch nur den alten, schmächtigen Mann mit dem weißen Vollbart an. Er geht nicht mehr ohne Stock, ist 84 Jahre alt. Zähne hat er fast keine mehr, aber Kraft, die hat er, Ephraim Pooe. Er gehört zu den Besetzern in Mogopa.

Jeder kennt Ephraim Pooe. Und ich erzähle dir jetzt seine Geschichte, weil es eine verrückte Geschichte ist:

Ephraim wurde auf einer Burenfarm im Vrystaat geboren. Er hat nie eine Schule besucht, denn er mußte das Vieh hüten. Er kann nicht lesen und nicht schreiben, aber mit Gott sprechen, das kann er.

Jeden Morgen, bei Sonnenaufgang, kannst du ihn mit seinem Stock gehen sehen, nach Osten, dem Hügel zu. Zwei Stunden braucht er für den Weg, in der Ferne wird er deinem Blick entschwinden. Mit seinem Stock steigt er den Hügel hinauf. Er schafft das. Dabei hat er nicht mal gefrühstückt. Das braucht er nicht, sagt er. Und es ist wohl so, denn er macht nicht schlapp. Durch das Gestrüpp steigt Ephraim Pooe bedächtig aufwärts. Bis zu der Stelle, wo der Fels ausgewaschen ist und eine kleine Höhle bildet. Dort zündet er die Kerze an, die noch von gestern in der Nische steht. Und dann nimmt er seinen Hut vom Kopf und läßt sich langsam auf die Knie nieder. Er betet, hält sein tägliches Zwiegespräch mit Gott.

Das ist nur der Anfang. Wärst du dabei, du würdest sehen, wie Ephraim Pooe weitergeht, um den Hügel herum. Dort kommt er zum Endpunkt eines Pfades, der sich den Hügel hinaufwindet, in vielen Kurven. Dieser Pfad ist gesäumt von einer Unzahl mittelgroßer Felsbrocken, säuberlich aufgereiht von Menschenhand. Wo der Pfad endet, irgendwo mitten am Hang, holt Ephraim Pooe jetzt sein Werkzeug unter einem Stein hervor. Es ist in Lappen gewickelt zum Schutz vor Regen. Und er spuckt in seine rissigen Hände und beginnt, neue Steine zu sammeln, die ihm passend erscheinen für sein Werk. Er setzt sich hin und behaut sie mit dem Hammer. Dann reiht er sie ein, einen nach dem anderen, und führt den Pfad fort. So lange wird Ephraim Pooe das noch tun, bis er oben auf dem Hügel angelangt ist. Jeden Tag. Erst am frühen Nachmittag kannst du ihn wieder sehen, wenn er zurückkommt, zu Fuß, auf seinen Stock gestützt, langsam, so wie er am Morgen gegangen ist.

Vielleicht würdest du ihn fragen, ob er nicht hungrig ist. Er würde dir sagen, er braucht kein Essen. Er hat Kraft genug, eine Kraft, die ihm kein Frühstück und kein Mittagessen geben könnte. Von Gott hat er seine Kraft, würde er dir sagen. Diese Kraft läßt ihn auch fest daran glauben, daß Gott sie nach Mogopa zurückkehren läßt. Und wenn es soweit ist, dann wird es ein Fest geben. Zehn Frauen des Dorfes werden seinen Pfad hochschreiten, in Weiß gekleidet, mit Kerzen in der Hand, so wie es in der Bibel schon beschrieben ist, Matthäus 25. Und oben auf dem Hügel werden sie eine Messe feiern und mit dem Bau einer Kirche beginnen, zum Dank für Gottes Gnade.

Du magst lächeln über solchen Kinderglauben. Vielleicht würdest du dem alten Mann nüchtern vorschlagen, zur Erleichterung seiner Arbeit den Pfad auf kürzestem Weg hinauf zum Gipfel zu führen, ohne die vielen Kurven.

Dann würde er den Kopf schütteln über deine simplen Gedanken und dir milde antworten, daß der Weg Mogopas doch genauso reich an Umwegen und Kurven ist und genauso mühevoll zum Ziel führt wie dieser Pfad, den er gerade baut.

Und auf einmal würdest du etwas ahnen von der Kraft, die diese Menschen haben. Und du würdest von Mogopa wieder wegfahren mit deiner Skepsis, für die du gute Anhaltspunkte hast. Du würdest in die Stadt des Goldes, der Wolkenkratzer, in die »City of Big Deals and Fast Bucks« zurückkehren, Johannesburg, in die einzige Realität, die zählt, wo die Stille von Mogopa und die Worte seiner Menschen schnell vergessen sind. Aber immer noch würdest du an diesen verrückten Ephraim Pooe denken, über ihn lächeln, diesen alten, weltfremden Mann. Aber du würdest spüren, daß er dich angesteckt hat mit seiner Zuversicht. Und auch du würdest es dann nicht mehr für ausgeschlossen halten, daß Mogopa wiedererstehen wird.

Nachtrag

Im Dezember 1989 machten die Leute in Ondersdepoort dem ereignislosen Warten auf einen Richterspruch ein Ende. Nach und nach kehrten alle auf eigene Faust nach Mogopa zurück, während mehrerer Monate, um keine Aufmerksamkeit zu erregen. Rund 250 Familien bevölkerten schließlich die Ruinenlandschaft der Farm und begannen mit dem Aufbau ihrer Hütten. Unbehelligt. Gerichtsverhandlungen endeten ohne Verdikt. Bei einer vertraulichen Unterredung erlaubte der Minister schließlich, die Schule dürfe wieder aufgebaut werden. Sie ist inzwischen fertig. Für die Lehrergehälter liegen Spenden bereit, aber noch verhandelt die Gemeinschaft mit der Regierung über die Möblierung der Schule und die Registrierung. Für die Rückkehr auf ihre Farm hatten die Mogopas keine Erlaubnis. Nach der Duldung warten sie jetzt auf das offizielle Ja der Regierung.

Im weißen Ghetto

Anna entdeckt die Apartheid

Anna mag ihren Namen sehr. »Er klingt nach Erdverbundenheit, Sinnlichkeit, Frische. Und er hat was Solides. Der Name ist typisch afrikaans. Ouma hieß so, und wenn ich mal eine Tochter habe, wird sie auch Anna heißen.«

Die Anna vor mir ist afrikaans. Das weiß man nicht erst, wenn sie den Mund aufmacht und das Englisch der Afrikaaner spricht, mit dem typisch harten Akzent und dem Singsang rauf und runter; wie ein Wellengang zieht er sich durch jeden Satz. Anna sieht auch aus, wie man sich Afrikaaner vorstellt: mit blaßblauen, klaren Augen, rosiger Haut, die sich schnell rötet in der Sonne, weshalb Anna oft einen Strohhut trägt. Ihr Haar ist dicht und so hell wie Flachs. Anna ist ein Prototyp ihres Stammes, der früher mit demonstrativem Stolz den Namen »Buren« trug, sich aber heute lieber »Afrikaaner« nennt. Ein böses Image lastet auf dem guten alten Namen. Und sowieso hat die Zeit aus vielen Bauern, die sie irgendwann mal waren, moderne Städter gemacht, verwandt und verschwägert außerdem mit Abkömmlingen vom anderen weißen Stamm Südafrikas, den ehemals feindlichen Engländern.

Anna also ist afrikaans. Sehr dünn ist sie und hochgewachsen wie ein Strohhalm. Die Zartheid ihrer langen Gliedmaßen paßt nicht so ganz zu ihrem markanten Gesicht mit der geraden Nase und dem kräftigen Kinn. Es hat etwas Energisches, könnte das Gesicht einer beherzten Jungbäuerin sein, die Zupacken gelernt hat und ihre Arbeit liebt, ihr Land und ihre aufgeweckten Kinder. Anna ist handfest, das sagt ihr Gesicht, entschlossen, keine Frage. Aber es hat auch einen Akzent von Grübelei. Und es lächelt selten. Ob das am Thema liegt, das dauernd zwischen ihr und mir gewendet wird, hin und her, mit immer neuen Details, die immer neue Absurditäten zutage fördern?

Apartheid – wann immer wir uns sehen, ist es unser Thema. Meist gewollt, manchmal unweigerlich, denn wir stoßen auch privatim dauernd an die Grenzpfähle, die Apartheid in das Terrain alltäglicher Bewegungsfreiheit gerammt hat.

Anna soll mir den Schlüssel reichen zum Verständnis des Systems. Anna soll mir helfen zu verstehen, daß Apartheid immer noch an der Macht ist, 1990, Reformen hin oder her.

Sie soll mir erklären, warum die Nasionale Party (Nationalpartei), unter deren scharfem Regiment Südafrika zielgerade auf die Apartheid zusteuerte, noch immer im Sattel sitzt. Die Burenpartei ging hervorragend auf Kurs, nach ihrem Start 1948, ohne Hehl, beharrlich und bauernschlau, unbeirrbar, absolut prinzipientreu, tiefreligiös, ungehobelt, starrsinnig, eifernd, zäh und dickköpfig, autoritär, ungerührt und unbelehrbar, mit eiserner Stirn – welche Attribute fallen uns noch ein?

Anna kommt über unser Buren-Brainstorming ins Lachen. Ihre Eltern fänden das gar nicht komisch. Für die sind das alles die Tugenden ihres Volkes. Sie retteten die Buren vor dem Untergang. Deshalb sind Annas Eltern treue Stammwähler der »Nats«, der zuverlässige Sachwalter burischer Gesinnung, noch. Im übrigen ging es für sie bei dem Thema immer um Tod oder Überleben, also ist Lachen absolut fehl am Platz.

Schon sind wir bei der Existenzfrage angelangt, die keine Kompromisse zuläßt, nur das Alles oder Nichts. »Südafrika den Buren!« dieses besitzanzeigende Losungswort, das Geschichte machte bis in die Gegenwart, steht für die Unbedingtheit eines Anspruchs. Nicht die Allmacht zu haben, das ist für aufrechte Buren fast identisch mit dem Nichts, dem Untergang ihrer Zivilisation. So gesehen haben sie wirklich Grund für ihr Beharren auf ethnischer Unantastbarkeit. So gesehen: Ihre Ängste lauern allezeit, stets auf dem Sprung, mobilisierbar für die Gegenwehr auf Biegen und Brechen. Die Phantasie der Buren war nie flügellahm im Ersinnen allmöglicher Gefahren für ihre Selbsterhaltung. Das hat sich ausgewachsen zu einem kollektiven Reflex des Alarms, einer Phobie mit Nähe zur Paranoia, seit den Siedlertagen weitergegeben von Generation zu Generation, gläubig aufgenommen von jedem neuen Jahrgang. Jede Generation trug das Feuer weiter, das Feuer, das Rassentrennung heißt und das nicht erloschen ist, bis heute nicht, Reformen hin oder her.

Anna ist die jüngste Erwachsene ihrer Familie, die Jüngste in der Stafette. Manchmal kann sie lachen über die düsteren Szenarien ihrer Leute, die den Untergang »van ons Suid-Afrika« beschwören, falls sich nur irgendwas ändert am politischen Gefüge. Sie kann lachen über die Vision der »swart gevaar«, der schwarzen Gefahr, jenem Phantom, von dem tief besorgte Buren – Verzeihung: Afrikaaner – Witterung aufnehmen bei jedem Windhauch von Reform. Wie wird man so?

Aber solche Untergangsvisionen stimmen sie auch ernst. Und bitter. Und verzagt. Zu viele Wege sind ihre Vorfahren in die Irre gegangen, in ihrer ganzen, entschlossenen Tugendhaftigkeit, haben »stur den Holzweg gewählt«, wie Anna einmal formuliert, denn »Menschen voneinander zu trennen, dabei kann doch nichts Gutes rauskommen«.

Aber vorerst ist sie die einzige ihrer ganzen großen Afrikaaner-Sippe, die »das Laager« verlassen hat, die schützende Wagenburg der Apartheidideologie.

Ihre Vorfahren, die »Trekboere«, jene Farmer, die sich auf den großen Treck nach Norden machten, stellten ihre Ochsenwagen zur Wagenburg zusammen, wenn es Mensch und Tier gegen Angreifer zu schützen galt, schwarze Angreifer meist, »Kaffirs«, die ihren Lebensraum verzweifelt gegen die fremden Eindringlinge verteidigten.

In ihrer Familie ist Annas Dissidententum bisher also ein Einzelfall geblieben, sozusagen der nur bei anderen, von liberalistischer Dekadenz angekränkelten Familien für möglich gehaltene Super-GAU. Selbst die mütterlichen Tränen konnten Anna nicht zur Rückkehr auf den geraden Pfad burischer Tradition bewegen.

Und weil Anna ihren Schutzraum verlassen hat – unter Schmerzen, die sie heute noch plagen, die sie aber auch sensibel halten für die facettenreiche Schieflage ihres Landes –, deshalb also ist Anna die Richtige, mir zu erklären, warum so viele ihres Stammes bis heute die Apartheid in ihren Fundamenten stützen. Annas Leben erklärt es.

Annas Haar ist frisch getrimmt. »Mir war heute so extrem«, sagt sie keß, mit einer Spur Verlegenheit, »also bin ich zum Frisör und hab' mir diesen Schnitt machen lassen.« Von allen Seiten präsentiert sie mir ihren provokanten Blondschopf, der kühn in schrägen Haarkanten über den Ohren endet, vom hoch ausrasierten Nacken abwärts. Sie ist sich nicht ganz sicher, ob sie morgen auch noch froh sein wird, so auszusehen. Vor Jahren ließ sie sich das ellenlange Haar erstmals abschneiden, radikal, streichholzkurz. Der neue Kopf, ein Resultat langen Zögerns, kündete wie ein Fanal von Annas Ausbruchstimmung. Immerhin ein Etappensieg bei ihrem mühseligen Ausbruch aus dem weißen Puppenhaus. Annas Eltern blieb fast der Atem stehen, als sie den Kahlschlag sahen.

Und Annas extreme Rasur von heute ist auch nichts anderes als ein Zeichen ihrer inneren Verwerfungen, in Gang gehalten von den Ungeheuerlichkeiten ihres, des südafrikanischen Alltags.

Anna ist also längst nicht mehr der Typ »wohlgeratene Tochter aus konservativer Familie«. In ihrem großen Sessel hat sie es sich bequem gemacht. Im halben Lotussitz kuschelt sie mit dem kleinen Hund, ihrer gestrigen Anschaffung, der auf ihrem Schoß ein Nickerchen halten darf. Sie wollte den Jungdackel respektlos »worstie« nennen, in Anlehnung an die geschichtsreiche »boerewors – Burenwurst«, in die unsereins bedenkenlos als »Bratwurst« beißen würde. Aber an boerewors knüpft sich eine gute Portion burischer Tradition, und so hat Anna mit Rücksicht auf pikierte Reaktionen ihrer Verwandtschaft Worstie nach wenigen Stunden umgetauft, in Pinkie.

Anna zündet sich eine Zigarette an, räkelt sich, in Flatterhosen und weitem T-Shirt. Nichts Adrettes hat sie mehr an sich. Anna ist auch aus der mütterlichen Kleiderordnung ausgestiegen. Acht zartfarbige Armreifen aus Bast klappern leise am rechten Handgelenk. Handarbeiten aus Leder und winzigen Federn schaukeln an ihren Ohrläppchen. Der Schmuck stammt aus Shops, die schwarzes Kunsthandwerk verkaufen.

Daß Anna sich hingezogen fühlt zu schwarzer Kunst und Kultur – einfach zur Welt und zu den Werten ihrer schwarzen Landsleute –, hat sie mir einige Tage vorher gezeigt. Da war sie in ihrem Element, mir die Augen zu öffnen für die Atmosphäre, für den schlichten Reiz schwarzer Fingerfertigkeit, für ihre Kunst des finanziellen Überlebens durch pfiffige Ideen. Mit Begeisterung zeigte sie mir die zwei Gassen mit den kleinen Läden, kurze Straßenzeilen nicht weit vom Zentrum Johannesburgs, aber abseits jeder Touristenschaulust. Die unaufgetakelte Enklave schwarzen Kleinhandwerks ist für Weiße nur eine Dead-End-Street, ein toter Winkel. Kein Grund, dort zu flanieren. Da glitzert nichts, da blendet nichts. Das Wasser vom letzten Regenguß stand noch in Pfützen auf den ungeteerten Wegen.

»Hexenkräuter und Tierknochen – die Mischung würde meine Eltern schockieren«, sagte Anna. Immer wieder zitierte sie mögliche Reaktionen ihrer Eltern. »Sie würden nie herkommen und wären entsetzt, wenn sie wüßten, daß ich hier bin.«

Das hindert Anna nicht, an manchen Wochenenden dort mit Vergnügen herumzuschlendern. Dann läßt sie sich einhüllen vom Geruch der Tierhäute, die in den düsteren Läden gebündelt von der niedrigen Decke hängen, vom Duft der Hölzer, die auf ihre Bearbeitung warten, und vom Aroma, das die undefinierbaren Kräutermischungen ausschicken; sie sollen alle gut sein für irgendein Weh.

Anna erwiderte das Hallo und Bye-bye der schwarzen Händler, sie erfreute sich am Kitsch auf Hochglanz lackierter Holztruhen mit reichen Messingbeschlägen und an der Buntheit der Frauenkostüme: »Diese Fransen da, in Blau, Rot und Silber, sind die nicht hübsch?«

Das Unverstellte, das ohne Effekthascherei auskommt, reizt Anna an diesem kleinen »black bazaar«. Mit Handarbeit und billigen Mitteln bringen die Leute bescheidenen Zierat zustande und sichern sich ihr Auskommen, inmitten der unfreundlich gesonnenen weißen Umwelt Johannesburgs: »Ist das nicht eine tolle Leistung?« Ein Ort ohne Kosmetik.

Und wenn ich mir Anna so anschaue, dann ist sie selbst so, ohne Kosmetik und Effekthascherei. Da ist nichts angemalt, getüncht, geschönt nach lebenslustiger Frauenart, da ist nur Natürlichkeit. Anna pur.

Sie hoffte, daß sich ihre Freude an dem Herumgehen in der Exotik auf mich übertragen würde. Ihr Gesicht war weich, als sie mit dem Mann sprach, der da neben seinem Feuerchen hockte und geruhsam an seiner Pfeife sog, oder als sie mir erklärte, wie ein anderer vor uns auf dem Boden Schuhe zauberte aus dem dicken Gummi abgefahrener Autoreifen. Anna sah Schönheit in bunten groben Ohrsteckern aus Holz und Plastik, in Perlengürteln mit weiß-rot-grünen Mustern, in einfachen Armbändern aus Muscheln und in gegerbten Fellen. Das ganze schwarze Treiben ein Symbol für die Spannkraft schwarzen Überlebenswillens.

Heutzutage sucht Anna den fremden Reiz, er macht ihr keine Angst mehr. Die hat sie überwunden.

Anna ist eine moderne Frau, Jahrgang 1955, eine von der jungen Generation ihres Landes, Hoffnungsträger für die Alten wie überall.

Und Anna ist ein Kind der Apartheid. Dieser Erbfaktor terrorisiert ihr Leben, wie Gene es nicht stärker könnten.

Brakpan heißt das Kaff, wo ihre Mutter sie zur Welt brachte, an einem Samstag im Dezember 1955. Keine Anzeige in der Zeitung verkündete die Ankunft des dritten Kindes. Annas Eltern hatten finanziell eine kurze Reichweite, für eine Anzeige fehlte das Geld.

Annas Welt war nicht die der wohlhabenden Afrikaaner. Ihre Eltern behaupteten mit Mühe, aber ohne Not, ihren Platz am Fuße der weißen Wohlstandspyramide. Sie waren einfache Menschen, ohne Bildung, ohne nennenswerte Interessen und ohne Lust auf Karriere. In jeder anderen Gesellschaft, die ihre Mitglieder nicht für die weiße Haut, sondern für Tatkraft, Intelligenz oder Phantasie belohnt, hätten sie am untersten Ende der Gesellschaftsskala ein trübes Leben fristen müssen. Anders in der Apartheid. Die bescherte ihnen eine freundliche Perspektive, nicht üppig, aber immerhin, gemessen an ihren Leistungen war ihr Stück vom Kuchen des südafrikanischen Reichtums beachtlich groß. Das System machte sie zu Nutznießern der »Job Reservation«, des gesetzlich verankerten Ausschlusses aller Schwarzen von guten Jobs mit guten Löhnen, dieser effektvollen Sperre gegen jedes schwarze Vorwärtskommen, mochte sich einer noch so abrackern. Die schwarzen Konkurrenten hatte man vom Kampf um den Reichtum einfach ausgeschlossen.

In Annas Geburtsjahr fielen keine politischen Ereignisse, die man spektakulär nennen könnte, spektakulär nach weißen Standards. Es war die Zeit des knallharten, blonden Visionärs der Rassentrennung, Hendrik Verwoerd, Träger des traulichen Beinamens »Vater der Apartheid«. Der Minister für Eingeborenenfragen gab mit seinem innovativen Gesinnungsgut dem Afrikaanertraum Gestalt, regte in den 50er Jahren viele Gesetze an, mit denen sich die Sektionen des südafrikanischen Alltags so fein säuberlich abzirkeln ließen. Die sogenannte Bantu-Erziehung, 1953 eingeführt, war sein Werk, das Herzstück der Apartheid und Basis des Vorurteils »Schwarzer ist dumm, Schwarzer bleibt dumm«. Für schwarze Kinder sah die Bantu-Erziehung nur noch eine Minimalausbildung vor, den niederen Diensten angemessen, die das weiße Wirtschaftssystem für sie bereithielt.

»Für den Bantu gibt es keinen Platz in der Gemeinschaft der Weißen oberhalb eines bestimmten Niveaus der Arbeit. Wozu soll es gut sein, ein Bantukind in Mathematik zu unterrichten, wenn es später den entsprechenden Beruf sowieso nicht bekommen wird?« war eines von Verwoerds Argumenten, die ihm genügend weiße Gefolgschaft sicherten für seinen Plan, die schwarzen Südafrikaner intellektuell auszuhungern.

In seiner Selbsteinschätzung rangierte Verwoerd aber schon in der Kategorie der Reformer, da er nicht mehr von Apartheid sprach, sondern harmlos von »getrennter Entwicklung«. Ziel seiner Politik war es, alle Schwarzen in die Homelands auszubürgern, so daß es nur noch »weiße Südafrikaner« geben würde. 1958 wurde Verwoerd Premierminister, Wunschkandidat auch von Annas Eltern. –

Ganz andere Schwerpunkte setzt da die Geschichtsschreibung der schwarzen Südafrikaner im Jahre 1955.

Da gab es Sophiatown, das legendäre Wohngebiet am Rande Johannesburgs, ein Schmelztiegel aller Rassen, wegen seiner Armut und ungezügelten Kriminalität »Chicago Südafrikas« genannt und der Nationalpartei ein Dorn im Auge. Sie machte der Koexistenz ein Ende. Im Februar 1955 zogen Polizisten mit Maschinengewehren und Schlagstöcken auf, Bulldozer begannen ihr Werk der Zerstörung. Sophiatown verschwand, seine 80000 Menschen wurden auf Gebiete verstreut, die für ihre Hautfarben vorgesehen waren. Soweto, die City der Apartheid, wuchs. Auf dem Boden Sophiatowns entstanden neue Häuser, nur für Weiße. Das hübsche, saubere Viertel bekam den Namen »Triomf – Triumph«.

Ein anderes Ereignis, das in keinem schwarzen Geschichtsbild fehlt, war der Volkskongreß im Juni 1955. Die Handgreiflichkeiten der Polizei auf sämtlichen Zufahrtswegen hatten nicht alle seine Teilnehmer aufhalten können. Fast 3000 Delegierte kamen aus allen Winkeln Südafrikas auf einer Wiese bei Soweto zusammen und verabschiedeten die Freiheitscharta, bis heute der kleinste Nenner aller Apartheidsgegner, ein gemäßigtes Papier mit zehn Paragraphen über grundlegende Rechte für Südafrikaner jeglicher Hautfarbe. Die Charta endete mit dem Satz: »Für diese Rechte werden wir kämpfen, Seite an Seite, unser Leben lang, bis wir die Freiheit erlangt haben.«

Es war nach diesem Kongreß, als ein schwarzer Autor die Zeilen schrieb: »1955 war endlich Freiheit in Sicht, 1955 hatten wir den Duft von Freiheit in der Nase.«

Solche schwarzen Anstrengungen waren für die Afrikaaner-Zeitungen der Weißen im Jahre 1955 ohne Belang. Sie berichteten kaum über all das, sondern päppelten das nationale Dogma – die Vision vom weißen Südafrika.

In welchen sprachlich geschminkten Zeitgeist Anna im Dezember

1955 hineingeboren wird, läßt ein Zitat der englischsprachigen Johannesburger Tageszeitung »The Star« ahnen, vom Tag nach ihrer Geburt:

»Es ist klar, daß der Eingeborene mehr und mehr in die industrielle Produktion integriert werden muß«, sagt da ein führender Wirtschaftsmann mit sanften Worten, »aber die Trennung nach Wohngebieten muß aufrechterhalten bleiben.« Es sei unklug, schwarze Arbeitskraft in hohe Positionen zu drängen, »das muß in einem langsamen Entwicklungsprozeß geschehen, so daß sie lernen können, ihre neue Verantwortung in Würde zu tragen«.

Moderne Apartheid nach den Bedürfnissen der aufstrebenden Industrienation.

Am »Gelofdedag« (Tag des Gelöbnisses), dem wichtigsten burischen Nationalfeiertag am 16. Dezember, brachte die Zeitung eingängige Beschwichtigungen von Premier Johannes Strijdom wie »Koexistenz, gegenseitiges Verständnis« und »Ende der weißen Selbstgefälligkeit«, verbunden mit dem üblichen Fingerzeig auf den wahren Feind:

»In unserem Verhalten gegenüber den Nicht-Weißen müssen wir die gotteslästerliche Propaganda des Kommunismus widerlegen. In unseren Handlungen, in unserem Wunsch nach Trennung, müssen wir zeigen, daß wir keine Feindschaft gegenüber den Nicht-Weißen hegen, daß wir sie nicht unterdrücken wollen, wie die Feinde Südafrikas es so oft behaupten.«

Die bösen Mächte wollten den Afrikaanern oft in die Geschichte pfuschen und die Harmonie ihrer gerechten Herrschaft stören. Das war Staatspropaganda 1955, lieferte das Alibi für den staatlichen Terror, und das blieb so bis 1989, als de Klerk die Regierung übernahm.

Brakpan liegt eine gute Autostunde östlich von Johannesburg, im Heidelberg District, East Rand, einem Gebiet nahe genug der Kapitale des Goldes und der Diamanten, um fest im Griff industriellen Tatendrangs zu sein. Die Minen haben Brakpan erst geboren, um 1910. Und wo Industrie ist in Südafrika, da sind die Heere der schwarzen Arbeiter stationiert. Brakpan, die weiße Enklave, ist umgeben von schwarzen Townships.

Das Kind Anna kennt diese Konstellation vor allem als Gefühl: umgeben sein von schwarzer Übermacht, von schwarzer Unberechenbarkeit, von potentiellem Unheil.

Wann spürte sie dieses Unbehagen zum erstenmal?

Anna hat kein bestimmtes Ereignis abrufbar. Es muß sich später erst eingenistet haben, denn mit zwei Jahren kam sie zunächst in die wohltuende Obhut ihrer Großeltern, nach Norden, aufs »Platteland« des Transvaal, weil ihre Mutter mit arbeiten gehen mußte.

Auf der winzigen Farm hatte sie einen gutmütigen Spielgefährten, einen schwarzen Jungen, älter, aber kleiner als sie. Anna nannte ihn »Stompie – Zwerg«. Er war ihr Freund, sie nannte ihn auch so, den ständigen Begleiter, der mit dafür sorgte, daß ihre Zeit auf der Farm einfach herrlich war. Die beiden Kinder spielten miteinander, teilten ihre Freuden über all die Überraschungen, die eine Farm zu bieten hat, aßen zusammen mit riesigem Appetit frischgebackene Melktert und Koeksisters von Ouma, liefen beide barfuß rum, teilten die Tränen, wenn einer beim Rennen eine Bauchlandung machte und sich die Knie aufschlug. Eine unbeschwerte Kinderfreundschaft. Aber Anna und Stompie – »wie war nur sein richtiger Name?« – blieben doch verschieden. Stompie war noch zu klein, um Anna »Meisie« nennen zu müssen. Aber Anna hatte das Sagen. Nie mehr hinterher konnte sie jemanden so herrlich-harmlos herumkommandieren. Anna erinnert sich auch, daß Stompie die abgetragenen Kleider von ihr übernahm, er war der Armeleutejunge. Er konnte Afrikaans, wie Anna, aber Anna lernte seine Sprache nicht, »welche war es überhaupt?« Stompie klopfte immer an die Tür, wenn er in Oumas Haus kam. Anna umgekehrt war nie in seiner Hütte. Die war zu weit weg, gerade noch in Sichtweite vom Farmhaus. Nie kam es Anna in den Sinn, auch Stompies Welt zu erkunden. So klein die beiden waren, sie folgten dem unsichtbaren »sie dort – wir hier«.

Da gab es ein kleines lustiges Ritual, das allabendlich, wenn sie verschwitzt vom Spiel ins Haus kam, das lästige Waschen verschönte, der Spaß mit dem sauberen und dem schmutzigen Bein. »Wenn das erste Bein eingeseift war, sagten wir, das ist jetzt wieder Annas Bein, das andere, solange es schmutzig war, war Stompies Bein.«

Harmlosigkeiten, oder?

»Vielleicht«, sagt Anna, »aber dein Empfinden kriegt durch so was seine Fixierung, vielleicht so wie ein neues Auto, das eingefahren wird. Und alles, einfach alles, was danach kommt, geht in dieselbe Kerbe. Da bleiben Kleinigkeiten nicht harmlos.«

1961 kam Anna wieder nach Brakpan. Die Schule rief.

Die Familie bewohnte ein kleines Haus an der Bahnlinie Brakpan – Johannesburg.

»Eine graue Gegend, ein typisches weißes Arbeiterviertel, wo die Familien in ihren Häuschen mit Garten lebten. Unser Haus lag direkt am Industriegebiet, nur die Eisenbahn dazwischen.«

Jeder vernünftige Weiße vermied es, dort zu wohnen. Arme Leute hatten keine Wahl.

Die Township der Schwarzen lag nicht weit weg. Ihre Grenze sagte alles über die Nicht-Beziehung der einen zu den anderen: Ein mannshoher Zaun umgab das Ghetto. An den wenigen Toren saßen Uniformierte. Weiße hatten keinen Zutritt, es sei denn, sie konnten einen Passierschein vorweisen.

In diese Zeit läßt sich Annas erwachendes Unbehagen am ehesten datieren. Denn jetzt lernte sie schwarze Menschen anders sehen als auf der Farm.

Sie kamen auf ihrem Weg zur Arbeit an Annas Haus vorbei, schubweise immer, wenn die Busse sie ausluden, früh am Morgen, wenn Anna noch schlief. Aber jeder Nachmittag, den sie spielend mit anderen – weißen – Kindern auf der Hauptstraße verbrachte, konfrontierte sie mit den Gruppen schwarzer Arbeiter, die nach Hause strömten. Eine Phalanx von Schwarzen, so schien es ihr. »Bloß nicht hinschauen, nicht ansprechen lassen«, das sagte sie sich, wenn die schwarze Woge sich die Straße hinunterbewegte und in Annas Augen schier kein Ende nahm.

»Für uns war das immer ein komisches Gefühl«, erinnert sich Anna, »das waren Momente, wo wir schlagartig vom Spielen abgelenkt waren, oder wir liefen gleich woandershin.«

Und natürlich schauten sie doch hin, alle miteinander, mit scheuer Neugierde, verstohlen ängstlich. Und wenn einer von der schwarzen Mannschaft mal freundlich rüberlachte, dann drehten sie sich um und taten unbeteiligt.

»Manchmal hat's uns gegruselt, zu schauen, was sie in der Hand trugen, ob es irgendwas war, mit dem sie uns hätten abmurksen können«, lacht Anna. Aber ernsthaft, sie hatten Angst! Es waren einfach zu viele auf einmal, unüberschaubar die Menge.

»Wir haben unsere Angst auch gepusht, indem wir manchmal bis zum letzten Moment stehenblieben, und wenn sie ganz nah waren, sind wir gerannt. Das war die Mutprobe. Uns schlug dann das Herz ganz gewaltig. Und hinterher, wenn wir in Sicherheit waren, haben wir uns gegenseitig bestätigt, daß der und der und der – hast du's nicht auch gesehen? –, daß diese Männer so komisch ausgesehen hatten, die hatten bestimmt ein Messer dabei, und wenn wir nicht gerannt wären, hätten sie uns was getan. Bestimmt! Glaubst du nicht auch?! Ja, bestimmt!«

Sie ließen die Phantasien ihre Nerven kitzeln, sie fühlten sich stark und klein zugleich, heldenhaft in jedem Fall, denn sie waren gerade noch mal davongekommen. Annas Bild vom schwarzen Menschen bekam Profil.

Die Angst vor dem schwarzen Mann war auch gut für manches Verbot. Da war eine Brachfläche, auf der das Gras wucherte, ein Paradies mit Magnetwirkung für unternehmungslustige Kinder. Anna brauchte gar keine Ermahnungen mehr. Sie ging nie hin.

»Ich stellte mir vor, dort, im hohen Gras, könnten schwarze Männer liegen und mir auflauern«, sagt Anna.

Alles war fremd an den schwarzen Gestalten: Wortfetzen, die sie manchmal aufschnappten, ließen sich nicht identifizieren. Ihre Blicke, ihr Lachen waren nicht zu deuten. Nur mit Spekulationen ließ sich das Vakuum füllen. Was hatten die wohl vor mit einem? Was heckten die aus?

Und Annas Vorstellungskraft war willig. Sie war oft alleine mit sich und verbrachte die leere Zeit damit, sich schlimme Dinge auszumalen. Die Einbildungskraft ging mit ihr durch, und keiner war da, den Galopp zu zügeln.

Diese kindliche Hysterie legte sich im Lauf der Jahre. Das Gefühl blieb. Neue Eindrücke nährten die ersten.

»Da war diese typische Geschichte mit den Hunden«, sagt Anna und will es nicht mehr für möglich halten, »Hunde wissen genau, welcher Mensch Schlechtes im Schilde führt, also sie wittern einen Schwarzen schon von weitem. Mit ihren Wachhunden probierten die Weißen das immer wieder aus. ›Siehst du?‹ haben sie triumphierend gesagt, wenn so ein Hund einen Schwarzen anbellte. Es hatte was Unheimliches. Aber geh ins Ghetto, und du wirst sehen, wie die Hunde dort auf uns Weiße losgehen. Aber mich hat das sehr beeindruckt.«

Das Kind Anna hat nie artikuliert, für wie grausam und wild es schwarze Menschen hielt. »Aber daß sie es sind, das war uns allen sonnenklar. Stand ja auch in den Zeitungen.«

Zeitungen und Volkes Stimme waren gewissenhaft im Reportieren von allerlei Scheußlichkeiten, die Schwarze den Schwarzen und den Weißen antaten. Panga-Morde* gaben Gesprächsstoff für Tage, immer neue Bestätigung für das, was ohnehin bekannt war, daß die Schwarzen eben anders seien, unbeherrscht und unberechenbar, ein bißchen wie Kinder, ein bißchen wie Wilde.

Annas Eltern leben noch heute im Armeleuteviertel. Beim Vater hatte es, nach acht Jahren Schule, nur zum Minenarbeiter gelangt. Er hatte es zu nichts gebracht, aber seinen Stolz als Südafrikaner verlor er nicht in seinem wenig glorreichen Unterschichtdasein.
Anna zeigt mir ein Foto vom Vater: alter Herr mit schwarzer Brille. Das schlohweiße Haar hat er streng und scheitellos nach hinten gekämmt. Ein Lächeln liegt auf seinem vollen Gesicht mit der Wärme eines freundlichen alten Herrn, der Mann ist umgänglich.
Eine Momentaufnahme.
Anna gibt dem Vater Kontur: »Er ist Kalvinist bis in die Knochen. Du mußt hart arbeiten, dann bist du es wert, auf der Erde zu leben. Und Gott wird dir zeigen, daß er dich liebt. Das ist die Haltung meines Vaters.« Wie sich das mit seinem Alkoholismus vertrug? Egal, an seinem Lebensprinzip hielt er sich fest, und er bekräftigte es häufig, so daß es für Anna ein früh erinnerlicher Wegweiser ins Leben wurde.
Daß so viele Menschen Anna die Faustregeln der Apartheid beibrachten, kann Anna noch verstehen. Aber daß ihr Vater, ihr herzensguter Vater, dasselbe tat, damit ist sie bis heute nicht im reinen.
»Mein Vater war immer großzügig. Er würde sein letztes Hemd hergeben, um dir aus der Patsche zu helfen. Er ist ein guter Mensch, daran ist nicht zu deuteln, beliebt bei den Schwarzen. In der Arbeit kommen sie mit ihren Problemen zu ihm. Er ist fair, er spricht ihre Sprache, weil er mit Schwarzen aufgewachsen ist. Er ist kein ordinärer Schwarzenhasser. Und doch sagte er immer, daß es keine Gemeinsamkeiten zwischen ihnen und uns gibt. Deshalb müssen sie getrennt von uns leben. Und er hatte immer Angst, daß sie uns irgendwann überrennen, weil sie immer mehr werden und wir nicht so schnell wachsen wie sie. Er hat Apartheid immer verteidigt, unerbittlich.«
Seine Begründungen klangen immer so edel und gut, daß sie Anna an General Jan Smuts, den ersten Premierminister Südafrikas, erinnern, der einmal sagte:

---

* Panga = langes Buschmesser

»Ich habe völlige Sympathie für die eingeborenen Rassen Südafrikas. Aber ich halte nichts davon, daß sie sich politisch betätigen.«

Exakt der Meinung ist Annas Vater. Er folgte immer den Geboten christlicher Nächstenliebe. Er hat Anna immer ermahnt, schwarze Menschen gut zu behandeln, ihnen nichts Böses zu tun oder zu wünschen. Aber an seinem Weltbild, dem Bild vom kindlichen, unterlegenen Schwarzen, ließ er nicht rütteln.

»Er war immer der Baas für sie. Gott hat das so eingerichtet und will auch, daß das so bleibt. Du kannst nur Boß oder Diener sein, und Gott hat den Chefsessel eben für uns reserviert.« Vaters Kredo war konkurrenzlos und wurde Teil von Annas Denken. Kein Gedanke daran, daß in anderen Häusern das Leben ganz anders sein könnte.

Die familiäre Orientierung war verläßlich. Vaters Grundsätze fanden in der Kirche und in der Schule ihre Entsprechung. Anna vertiefte die Prinzipien der rabiaten Weltanschauung in zahllosen Veranstaltungen, im Fach Katechismus genauso wie in Geschichte, in Wochenendcamps der Schule wie in der Sonntagsmesse.

Annas Schulung geschah durch die »Nederduitse Gereformeerde Kerk« (Niederländisch Reformierte Kirche, NGK), die größte der burischen Kirchen. Hand in Hand mit der Regierung hatte sie dem Gebäude der Apartheid das solide Fundament gegossen.

»Unsere kleine Kirche war sehr nüchtern«, erinnert sich Anna, »unsere Priester trugen nicht die schönen Roben, wie ich es einmal bei den Katholischen gesehen habe.« Die äußerlich praktizierte Kargheit und die strenge Beschränkung auf das absolut Wahrhaftige, dieses stimmige Bild ließ Anna glauben, was ihre Erwachsenen unisono predigten, gleich, ob Kirchenleute oder nicht: »Die Menschen sollen getrennt voneinander leben«, die Substanz ihrer Glaubenslehre weiß Anna noch immer aus dem Effeff, »Menschen sind wir alle, aber wir Weißen sollen uns von den anderen, den Verworfenen, gesondert halten. Wir sollen uns nicht vermählen mit diesen Söhnen und Töchtern Kanaans. Wir sollen das Land nehmen, es besetzen und fruchtbar machen, und sie sollen unsere Diener sein. All das geschieht im Namen des Herrn, denn Er hat es befohlen und gesegnet.« Anna machte Bekanntschaft mit einem Gott, der die Vielfalt erschaffen hatte, die Unterscheidung und zwangsläufig die Scheidung verlangte. Unversöhnlichkeit als Prinzip nach Gottes Vorschrift. Klare Worte, zwingend-logische Schlußfolgerungen, eingängige Verbote – was hätte

Anna dem entgegensetzen können? Der mittelalterliche Mumpitz mit der Langlebigkeit eines Methusalem blieb Leitlinie in ihrer Kindheit, ohne Korrektiv.

Heute versetzt solch schräge Exegese Anna in einen mürrischen Zorn, aus dem die Verbitterung spricht, mißbraucht worden zu sein: »Religion ist Teufelszeug«, sagt sie, »die Religion hat nichts Gutes in mein Leben gebracht. Ich will damit nichts mehr zu tun haben, seh mir keine Kirche mehr von innen an. Denen habe ich lange genug zugehört. Am liebsten würde ich das alles aus meinem Hirn streichen.«

Das Staunen darüber, mit welcher Energie der Kalvinismus das Land mitsamt den Menschen deformieren konnte, ist ihr aber noch nicht abhanden gekommen. Von seinem Gift hat das Kind Anna nicht mal was gemerkt.

Annas halbes Leben ist gezeichnet von der beiläufig trainierten Gottesfurcht. Beten und ähnliche religiöse Übungen brachten sie auf die richtige Bahn. Fast ermüdend stereotyp, dieses Muster effektiver Indoktrination in der Menschheitsgeschichte. Für Anna ist es verwoben mit einer Fülle wunderschöner Kindheitserinnerungen.

Da ist die uralte Bibel, die ihre Vorväter auf ihrem Treck mitgeführt haben. Oft erzählte Familienhistörchen enthalten diese Bibel als unverzichtbares Requisit. Bei ihren Großeltern lag sie groß und dunkel in dem Schrank mit den Glastüren, eine Reliquie der burischen Leidensgeschichte.

»Sie muß 160 oder 180 Jahre alt sein«, hat Anna von Ouma erfahren. Vergebens hat Anna mehrmals versucht, die verziert gesetzten Worte auf den steifen, angeschmutzten Seiten zu entziffern. Die Bibel ist in »Hochholländisch« geschrieben, jener Sprache, die ihre Vorfahren im 18. Jahrhundert von Holland mitbrachten. Die Großeltern konnten sie verstehen, manchmal lasen sie auch in dem alten Buch.

Diese Bibel war Objekt von Annas scheuer Ehrfurcht. In ihr bündelten sich alle Erinnerungen Annas an die Geschichten von den Abenteuern und Entbehrungen, die ihre Vorfahren auf dem großen Treck durchgemacht hatten. In welche Brenzligkeiten sie auch geraten waren, Gottes Wort, diese Bibel, hatten sie nie zurückgelassen. Und alle künftigen Generationen lasen die Bibel unter dem Blickwinkel der weißen Besiedlungsgeschichte. Das über alle Gefahren herübergerettete Buch war Anna immer eine Mahnung, das Erbe ihrer Vorfahren in Ehren zu halten.

»Die boer met sy bybel en sy roer – Der Bure mit seiner Bibel und seinem Gewehr«, zitiert Anna lachend einen klassischen Ausspruch ihres Volkes aus alten Siedlertagen, »der Satz sagt dir, mit welchem Gepäck unsere Leute damals nach Südafrika kamen.«

Die Bibel, und da vor allem das für die Kalvinisten maßgebliche Alte Testament, dürfte im Gepäck von Annas Vorfahren das einzige Buch überhaupt gewesen sein. Historische Berichte erwähnen immer wieder, daß die Bibel die einzige Lektüre in der Einsamkeit des fremden, feindlichen Landes war, das einzige Buch, mit dem die Kinder Lesen und Denken lernten. Die blutrünstigen Bücher von Mose und Josua, die Genesis und die Sprüche Salomos über die Kämpfe der braven und mutigen Israeliten gegen die gottlosen, zu unterwerfenden Völker gaben dem Denken die Richtung, ohne Wenn und Aber, in dem ansonsten gesetzesfreien Raum der Wildnis. Die Bibel gab Antworten auf alle Fragen des engen Horizonts. Dort waren überzeugend klingende Stellen zu finden, auf die sich eine soziale Ordnung aufbauen ließ, die sich mit dem vertrug, was man ohnehin ahnte. So entwickelte sich die südafrikanische Variante des vielgeschändeten »Gott mit uns«.

»Ich habe euch von anderen Völkern abgesondert, damit ihr mein seid«, auch dieser archaische Satz aus ihrem biblischen Lesestoff ist Anna noch im Blut. Damals wie heute zogen die Buren sich den guten Schuh an und klassifizierten sich selbst als die Lieblinge Gottes. Eine Mentalität entstand und wurde konserviert, weitab von der europäischen Aufklärung des 18. und 19. Jahrhunderts, indem man Gott die eigenen Worte in den Mund legte.

»Wenn Gott will, daß wir Weißen für uns bleiben, was kann menschlicher Wille dagegen schon ausrichten?« hilft Anna mir in der Kunst der Auslegung, »Aufklärung und Französische Revolution und was sich sonst noch in Europa zu der Zeit getan hat, haben die Treckburen total verpennt. Wie sollten sie in der Wildnis auch was davon mitkriegen? Außerdem hatten sie andere Sorgen.«

Noch für Annas Großeltern war die Bibel fast einziger Lesestoff. »Sie hatten nur drei und vier Jahre lang eine Schule besucht. Die Bibel war ihr Lehrbuch fürs ganze Leben.«

In Annas Leben der 60er Jahre arbeiteten die Schule, der sonntägliche Kirchgang und religiöse Wochenendlager einander zu. Seit Anna fünf Jahre alt war, saß sie jeden Sonntag ab zehn Uhr in der Kirche, in der Kirche für Weiße, denn Apartheid macht vor den Kirchenbänken nicht halt. Schwarze betraten das Haus Gottes allenfalls während der Woche, um das Gestühl abzustauben, den Boden aufzuwischen und für frische Blumenarrangements zu sorgen.

»Die Heiden müssen ihren Gottesdienst in ihrer eigenen Kirche abhalten«, zitiert Anna gebetsmühlengleich und beweist erneut die Vergeblichkeit ihres unfrommen Wunsches, »all das religiöse Zeug« aus ihrem Hirn zu verbannen. Dieser Satz stammt aus diesem Jahrhundert und ist Teil einer Verfügung der NGK-Mutter über ihren schwarzen Ableger »NGK in Afrika«, eine Art Verhaltenskodex für all jene Gotteskinder, die der Herr mit schwarzer Haut gestraft hat.

Während der Sonntagsmesse saß Anna immer neben der Mutter, »die hatte ein Auge auf mich, damit ich mich ordentlich benehme«. Anna erinnert sich an ihre Garderobe: ein Hütchen zum Sonntagskleid, das nicht ärmellos sein durfte, Handschuhe waren ein Muß. Ihre Familie – mit der älteren Schwester, der große Bruder war in der Armee – betrat das Kirchenschiff immer in derselben korrekten Formation, Anna hatte einmal die lachhafte Assoziation einer rollenden Attacke. Der Vater bildete die Vorhut, um Sitzplätze auszuspähen, die Schwester und Anna folgten, zuletzt die Mutter. Sichtbar gemachte Sitte und Ordnung der Familie. In den ersten Jahren war es immer eine Wohltat für Anna, wenn Ouma mal dabei war und sie neben ihr sitzen durfte. An ihrem dicken, weichen Leib durfte Anna dösen. Die Mutter war nicht so zugänglich.

Nach der Messe gingen die Erwachsenen heim, die Kinder blieben zur Sonntagsschule. Das war die Zeit des Runterbetens von Psalmen, der Auswendiglernerei von Bibelzitaten und Fragen mitsamt den passenden Antworten. Und immer gab es den Bezug von Gottes Wort zur real existierenden Welt: »Wenn wir Weißen hier leben und die Schwarzen in Elendshütten auf der anderen Seite und Gott sagt, daß das richtig ist, dann kann es doch nicht falsch sein«, zitiert Anna das alte Denken und lacht sarkastisch: »Schau dir an, wo es mich hingebracht hat, das ganze Frommsein.«

In Annas Verwandtschaft sind viele große Beter vor dem Herrn. Ein Großvater war Missionar in einer Township, Onkel sind Dekane, Tanten sind rührig im Kirchenrat ihrer Gemeinden. Auch Annas Schwester, zwölf Jahre älter, übt Karitas im Kirchenkreis, für in der Armut gestrandete Afrikaaner-Familien. Ein Großvater Annas weigerte sich zwar, eine Kirche auch nur zu betreten – Anna blieb schleierhaft, warum –, aber um so eifriger las er daheim die Bibel und sang eindrucksvoll zu Gott. Anna saß manchmal dabei, ganz gefangen von solcher Inbrunst.

Als Annas Großeltern bald auch in Brakpan wohnten, war Anna sooft es ging bei ihnen. Das genoß sie. Die beiden beteten zu jeder Gelegenheit, vor und nach dem Essen, wenn der Tag begann und wenn er endete. Anna hat noch den monotonen Singsang und das häufige »Amen« von zwischendurch im Ohr. Die Kleine saß zwischen ihnen, sang und betete alles mit.

Alle Enkel kamen gerne zu »Ouma en Oubaas«.

Manchmal saßen sie abends komplett um den großen Holztisch in der Küche. Nach dem Essen sagte der Großvater: »Es ist Zeit, räumt das Geschirr ab und holt die Bücher.« Das älteste der Kinder stand auf und holte die Gesangbücher.

»Dieses Ritual habe ich geliebt«, sagt Anna über die Andachten in der familiären Runde, sie wirkt kurz abwesend, als horche sie in diese unbeschwerte Vergangenheit, die Schemen von familiärer Unkompliziertheit, Daheimsein, Genießen.

»Jeder Afrikaaner-Haushalt hat eine Bibel«, sagt Anna, »mindestens eine.« Bei den Großeltern und den Eltern lag eine am Bett, Lektüre und Ruhekissen vor dem Einschlafen.

Anna bekam ihre letzte – und wertvollste – Bibel von Oubaas zu ihrem 19. Geburtstag, mit Widmung und Namenszug auf der ersten Seite. Sie steht im untersten Fach ihres Bücherregals, wo Anna ihre Vergangenheit abgestellt hat, neben dem Gesangbuch und alten Schulbüchern.

Religion war nie Nebensache, nicht in Annas Familie, nicht in der ganzen Afrikaaner-Gesellschaft.

Für Anna war Ouma auch die Verkörperung ihrer eigenen Wurzeln, Geschichte hautnah. Denn neben ihrer klaglosen Rackerei – »auch so eine burische Tugend, das war immer die Aufgabe unserer Frauen« – nahm Ouma sich Zeit, sozusagen sinnlichen Kontakt zur Geschichte Südafrikas herzustellen. Anna zeigt auf das besondere Möbel an der Wand, unter dem gerahmten Poster mit Picassos Friedenstaube. Gut einen Meter ist die Truhe lang, schmucklos, mit dunkelrotem Anstrich.

»Diese Truhe stammt von Oumas Großvater. Damals war sie schwarz und stand vorne auf dem Treckwagen. Da saßen dann die

Leute drauf, wie auf einem Kutschbock.« Ouma hat ihr das erzählt und ihr die Truhe geschenkt, kurz bevor sie starb. »Ich bin so froh, daß ich den Wagenkasten von meinem Ururgroßvater habe«, sagt Anna und fährt mit der Hand fast zärtlich über das grobe Holz, handfeste Verbindung zu Menschen, die sie nicht mehr kennenlernen konnte.

Den Kontakt zum Ururgroßvater stellten Oumas Erzählungen her. Er war Wagenbauer, zimmerte jene Fahrzeuge zusammen, mit denen sich die Buren auf die große Ochsentour nach Norden machten, das ungeebnete Land durchquerten, Schluchten, Berge und Täler, das »Veld«, die weite, ungezähmte Landschaft Südafrikas. Die Mühen wären heute gut für einen Selbsterfahrungstrip. Schwerfällige, starke Ochsen standen im Geschirr der Voortrekkerwagen. Tausende von unzufriedenen Buren, die die Nase voll hatten von der britischen Bevormundung am Kap, bildeten das auserwählte Völkchen, das für seine Freiheit die unwägsame Zukunft in der Diaspora nicht fürchtete. Wagenbauer war in jenen Jahren ein enorm wichtiger Beruf. Und einer mit Berufsrisiko. Annas Ururahn verlor sein Leben, als ein Wagen umkippte und ihn erdrückte.

Ouma war die erste der Familie, die nach Johannesburg kam, mit drei Jahren. Beide Eltern starben schnell, und sie hatte eine karge Kindheit in einem Waisenhaus, heiratete mit 17 und kriegte gleich im ersten Jahr ein Kind. Ouma verdiente Geld mit Näharbeiten für reiche Frauen. Sie saß meist über feinen Unterröcken aus dünnem Kattun, saß und nähte nächtelang.

»Das ist der Grund, warum meine Mutter Nähen haßt«, sagt Anna, »sie hat mal gesagt, daß Ouma sich mehr um die Arbeit gekümmert hat als um die Kinder.«

Ouma hat Anna auch erzählt, wie sie in den 20er Jahren bettelarm waren, sie und ihr Mann. Sie schlugen sich durch mit Gelegenheitsarbeiten, lebten kümmerlich in einem Hinterhaus in einem Viertel mit armen Leuten aller Farben. Aber dann kümmerte sich die Regierung um sie und ihresgleichen. Es ging aufwärts und schließlich raus aus der Gosse.

Tatsächlich zog die Regierung in den 20er Jahren auf einmal die unterste Schicht der Buren ins Kalkül. Eine burische Mittelklasse sollte her, kollaborationsbereit gegenüber dem Modell der »baasskap«, der weißen Herrschaft, ein stabiles weißes Wählerpotential, das sich separieren ließ von den Schwarzen in gleicher Underdog-Bedrängnis.

Der Afrikaaner-Nationalismus kam auf Touren, gedopt mit hoch-wirksamen Substanzen: Volkstänze und andere traditionelle Inszenierungen wurden gesponsert, die Geschichte bemüht und – vor allem – die Sprache entdeckt.

Die Sprache war ein heikles Projekt. »Hotnotstaal – Hottentottensprache« nannten viele zu Beginn dieses Jahrhunderts das Gemisch aus verbogenem Holländisch, Englisch, einem bißchen Französisch und Deutsch, aus der Sprache des Xhosa-Stammes und aus Wörtern der Sklaven aus Malaysia und Madagaskar. »Küchensprache« war eine andere volkstümliche Abwertung der Sprache, die sich vom »Hochholländisch« der frühen Siedler schon weit entfernt hatte. Wie ließ sich dieses belächelte Kauderwelsch, die Sprache von Widerständlern zuerst gegen die holländische Verwaltung und dann gegen den britischen Imperialismus, die Sprache des gemeinen Mannes zur Entwicklung eines alle erfassenden Nationalstolzes mobilisieren? Ihre Sprache, das Englische, war die Waffe, mit der die Briten die Buren anglisieren wollten, das hatten führende Buren erkannt. Nach dem Burenkrieg hatten die Engländer in den Schulen Afrikaans verboten. Lehrer schreckten beim Vollzug nicht vor Demütigungen zurück: Sie stellten Kinder zur Strafe in die Ecke, mit einem Schild um den Hals »Ich bin ein Esel, ich spreche Afrikaans«. Und die Buren beugten sich tatsächlich mehr und mehr dem englischen Druck. Dem Trend mußte gegengesteuert werden, sollte von ihrer Geschichte überhaupt noch etwas überleben. So wurde die Sprache zu einem Vehikel, das man nur tüchtig schmieren mußte, damit es fuhr. Burische Eiferer kreierten nun in einer großangelegten Kampagne das Afrikaans, das ein Herz und eine Seele bildete mit der Geschichte von den Helden der Voortrekkerzeit und ihren Opfern zum Wohle der Kinder und Kindeskinder. Afrikaans machte in diesen Jahren nach dem Ersten Weltkrieg Karriere vom Slang zur Schriftsprache, es wurde zum Pfeiler des Burentums. Das erfolgreiche Unternehmen in Sachen Selbstfindung und Selbstrespekt beflügelte die Menschen, Habenichtse und Großverdiener, zum nationalen Höhenflug, unter Ausschluß der Briten und Andersfarbiger aller Art. Ein einig Volk war geboren, das keine Klassen mehr kannte, nur noch Rassen. Und die weiße Rasse der Buren machte sich auf zum Platz an der Sonne.

Die Genesis der Apartheid, eine wichtige Hürde war genommen; die Nationalpartei existierte schon.

Die Rückblende gibt Anna einen Geistesblitz:

»Da fällt mir ein Gedicht ein, es ist Teil der Sprachkampagne gewesen, und wir mußten es auswendig lernen.«

Tatsächlich kann Anna noch das von Schülergenerationen gepaukte Gedicht aus dem 19. Jahrhundert rezitieren:

»Engels! Engels! Alles Engels! Engels wat jy siin en hoor;
In ons skole, in ons kerke, word ons moedertaal fermoor.
Ag, hoe word ons folk ferbaster, daartoe werk ons leeraars saam.«

»Englisch! Englisch! Nichts als Englisch! Englisch was du siehst
und hörst;
In unsren Schulen, in unsren Kirchen wird unsere Mutter-
sprache gemordet.
Ach, wie wird unser Volk zu Bastarden gemacht, selbst unsere
Lehrer helfen dabei mit.
Holländisch nur noch in wenigen Schulen, ein Betrug,
ein bloßer Schein.
Wer sich nicht anglisieren lassen will, wird gescholten
und geschmäht.
Bis zum Vrystaat und Transvaal, überall die gleiche Schmach.
Das ist Fortschritt, rufen die Schreier. Die, die das nicht
glauben wollen, sind altmodisch und dumm.«

Ein Überbleibsel aus der afrikaanischen Literaturgeschichte der höheren Schule.

1961 wurde aus Anna ein Mädchen in Uniform, das gehörte zum Schulleben.

Die Woche begann mit dem Appell in der Aula, die ganze Schule kam zusammen zum Bibellesen, zur Predigt und dem Kirchenlied zum Abschluß. Auch die anderen Tage begannen mit religiöser Geistesnahrung: ein Gebet und ein Lied für die in exakten Reihen stehenden Schülerinnen, Hände auf dem Rücken.

Zweimal in der Woche war Religionsstunde. Anna lernte, Israel auf der Landkarte ausfindig zu machen und die Schauplätze und Abenteuer des Alten und Neuen Testaments runterzurasseln.

Anna war ganz unter Einfluß der »Christelike Nasionale Onderwys«, des Christlich Nationalen Erziehungsprogramms der staatlichen weißen Lehranstalten. Sie besuchte die »Laerskool Mòrewag-Grundschule« bis 1967, von 1968 bis 1972 die »Hoer Meisieskool Stoffberg« – Die höhere Schule für Mädchen.

In der YP, Youth Preparedness, einmal in der Woche gab es wieder

Staatstragendes aller Art: Was tun, wenn Bomben explodieren, Anleitung zu Erster Hilfe, was ist Terrorismus, Kommunismus, welche Farben hat die Nationalflagge? In den Schulen für Jungen gab YP Vorgeschmack auf militärischen Drill, mit Schießen und Marschieren.

»Der Kommunismus war die schlimmste Bedrohung für Südafrika, das wußten wir bald«, sagt Anna, »Kommunismus ist wie ein Virus und zersetzt die Ordnung unseres Landes.«

Aber auch private Affären gehörten in die YP, Fragen der Etikette, hausfrauliche Tugenden wie die Kunst des Tischdeckens. Lernziel war das untadelige Mädchen, sauber und ordentlich und den Eltern ein Wohlgefallen. Sexualität? »Die wurde nie erwähnt«, sagt Anna, »die existierte nicht mal. Selbst heute dürfen die Lehrer nicht über Pille und Verhütung reden ohne die schriftliche Zustimmung der Eltern.«

All die Lektionen ließen in Anna große Gefühle keimen. Wenn sie als Teil der Schülerschar den Tag mit Gott begann, war das absolut erhebend: Gott ist bei mir allezeit. Er bestraft mich, wenn ich Böses tue. Er vergibt mir, wenn ich aufrichtig bereue. Er ist streng und gerecht. Mit Gott kann mir nichts Böses geschehen. »Das war jeden Morgen eine Erneuerung, ich fühlte mich wiederbelebt, voll neuer Energie. Es gab mir eine ungeheure Stärke.« In Anna wuchs das Gottvertrauen, Urvertrauen.

In dem perfekt organisierten Schutzraum funktionierte auch die Angstmache. Anna, die chronisch desinteressierte Schülerin, speichert bis heute einen Ansporn besonderer Art: Die Lehrerin in der Grundschule ging wie immer durch die Reihen und entdeckte, daß Annas Hausaufgaben wieder mal nicht komplett waren.

»Auch die schwarzen Kinder gehen zur Schule und lernen«, sagte die Lehrerin mit einem Blick, der so tief drang, daß Anna ihn nicht vergessen hat, »wenn du dich nicht anstrengst, werden sie eines Tages besser sein als du, sie werden deinen Platz übernehmen, Anna, und dann bist du überflüssig.«

Da spürte sie es wieder, das diffus Bedrohliche, die schwarze Gefahr.

Und dann kam alle Jahre wieder der größte Nationalfeiertag, der 16. Dezember, in der Schule gefeiert am Tag vorher, ein Spektakel für die Schülerinnen, mit Vorbereitungen von zweimonatiger Dauer. Als Mitglied des Kirchenchors war Anna besonders involviert. Die Zeremonie rekapitulierte das Leid und die Opfer der Burengeschichte seit

1652, in Liedern, Ansprachen, Hymnen, Versen. Einmal war sogar die Frau vom Premier, Betsy Verwoerd, Ehrengast und stellte sich ans Mikrophon. Alle, ob Aktive oder Zuschauer, gingen am 16. Dezember erneut durch die schmerzensreiche Geschichte mit ihren wunderbaren Errettungen hindurch, sozusagen in einem nationalen Rebirthing. Nie war dieses ernste Erinnerungsritual durch Routine angegraut.

An diesem Tag des Jahres 1838 hatte die Schar von nicht mal 500 Buren ihrem Gott flehend versprochen, bei einem Sieg gegen die mit Speeren bewaffnete Zulu-Übermacht von Tausenden den Tag in alle Ewigkeit wie einen Sonntag zu feiern. Und prompt siegte das Häuflein Buren. Wenn da nicht Gott seine Hand im Spiel hatte! Sie hatten gesiegt, Gewehre über Speere, also waren sie im Recht. Ehre sei Gott immerdar.

»Es war immer ein Tag mit starken Gefühlen, an dem wir in Tränen ausbrachen«, erinnert sich Anna und ist sehr ernst, »auch ich habe dabei irgendwelche Urahnen vor Augen gehabt, wie sie auf Oumas Kiste saßen und den Ochsen die Peitsche gaben und unter dem Wagen hindurchschossen, wenn sie angegriffen wurden.«

Auch wenn Anna heute mit »diesem nationalen Müll« nichts mehr zu tun haben will, die Songs von damals kommen zurück, sobald sie in ihrer Memory Box kramt. Es war ihr schließlich auch nichts natürlicher, als die Nationalhymne mitzusingen, voller Ergriffenheit, stehend, die Augen an die aufgezogene Nationalflagge geheftet, die rechte Hand aufs Herz gelegt für »Die Stem van Suid-Afrika«:

»Wir werden leben, wir werden sterben, wir für dich, Südafrika«, ein kindliches Gelübde jedesmal.

Stockschläge vor versammelter Mannschaft, Religion und Afrikaaner-Patriotismus – das war Annas politisches Startkapital, eine unschlagbare Kombination.

Sie faßte Tritt im Rassismus.

Annas Vater war weder reich noch einflußreich genug, um Mitglied der elitären Geheimorganisation »Broederbond – Bruderbund« werden zu können. »Wees Sterk – Seid stark« ist die Losung, auf die jedes Mitglied der außerparlamentarischen Burenverbindung schwört, gegründet 1918, um das Burentum gegen die britische Vormachtstellung zur Dominanz in Wirtschaft, Politik und Verwaltung zu führen. Sogar afrikaans-britische Ehen wurden von den Exponenten des Bundes abgelehnt, damit keine Einheit entstehe, die nichts weiter sei als ein undefinierbarer, afrikaans-britischer Mischmasch. »Es gibt nicht zwei weiße Nationen in Südafrika, es gibt nur eine, und das ist die Afrikaaner-Nation«, hieß es in einer geheimen Selbstdarstellung aus den sechziger Jahren.

Broederbonders handelten in geheimer Absprache. In kleinsten Institutionen wie in Kirchen- und Schulräten saßen sie, deren Mitgliedschaft im Broederbond allen anderen verborgen war. Sie machten Personalpolitik, die sich von der untersten Ebene nach oben fortsetzte, zielstrebig die Politik der »Nats« planend und protegierend. Nichts von Belang konnte ohne den Segen des Broederbonds über die Bühne gehen. Kein Regierungschef und kaum ein Minister seit 1948, der nicht dem Broederbond angehört hat. Auch Frederik de Klerk kommt aus seinen Reihen.

Also hatte ein Mann von kleinem Kaliber, wie Annas Vater, keine Chance in dieser Männerloge. Immerhin war er in der »Ossewabrandwag – Ochsenwagen-Brandwache«, dem extremistischen, antibritischen und antisemitischen Burenbund der kleinen Leute. Die politische Zerreißprobe des Landes machte deutlich, wie unversöhnlich die weißen Fraktionen der Buren und Briten einander gegenüberstanden. Die Regierung unter Jan Smuts entschied sich 1939 für den Krieg an Englands Seite gegen Nazi-Deutschland. Sabotageakte gegen die Regierung waren die Antwort der Afrikaaner-Truppe, die mit dem Rassismus Hitlers sympathisierte und mit Leib und Seele die Briten bekämpfte: Wenn Hitler England schlagen würde, käme endlich die Stunde der Buren in Südafrika, so hofften sie.

Die Führer der Ossewabrandwag rekrutierten mehr Anhänger, als die Regierung Soldaten in den Krieg schickte. Auch Annas Vater war Mitglied gewesen. Auch er hatte seinen Eid abgelegt: »Wenn ich vorwärtsstürme, folge mir. Wenn ich mich zurückziehe, töte mich. Wenn ich sterbe, räche mich. So wahr mir Gott helfe.«

Die Brandwach-Leute sprengten Bahnlinien, Strommasten und Armeestützpunkte, zerstörten Postämter, Banken, Geschäfte. Annas Vater kam für seinen Kampf gegen die eigene Regierung ins Gefängnis, stolz, seine Mission erfüllt, es dem Britenfreund Jan Smuts gezeigt und den eigenen Soldaten ins verwerfliche Handwerk gepfuscht zu haben.

1968 zahlte sich dieses Engagement an der Heimatfront sogar für Anna noch einmal aus: Ihre erste Klassenlehrerin in der Hoer Meisieskool fragte in der allerersten Stunde:

»Wessen Vater war in der Ossewabrandwag?«
Und jede, die aufstehen konnte, war stolz auf den heldenhaften Vater.
Auch Anna erhob sich stolz. Die Lehrerin war auch stolz, angesichts
ihrer patriotischen Schulkinder, und verbrachte den Rest der Stunde
mit einem Ausflug in die Geschichte.

Die Schulbücher lieferten Anna weitere Mosaiksteinchen für die an-
gemessene Sicht der südafrikanischen Wirklichkeit. Sie lernte, daß
ihre Vorfahren ein leeres Land besiedelt hatten, das die neuen Menschen regelrecht erwartet hatte. »Und dann wollten sie nichts anderes, als im Norden eine Burennation gründen.« Tapfer trugen ihre
Vorfahren die weiße Zivilisation voran, ein Volk von Aufrechten,
eine kleine Gruppe von Weißen am Rand eines feindlich gesinnten
schwarzen Kontinents, eine Insel in Verteidigung weißer, christlicher
Lebensweise. Bedroht von Anfang an, bis heute. Ein Feindbild macht
Geschichte.
»Beantworte die folgenden Fragen«, zitiert Anna eine Schulbuch-
weisheit, »wie führte die Ankunft der Weißen zur Etablierung von
Wohlstand und Frieden unter den verschiedenen Bantu-Stäm-
men?«
Anna hat heute für die Lernmethoden ihrer Schulzeit nur ein Wort:
»Gehirnwäsche. Mit Stockschlägen auf die Hände haben sie uns trak-
tiert. Auswendiglernen statt selber denken und fragen, das war das
Prinzip. Vorschriften bis in jeden privaten Bereich. Du sollst nicht
fragen, die Autorität nicht anzweifeln, die Gesetze akzeptieren. Das
ist heute noch so in unseren Schulen. Drill macht unsere Kinder zu
folgsamen Jasagern.«
Anna war folgsam.
In ihren Kindernächten wurde sie immer wieder von zwei Alpträumen geplagt. Der eine zeigte ihr einen Löwen, der ihre Verwandten
auf dem großen Treck ständig umkreiste. Der andere Traum handelte
von den Zulu-Königen Dingan und Chaka, die mit ihren blutrünstigen Kriegerhorden einen Treck angriffen, schreiend und ihre Asse-
gais, die typischen Speere, über ihren Köpfen schwingend. Spätestens
dieses furchterregende Kampfgeheul erlöste Anna jedesmal von ihrer
nächtlichen Heimsuchung.
»Solche Träume und Ängste bin ich lange nicht losgeworden, aber sie
bekamen ja auch immer neue Gründe«, sagt Anna. Immerhin, als sie
sieben Jahre alt war, kam ihr achtzehnjähriger Bruder zur Armee.

Eine Erleichterung für Anna, sie fühlte sich sicherer. »Jetzt kann ich jederzeit die Armee zu Hilfe rufen«, dachte sie sich, wenn in ihrer Phantasie ein neuer Krieg gegen die Wilden tobte.

Ihr Bruder war der einzige in der Straße, der zu dieser Zeit bei der Armee diente. Ihm gehörte Annas ganzer Stolz, und sie war ihm dankbar, daß er zu ihrer Verteidigung Soldat geworden war. In seiner schmucklosen braunen Uniform war er ihr Inbegriff von Schutz und Stärke, mit einem Bizeps wie Eisen, den er mal stolz vor seiner kleinen Schwester spielen ließ. »Südafrika ist in Händen von Jungen wie dir in Sicherheit. Solange wir tüchtige Soldaten, wie ihr sie seid, haben, die uns beschützen, werden die Kaffern bleiben, wo sie hingehören.« Wer sagte das noch? Auf jeden Fall war auch dies nicht böse gesagt, sondern von robustem Spaß begleitet.

Reminiszenzen einer südafrikanischen Kindheit.

Und Jahre später, Anfang der siebziger Jahre, stand für Anna fest, daß ihr kleiner Neffe einmal genauso stark werden würde. Zu seinem sechsten Geburtstag schenkte ihr Vater dem Enkelsohn eine »Windbuchs«, ein Luftgewehr.

Nachdem Stompie Annas erster inniger Kontakt mit einem schwarzen Menschen gewesen war, konnte das Schulkind Anna eine neue Beziehung anknüpfen. Auch privat wurden die Dinge geordnet. Da Annas Mutter weiterhin arbeiten mußte, legten die Eltern sich eine Nanny zu. So knapp sie auch bei Kasse waren, schwarze Dienste waren billig zu haben. Viele im Viertel konnten sich das leisten. In der Regel waren zehn Rand der Monatslohn der schwarzen Haushaltshilfe.

Die Nanny hieß Mary. Sicher hatte sie auch einen afrikanischen Namen, Mamphela vielleicht oder Nosekeni oder – egal, die Aussprache wäre ohnehin zu kompliziert gewesen; keiner in der Familie legte Wert auf einen afrikanischen Zungenbrecher. Mary kam morgens gegen zehn und blieb bis gegen sechs. Mary war immer da, wenn Anna aus der Schule kam. Das Essen war fertig, das Haus aufgeräumt und sauber.

»Sie war eine dicke Mama, ein bißchen wie Ouma«, erinnert sich Anna und nennt sie einmal sogar ihre Ersatzmutter. Aber diese Assoziation führte keineswegs dazu, daß Anna Zuneigung zu Mary faßte. Mary war Bestandteil des Haushaltes, in angemessener Beiläufigkeit, mehr war sie nicht und wurde sie nicht in den 13 Jahren ihres Dienstes für die Familie. Und Mary war und blieb das »girl«, sie wurde nie anders genannt. Mary ersetzte Staubsauger und Waschmaschine – und die eigene Disziplin.

Die Mutter machte Anna vor, wie Mary zu behandeln war. Da hörte Anna Vorwürfe wie: Sie sei am Morgen gewiß zu spät gekommen. Sie habe nicht ordentlich Staub gewischt. Sie habe nicht richtig eingekauft. Und der mütterliche Ärger setzte sich fort, wenn Mary längst weg war: Alles muß man selber machen. Schau dir das hier an, wie sie den Hosenbund genäht hat, das kann man doch nicht so lassen. Schau nur, wie die so was nur machen können! Kein Verlaß ist auf sie!

Anna: »Ich mußte nie Ordnung halten, Mary war ja da. Sie hat meine Sachen weggeräumt, die Bücher, die ich unters Bett gepfeffert hatte, meine Strümpfe, die in der Ecke rumlagen, meine Schulsachen, die im Zimmer verstreut waren. Geärgert habe ich mich natürlich, wenn ich mein Zeug nicht wiederfinden konnte.« Und wenn Mary Ärger machte, gab der Fratz ihr kühn Bescheid. Daß sie sich das erlauben konnte, hatte sie bald spitzgekriegt. Mit sicherem Instinkt für die Machtverhältnisse hatte sie ihren Herrschaftsradius ausgelotet. In Anna etablierte sich das Feeling für die Rangordnung.

Nur wenn Mary mal richtig schlechte Laune hatte, dann war Anna kleinlaut. Da lächelte Mary nämlich nicht mehr, sondern zeigte nur noch ein böses und verschlossenes Gesicht, aus dem die weiche Freundlichkeit verschwunden war.

Mary behandelte Anna leise zuvorkommend, wie eine Erwachsene. In ihrer Nützlichkeit war sie unersetzlich. Für Annas Fragen zum Beispiel: Mary, wo ist meine Puppe? Mary, ich hab' Hunger, machst du mir was zu essen? Mary, hast du mein Buch mit der Geschichte vom Bären gesehen? Mary funktionierte. Anna mußte auch nie ihr Bett machen. Sie konnte alles stehen- und liegenlassen, wie es war, Mary würde es schon richten.

»Ich war ein bißchen wie die Prinzessin auf der Erbse«, sagt Anna, »ich mußte nicht mal meine leere Tasse vom Eßzimmer in die Küche tragen.« Wo Anna achtlos vorbeiging, da beugte Mary ihren breiten Rücken.

Das waren die Jahre, in denen Anna die Sonntage auf die Nerven gingen. Sonntags hatte Mary dummerweise frei. Also mußte jemand anderer das Abspülen übernehmen: Anna. Aber da diese blöde Pflicht die ganze Familie nervte, fuhr man oft kurzerhand zum Hamburgeressen ins Rasthaus an der Hauptstraße, wenn Anna aus der Sonntagsschule kam. Restaurants gab es nicht in Brakpan und wären sowieso zu teuer gewesen. Alle waren froh, wenn Mary am Montag wieder da war und dem Alltag die gröbsten Reibungsverluste nahm.

»Aus dieser Zeit stammt mein heutiger Fanatismus im Bettenmachen«, sagt Anna, »ich mache mein Bett und niemand sonst. Alle meine elementaren Sachen mache ich nur noch selber, kein anderer ist mehr dafür zuständig.«

Es war ja allgemein bekannt, daß Schwarze klauen wie die Raben. Aber, o Wunder, Annas Familie hatte mit Mary ein Riesenglück. Sie war eines der seltenen Exemplare, die absolut zuverlässig sind und jeden Cent, den sie beim Putzen unter der Couch fand, auf den Tisch legte. Annas Mutter war denkbar glücklich über diesen Ausnahmefall und zahlte Mary für ihren Sechs-Tage-Job später 20 Rand im Monat.

»Das war in den 60er Jahren, aber trotzdem irre wenig Geld«, rechnet Anna vor, »wo ein Paar Schuhe schon soviel gekostet hat.«

Die Konstellation in Annas Leben war zum erstenmal schizophren wie im ganzen Land: Wäsche waschend, servierend, einkaufend, Ecken putzend gewährte man dieser schwarzen Frau Nähe und Einblick in die familiären Angelegenheiten bis auf den Grund der Unterwäsche. Und doch – diese nahezu symbiotische Verbindung endete abrupt da, wo der Kontakt hätte wirklich persönlich werden können, in Marys Richtung, ein Kontakt auf Gegenseitigkeit. Sosehr Mary Anteil nehmen durfte an Annas Schulüberdruß, an Annas Kinderkrankheiten und ihren pubertären Kleidersorgen, Marys Leben blieb dunkel, ihr Alltag eine Terra incognita. Sie war eine Person ohne Hinterland. Sie kam allmorgendlich aus dem Nichts und verschwand am Abend wieder dorthin. Ihre Angelegenheiten interessierten nicht.

»Wir haben nie wirklich miteinander gesprochen«, sagt Anna, und als Versäumnis hat sie das erst spät erkannt, »es gab kein gegenseitiges Geben und Nehmen zwischen uns. Sie war da, um die Arbeit für uns zu tun, das war alles. Und das war nicht böse gemeint, es gehörte sich so.«

Das Verhältnis läßt sich am ehesten durch das charakterisieren, was nicht geschah, geschehen durfte: Nicht nur, daß es nie zu einem Gespräch kam, es wurde auch jede unnötige körperliche Berührung vermieden. Mary aß immer draußen in der Küche an dem kleinen Tisch, niemals im Eßzimmer, geschweige denn am Tisch der Familie. Annas Erinnerung holt das Bild der elterlichen Küche hervor: »Marys Geschirr, der Becher aus Blech mit dem Teller, mit Gabel, Messer, Löffel, stand immer neben dem Waschbecken. Und obwohl es offen dastand, habe ich es nie benutzt, keiner von uns. Ihr Geschirr war unberührbar.« Die Aura wirkte und schützte Marys Geschirr immerhin auch vor jedem kindlichen Schabernack. Und obwohl Mary umgekehrt für die Sauberkeit des Familiengeschirrs sorgte, war es klar, daß sie keine Tasse der Familie, keine Gabel, keinen Löffel je zum Munde führte.

Der Grund dafür?

»Ich habe nie danach gefragt«, sagt Anna, »fragen haben wir doch nicht gelernt. Es war eben so, überall. Warum hätte ich meinen Eltern nicht glauben sollen, was sie sagten?« Anna in Vollnarkose. Irgendwann war sogar auch eine Logik parat: Man hätte sich eine Krankheit einfangen können. Man konnte doch ahnen, daß es bei Schwarzen zu Hause mit der Hygiene nicht weit her war.

Wer weiß, ob Mary sich über diesen Umstand Gedanken gemacht hat, es war wirklich überall so, daß Schwarze gut genug waren, auf die Kinder aufzupassen, zu kochen, zu waschen und sauberzumachen, daß sie aber nicht gut genug waren, vom selben Teller zu essen.

Wie war Marys Nachname? Hatte sie einen Mann? Gar Kinder, die zu Hause allein waren, während sie sich um Anna kümmerte? Wie wohnte sie? Wie ging es ihr? Annas einzige Auskunft ist ein Schulterzucken. Sie hat ihr nicht ein einziges Mal die Hand gegeben.

Regte sich da nicht eine Ahnung von Unstimmigkeit in Anna? Ihr Nein kommt zögernd:

»Es war vielleicht Intuition, daß Neugierde oder Mitgefühl falsch waren, also vergißt du solche Anwandlungen. Später hat es mich mal gereizt, wenn mein Vater sie heimbrachte und ich durfte mitfahren, mit ihr auszusteigen und ihr Häuschen in der Township zu sehen. Aber es war einfach klar, daß das nicht ging. Und das akzeptierst du als natürliche Ordnung. Sie sind dort, und wir sind hier. Das ist alles.«

Marys Dienste wurden nicht mehr gebraucht, als Anna 19 war und längst nicht mehr zu Hause wohnte. Und es war erst viel, viel später, als Anna Kämpfe mit sich selbst und den Eltern austrug, da bekam sie plötzlich Sehnsucht nach Mary. Auf einmal dämmerte ihr, daß sie Mary nie kennengelernt hatte. Da erst hätte sie gerne mit ihr geredet, mit ihr an einem Tisch gesessen wie mit ihresgleichen.

Vorbei. Anna hat dem Impuls bisher nicht nachgegeben.

Anna kramt in Kinderfotos, die Schuhschachtel ist voll. 1958, Anna am Strand. Drei Jahre später im karierten Kleidchen, lächelnd, mit Pagenkopf und einem faulen Schneidezahn. 1964, Anna mit weißblonden Zöpfen, in Pose auf der Schulbank, den Füller in der Hand und eine Schleife wie ein Riesenschmetterling im Haar. Anna mit einer Puppe im Arm; bis ins hohe Pubertätsalter war sie verrückt nach Puppen, die sie mit großem Ernst umsorgte. Anna später, die neuen Schneidezähne stehen noch weit auseinander, Anna trägt Pferdeschwanz, ein unfertiges, blinzelndes Lächeln und Schuluniform: blauer Rock und weiße Bluse, feine Streifen im grauen Blazer. Die Uniform als Zeichen früher Würde und Verpflichtung gegenüber der Schulgemeinschaft. Dann Anna als Blumenmädchen bei einer Hochzeit, bezaubernd, Inbegriff kindlicher, blonder Unschuld.

Die Unschuld ist durchgängig: Kein schwarzes Wesen taucht auf all den Fotos auf, nicht einmal Mary. 87 Prozent der Menschen in Südafrika haben keine weiße Haut, und doch wuchs Anna auf in einer blütenweißen Welt.

»Wenn du Schwarzen nicht begegnen willst, begegnest du ihnen auch nicht. Das funktioniert prima hier«, sagt Anna, »heute genauso wie damals.«

Dann Anna als Teenager: Da trägt sie Petticoat.

»Der kratzte in der Taille, am Abend war die Haut rotgescheuert, aber Petticoat mußte sein.«

Ouma nähte viele Kleider für Anna. Weiße Schuhe, weiße Handschuhe und ein Rosenkranz waren die unverzichtbaren Accessoires in Annas Jugendjahren. Natürlich begeisterte sie sich mit ihren Freundinnen auch für die Beatles. Aber ihre Eltern waren streng gegen das dekadente Remmidemmi, die Einstiegsdroge in eine verdrehte Weltsicht: »Für meine Eltern war es der Beginn des Verderbens, solche Musik zu hören. All das moderne Zeugs aus Amerika und England war verdächtig, uns dem Kommunismus auszuliefern. Es ging immer in dieselbe Kerbe. Die Eltern meiner Freundinnen sahen das genauso.«

1976, an ihrem 21. Geburtstag, trägt Anna immer noch Pferdeschwanz. Aber die Kindheit liegt längst hinter ihr. Und auch die politische Unschuld.

1972 wechselt Anna den Rahmen, das Bild bleibt, bekommt nur ein paar neue Pinselstriche. Sie wird Studentin an der »Potchefstroomse Universiteit vir Christelike Hoer Onderwys«, einer weiteren Lehranstalt unter der Glocke des Kalvinismus. Potchefstroom ist die Alma mater des Burentums, wo die Kleinbürger ihre Sprößlinge hinschikken, damit sie den letzten Schliff in traditionellem Denken bekommen. Nur die Uni Stellenbosch bei Kapstadt ist da besser.
Eigentlich hatte Anna genug von ihrer siebzehnjährigen Bravheit. Ihre Widerspenstigkeiten häuften sich. Zum Abiturfest gab's Krach mit der Mutter, die ihr nicht nur ein blödes Kleid aufgedrängt hatte, sondern Annas schönes, langes Haar in Schnecken über die Ohren legen wollte. Lächerlich! Annas Siegestrophäe war der Pferdeschwanz, immerhin.
»Das waren meine ersten Versuche, die Beine auf den Boden zu kriegen«, sagt Anna über die zunehmenden Streitereien mit der Mutter über ihr Aussehen, »das waren die einzigen Situationen, in denen ich mich gegen Erwachsene wehrte.« So setzte Anna es auch durch, daß sie endlich in Sandalen zur Kirche gehen durfte.
Anna wollte nicht nach »Potch«, es zog sie zur Uni nach Pretoria. Die Eltern ließen ihr nicht die Wahl: »Du bist zu jung für Pretoria.« Basta.
»Ich war damals noch das kleine liebe Mädchen, das mit den Eltern zur Kirche ging, den Katechismus unterm Arm«, sagt Anna, »das war meine sichere Welt. Ich glaubte an die Religion, ich war nicht rebellisch, stellte die Familiengesetze kein bißchen in Frage. Meine Pubertät, intellektuell zumindest, fand nicht statt. Erwachsen wurde ich sehr spät.« Anna sagt das bedauernd, so als hätte sie eine sehr wichtige Verabredung versäumt.
Immerhin: Potch erweiterte ihren Horizont. Nicht in bezug auf Apartheid, Schwarzen begegnete sie nur anonym in den Straßen der Stadt und auf dem Campus, wo sie als Gärtner die Blumenrabatten säuberten, den Rasen sprengten und wo die Frauen in weißen Kitteln für das Essen in der Mensa sorgten.
Auch ein Hauch von Befreiung streifte die schüchterne Anna von der Mädchenschule, indem sie harmlose Freundschaften mit Studenten begann.

Und in Potch lernte sie Melanie kennen, ihre erste und wichtigste Freundin. Sie teilte mit ihr das Zimmer im Studentenheim. Aber warum wählte sie sie auch noch zur Freundin?

»Heute ist Anna ja liberal, aber du hättest sie damals erleben müssen«, sagt Melanie einmal, »es war unmöglich, mit ihr zu argumentieren, reine Zeitverschwendung, sie hatte ein Brett vorm Kopf.« Heute kann Melanie das sagen, ohne fürchten zu müssen, daß Anna ausflippt.

Damals war das anders. Anna verteidigte an ihrem Vaterland alles, wirklich alles. Und die einzige, bei der sie überhaupt verteidigen mußte, war Melanie. Denn sonst befand sich Anna in Potch wieder unter ihresgleichen. Die Studenten waren sich so einig in ihrer Zustimmung zur politischen Ordnung im Land, daß weder Grundlagen noch Einzelfragen groß der Rede wert waren. Manchmal wurden Zeitungsmeldungen im bewährten Sinne kommentiert, unter dem Blickwinkel der Trinität von swart gevaar, rooi gevaar, roomse gevaar. Letztere umschrieb wieder einen Feind des Landes, den römischen Katholizismus, der nicht zuletzt durch eine solide Ausbildung in den Missionsschulen die Apartheid unterlief. Saboteure waren die Katholiken, obwohl sie sich im Prinzip auch nur passiv verhielten.

Zwar gab es auch in Potch einige abfällig »Liberale« genannte Studenten, aber die bildeten ihre eigenen Zirkel, Anna hatte zu ihnen keine Verbindung.

Aber Melanie hatte es ihr angetan. In ihrer leisen, bestimmten Art wirkte sie fast schüchtern. Sie sprach immer mit kaum hörbarer, heller Stimme, gar nicht bedrohlich. Um so erstaunlicher, daß Melanies eigenartige politische Ansichten auf felsenfestem Grund standen. Sie verteidigte sie mit Verve, verlor in manchen Diskussionen jedes Adagio, das doch sonst die einzige ihr mögliche Form der Kommunikation zu sein schien. Nicht einmal Melanies familiärer Hintergrund erklärte das. Denn trotz ihrer englischen Herkunft waren ihre Eltern Rassisten reinsten Wassers. Sie hatten eine Nanny, die ein schäbiges Häuschen hinter der Villa bewohnte, also rund um die Uhr für die Bedürfnisse ihrer Herrschaft zur Verfügung stand. Melanie hatte, wann immer es ging, die Nähe der Nanny gesucht, war ihr auch dauernd ins Häuschen im Hinterhof gefolgt, hatte zeit ihrer Kindheit intimsten Kontakt mit der schwarzen Frau und lernte ihre Sprache. Zwar erleben viele weiße Kinder Südafrikas das Glück solch unbeschwerter Nähe. Aber irgendwann auf dem Weg zum Erwachsenwerden setzen sie eine Zäsur, und alle guten Gefühle der Kindheit spielen keine Rolle mehr.

Anders bei Melanie. Schwarze sind Menschen mit gleichen Rechten wie sie selbst – den Sprung zu dieser politischen Schlußfolgerung schaffte Melanie trotz der elterlichen Gegenströmung. Und sie machte in Potch aus ihrer Ablehnung der Apartheid keinen Hehl. Sie sympathisierte offen mit der damaligen Progressive Federal Party, PFP, jener kleinen Partei der englischsprechenden Liberalen im Land, die zwar einige Sitze im Parlament, aber keinerlei Macht hatte.

Anna sagt: »In Potch waren alle in meinem Kreis auf meiner Seite. Es war in Ordnung, was ich über die Situation in Südafrika sagte, bloß Melanie war immer dagegen.«

Ihre Freundschaft verkraftete die politischen Eruptionen.

Anna studierte Englisch, Afrikaans, Kunstgeschichte und Literaturwissenschaft. Jeder Student mußte zusätzlich das besondere Fach belegen, sonst gab es keinen Abschluß: »Interfakultére Wysbegeerte – Interfakultäre Information«. Dort hörte man von den Gefahren, die die ökonomische Integration der Schwarzen für die Dominanz der Afrikaaner mit sich bringe, man lernte die Grundlagen sämtlicher Vorurteile über Kommunismus, Katholizismus, Humanismus, Liberalismus, jene unterminierenden Philosophien, die Geist und Seele einer Nation untergraben. Die Studenten lernten, daß nur zwei Ismen gut sind: Kalvinismus und Afrikaaner-Nationalismus.

Das entsprechende Lehrbuch ging über die rein politische Belehrung hinaus, behandelte auch Fragen zu Sexualität und Ehe. Anna lernte, daß ihr Körper der Tempel Gottes ist, daß Sex durchaus eine gute Sache sein kann, aber nur innerhalb einer ernsthaften, tiefen Beziehung, Ehe am besten. Unanständig waren dagegen Selbstbefriedigung, Petting, Homosexualität.

Anderswo auf der Welt lebte man in den siebziger Jahren.

»Das war doch die Nach-Hippie-Zeit«, erinnert sich Anna, »und trotzdem waren wir alle kleine, brave Jungfrauen.«

Pikanterweise hatte Potch die höchste Rate an ungewollten vorehelichen Schwangerschaften. Die Uni war eine gutgehende Gerüchteküche. »Hey, hast du schon bemerkt, X schläft mit Y!« Welch aufregendes Flair von Unmoral! Wer sich diese Verfehlung sichtbar hatte zuschulden kommen lassen, flog raus. In Potch herrschten strikte Regeln moralischer Sauberkeit.

Die Aufmüpfigkeiten der Frauen in Amerika und Europa waren für die Meisies zu weit weg, nicht nur geographisch. Das Verhältnis der Geschlechter blieb, wie es war.

Melanie brachte eine gewisse Irritation in Annas Leben. Noch konnte sie die Klippen einer Diskussion mit Bibelstellen und Politikerzitaten umschiffen. Das Elternhaus war präsent. Da erinnert sie sich an eine Wahl in den siebziger Jahren – keine Frage, Anna wählte wie die Eltern. Melanie machte die Wahlfarce der weißen Minderheit nicht mit.

»Ich fühlte mich ganz sicher«, sagt Anna, »ich habe ihr gesagt, daß wir eine Demokratie mit einem freigewählten Parlament haben, wie alle Länder des Westens. Aber ich konnte Melanie nicht überzeugen und sie mich nicht.«

Melanie fand immer neue Spitzfindigkeiten, verstieg sich zu einem Argument wie: »Sie sind Menschen wie wir.« Worauf Anna verteidigte: »Sie sind anders. Sie haben eine völlig andere Kultur als wir. Und sie selbst wollen nicht, daß ihre Art zu leben und zu denken von unserer westlichen Kultur infiziert wird. Sie selber wollen Abstand von uns halten. Und sie wissen, daß ihre Kultur der unseren unterlegen ist, daß ihr Platz ein anderer ist als unserer.« Diese »Wahrheiten« flossen einfach so aus ihr heraus. Anna war topfit.

Und wenn Melanie sagte, »Sie müssen genau wie wir das Wahlrecht bekommen. One person one vote«, dann griff Anna wieder zum prallen Fundus weißer Ängste: »Entweder sie schmeißen uns alle raus, oder unser Land geht vor die Hunde. Sie haben einfach nicht unsere Fähigkeiten. Wir können uns von ihnen doch nicht das Land kaputtmachen lassen, das wir aufgebaut haben!«

Nur einmal gab es echten Krach. Das war, als Anna ihre Freundin wegen ihrer Abstammung anmachte: »Du willst dich nicht zu unserer Ordnung bekennen, weil du englisch bist. Briten kann man eben nicht trauen.«

Hätte bloß noch gefehlt, daß Anna ihr »rooi neck«, das alte Schimpfwort für die Engländer nachruft, das Melanie als Kind oft genug gehört hatte.

Annas Vorwurf ging an den Nerv eines anderen südafrikanischen Bruderzwistes, dem zwischen Buren und Briten. Die Wunden aus der Zeit britischer Machtübernahme in der Kapkolonie und erst recht aus der Zeit des Burenkrieges sind in den wenigsten Familien verheilt. Noch heute belauern die beiden Volksgruppen sich gegenseitig bei ihren Versuchen, neues Terrain zu erobern: Die Briten haben das große Geld, die Afrikaaner haben das Sagen in der Bürokratie und in der Regierung.

Einige Tage war Funkstille zwischen ihnen, und Anna merkte, daß sie zu weit gegangen war.

Sie merkte auch irgendwann, daß sie überhaupt nicht mehr gut im Kontern war. Es verwirrte sie, daß jemand, weiß wie sie selbst, eine Person, die sie gern hatte und sonst in ihren Ansichten schätzte, so denken, sich so für Schwarze einsetzen konnte.

Erste Zweifel? Vielleicht.

Aber es gab nicht nur Melanie.

Unter den Studenten diskutierte man über Breyten Breytenbach, den abtrünnigen burischen Schriftsteller, der eine Vietnamesin geheiratet hatte und in Paris lebte. Anna mochte seine Verse, obwohl der Mann die Seiten gewechselt hatte.

»Wir haben ihn alle sehr bewundert in seinem konsequenten Lebensweg. Daß er in Paris lebte und so viele burische Konventionen über Bord geworfen hatte, machte ihn für uns zu einem romantischen Rebellen. Als er 1975 in Südafrika verhaftet und wegen Terrorismus verurteilt wurde, konnten wir es nicht glauben.«

Aber Annas Unverständnis blieb ohne politischen Bezug. »Wie konnten sie das bloß mit ihm machen!« war ihre Reaktion. Bei dieser Gelegenheit fand sie es auch nicht ganz in Ordnung, daß die Zensoren vom »Directorate of Publications« Bücher und Filme verboten. Aber weitreichende Schlußfolgerungen vermied sie noch.

Einen kurzlebigen Schock versetzte ihr eine Veranstaltung in der Aula. Ende 1975 muß das gewesen sein. Der Studentenausschuß lud manchmal Leute ein, die eine kontroverse Diskussion in Gang setzten. Eine farbige Journalistikstudentin hielt eine Rede, sie ging die Studenten direkt an: »Wie könnt ihr euch christlich nennen, wenn ihr uns aus der Gesellschaft ausschließt, uns zu euren Sklaven macht?« Ihr kamen sogar Tränen, als sie sagte: »Wie könnt ihr von euch behaupten, daß ihr bessere Menschen seid als wir?«

Es war ein kleiner, dramatischer Auftritt. Anna empfand Mitgefühl mit dieser Frau. Irgendwie. Diffus. Eine Spur von Nachdenklichkeit war gelegt, Anna fühlte sich eigenartig niedergeschlagen, wußte aber auch nicht recht, ob sie diese Frau wegen ihrer Emotionalität lächerlich finden sollte. War was dran an ihren bewegenden Anklagen? Die Gedanken führten zu nichts. Tage nur, und die Sensation hatte sich im Alltag verflüchtigt.

Und dann kam Annas »Erwachen«, sie nennt es selbst so. Es ist ihr einfach widerfahren, sie konnte nicht anders, denn das Signal kam von außen und war nicht mehr überhörbar.

Es begann im Juni 1976.

Natürlich wußte Anna nicht, was sich in Soweto zusammenbraute. Sie hatte ja auch keine blasse Ahnung, was es für ihre schwarzen Landsleute bedeutete, seit gut 20 Jahren durch Verwoerds System der Bantu-Bildung mit einem viertklassigen Schulsystem abgespeist zu werden. Es war für Anna selbstverständlich, daß ihre Eltern für die Schule nichts zahlen mußten. Kein Gedanke, daß schwarze Kinder nicht kostenlos zur Schule gehen konnten. Wer im Paradies lebt, muß nicht groß nachdenken. So blieb Anna auch unbehelligt von dem Thema, das bei den Schülern von Soweto in aller Munde war, in hitzigen Dauerdiskussionen, schwankend zwischen Wut und Verzweiflung. Anna wußte nicht, daß sich dort in den Klassen 70 Schüler einen Lehrer teilen mußten, im Durchschnitt. Anna wußte nichts von der miserablen Ausbildung der schwarzen Lehrer, nichts von der jämmerlichen Ausstattung der Schulen, die keine Labors, keine Schreibmaschinen, kaum Landkarten, nicht mal genug Bänke hatten. Natürlich war es in Annas Halbwelt auch unbekannt, daß der Direktor für Bantu-Erziehung im Südtransvaal – Soweto gehörte dazu – 1972 die Schulbehörden nach Stämmen getrennt hatte, obwohl die Betroffenen dagegen gewesen waren. Genauso verfuhr er mit den Schulen, so daß ein Zulu-Kind nicht mehr mit einem vom Volk der Xhosa auf der Schulbank zusammenkam. Nicht genug, so sagten die Bewohner von Soweto, daß alles mögliche getan wurde, um uns von den Weißen zu trennen, jetzt will die Regierung auch noch uns Schwarze auseinanderdividieren. Für die Leute war das ein neuer Schachzug der Regierung, um das Erstarken eines Nationalgefühls unter den Schwarzen zu verhindern. Und nun, 1976, sollte auch noch die Sprache der Unterdrücker, Afrikaans, den schwarzen Schulkindern als zweite Unterrichtssprache aufgezwungen werden. Diese jüngste Direktive der Schulbehörde war ein Stich ins Wespennest. Die Empörung über diese neuerliche Erschwernis des Lernens, diese letzte Waffe aus dem Arsenal der Apartheidstrategen, näherte sich dem Siedepunkt. Schon im Mai hatte der sich angekündigt, mit einem Unterrichtsboykott der Schüler. Nach Jahren leerer Reformversprechungen waren sie reif zum Protest.

Hat Anna damals die Meldungen über die Krise in Soweto gelesen, zum Beispiel in der Johannesburger Tageszeitung The Star? »Ich habe doch keine englische Zeitung gelesen!« sagt Anna, fast entrüstet, diese Selbstverständlichkeit überhaupt erwähnen zu müssen. Und sie kann sich nicht erinnern, in der Afrikaaner-Presse etwas darüber gesehen zu haben. Und wenn auch, es hätte sie nicht sonderlich interessiert.

Der Juni 1976 ließ sich also für Anna auf dem Campus von Potch wie ein ganz normaler Wintermonat an. Sie paukte für die Abschlußprüfungen, es war ihr letztes Jahr.

Und dann mußte sie doch Kenntnis nehmen. Radio und Fernsehen berichteten plötzlich von Zoff im Gehege, Gewalt in Soweto, zurückhaltend zwar, aber die Explosion von Haß und Frust war öffentliches Thema. »Ich hörte im Radio, daß die schwarzen Schüler in Soweto gegen Afrikaans als Unterrichtssprache protestierten. Und meine erste Reaktion war: Warum, in Gottes Namen, werden sie nicht in ihrer Muttersprache unterrichtet?«

Und Anna erinnerte sich daran, daß die Buren selber um ihre Sprache gekämpft hatten, um ihre Identität als Volk nicht zu verlieren. Damals galten die Engländer als die Unterdrücker. Und jetzt? Waren jetzt Annas Leute die Unterdrücker und Afrikaans ihre Waffe?

Annas Nachdenklichkeit erhielt neue Nahrung, als sie erste Einzelheiten über das Massaker der Polizei vom Mittwoch, dem 16. Juni, hörte:

»Da hatten Schüler zuerst Protestplakate und dann Steine in der Hand, das waren ihre Waffen. Mit Mülltonnendeckeln versuchten sie, sich zu schützen gegen die Gewehrkugeln der Polizei. Das steht doch in keinem Verhältnis.«

Im Fernsehen sah sie ein kurzes Interview mit einer Frau, die sagte, sie schäme sich über das brutale Vorgehen der Polizei. Sie selbst spreche Englisch, aber ob Englisch oder Afrikaans oder Sotho oder Zulu, die Sprache sei ja gar nicht der Punkt.

Diese Bemerkung ging Anna nicht mehr aus dem Sinn. »Was ist der Punkt?«, diese Frage nervte sie in jenen Tagen im Juni, deren gewalttätige Exzesse ihr Land und die Welt entsetzten. Das Foto des erschossenen dreizehnjährigen schwarzen Jungen Hector Pietersen auf den Armen eines Mitschülers traf Anna mitten ins Herz.

Und nun stimmte gar nichts mehr in ihrem Koordinatensystem. Die bewährte Orientierung war ihr abhanden gekommen. Was steckte hinter dem schwarzen Aufbegehren? Und was steckte hinter dieser kalten Brutalität der Polizei, die auf unbewaffnete, lachend demonstrierende Schüler schoß, selbst dann noch auf ihre Rücken zielte, wenn sie in Panik davonrannten? Warum machte »ihre Polizei« Jagd auf Wehrlose?

Die Diskussionen auf dem Campus liefen heiß, im altvertrauten Tenor:

»Sie danken es uns nicht mal, daß wir mit unseren Steuern so viel für sie tun. Wir bezahlen ihre Schulen, sie boykottieren sie. Wir geben ihnen die Chance, was zu lernen, und sie? Sind eben doch nur Wilde.« Oder: »Besser jetzt werden 60 Schwarze erschossen als nächste Woche 600.« Oder: »Nur gut, daß unsere Polizei in der Lage ist, den schwarzen Terror zu zügeln. Seht euch nur die Plünderungen an, das hätte auf Johannesburg übergreifen können!«

Der ganze Tenor konnte Anna nicht mehr überzeugen. Jetzt kannte ihre Wißbegierde keine Grenzen mehr. Sie kaufte englischsprachige Zeitungen, hörte alle Nachrichten, saß mit Kommilitonen abends um acht vor dem Fernseher, um die Nachrichten zu sehen, tauschte Meinungen aus mit Leuten, die sie vorher nicht gekümmert hatten, ließ sich auf die Sprünge helfen. Es herrschte eine Aufregung, die Annas Sinne zum Vibrieren brachte. Soweto war überall, in der Mensa, in den Seminaren, in kleinen Zirkeln, das ging fort bis in die Nächte.

Das Gemetzel hatte allein am ersten Tag 65 Tote gefordert, schwarze Tote, und einen Weißen. Justizminister Kruger dankte der Polizei für ihren »tapferen Einsatz« und sagte vor dem Parlament: »Wir lassen uns nicht von den Schwarzen herumkommandieren.« Premier Vorster sagte, Ruhe und Ordnung würden aufrechterhalten, koste es, was es wolle. Es kostete noch viele Menschenleben.

Der Studentenausschuß hatte Leute aus Soweto eingeladen. Anna ging in die Aula. Unglaublich: Es war das erste Mal, daß sie schwarzen Rednern zuhörte, daß sie überhaupt unterstellte, es könne von Belang sein, was sie sagen.

Rund 6000 Studenten gab es in Potch, an die 200 mochten es sein, die in die Aula gekommen waren.

»Wir hörten den fünf Leuten aus Soweto atemlos zu, so spannend war es, was sie sagten. Ich hatte mich noch gewundert, daß sie sich überhaupt trauten, nach Potch zu kommen. Daß sie keine Angst hatten, wir könnten sie beschimpfen oder verprügeln.«

Die fünf sprachen ohne Vorwurf. Sie waren gekommen, um für Verständnis zu werben, um Unterstützung zu bitten im Kampf der schwarzen Schüler um Gerechtigkeit. Kein Laut, kein Zwischenruf kam aus dem Plenun. Die weißen Studenten erfuhren, daß die schwarzen Schüler dieselben Bildungschancen haben wollten wie die weißen. Sie wollten gute Schulen, die ihnen den Weg zu einem menschenwürdigen Leben öffneten. Sie wollten vorankommen im Leben wie jedermann.

»Die sind ja unzufrieden mit ihrem Leben«, war Annas Erstaunen, »wer hätte das gedacht?« Und als die fünf auch über weitere Details des Massakers informierten, geriet Annas stabiles Gebäude von der Gott wohlgefälligen Ordnung im Land mehr und mehr ins Wanken. Sie saß und sah und hörte offenen Herzens und wunderte sich über die Ruhe und Vernunft, mit der diese fünf schwarzen Personen sprachen.

Vielleicht war das der Moment, in dem Anna dämmerte, daß sie einer immensen Bevormundung, wenn nicht einer großangelegten Lüge aufgesessen war. Alles fauler Zauber, der ihr als Nonplusultra verkauft worden war. Das ganze wohldurchdachte Gebäude der Apartheid eine Attrappe. Es war klar, da lief was falsch in ihrem Land der Christen.

Soweto war Annas Rubikon. Der 16. Juni 1976 ist heute nicht nur im schwarzen Kalender ein Gedenktag, sondern auch in Annas persönlichem Kalender, wie für viele ihrer weißen Altersgenossen.

Am Wochenende fuhr Anna heim nach Brakpan, wie an jedem zweiten Wochenende. Noch sehnte sich ihr lädierter Patriotismus nach der elterlichen Pflege. Das Feuer von Soweto hatte sich wie ein Flächenbrand aufs ganze Land gelegt. Überall gab es Tote. Mehr als 600 sollten es bis zum Jahresende noch werden.

Wie immer nahm Anna mit ihrem kleinen Auto die »Old Potchefstroom Road«, den direkten Weg nach Johannesburg. Sie führte Anna durch Soweto, mittendurch. Die Bundesstraße war nicht nur der Verteiler für jeden Ankömmling in Soweto, diesem riesigen Arbeitskräftereservoir Johannesburgs, auch der Durchgangsverkehr ging durch die Township, knapp sieben Kilometer lang, vorbei an den Zonen Diepkloof, Klipspruit, Moroka, Dhlamini, Chiawelo, Protea. Namen, die Anna nicht kannte, sie waren nirgendwo zu lesen. Sie interessierten sie auch nicht, was hätte sie mit ihnen anfangen sollen?

Anna spürte auf diesem Teil der Strecke immer ein leichtes Unbehagen. Die Baracken der Township reichten bis an den Straßenrand. Ein bißchen von der Einförmigkeit der Siedlung, von Staub und Schmutz und Armseligkeit war zu sehen, barfüßige, lachende Kinder, Erwachsene, die erzählend beieinanderstanden, Frauen mit Kindern auf dem Rücken oder mit Lasten auf dem Kopf. Nur schwarze Gesichter waren zu sehen, Anna fühlte sich immer ein bißchen wie in der Falle, fast wie früher, in den eingebildet lebensgefährlichen Situationen in Brakpan.

Als Anna an diesem Wochenende heimfuhr, kam sie nur bis an die Grenze Sowetos. Das Ghetto war komplett von Polizei und Militär abgeriegelt. Damit war eigentlich Annas Alptraum wahr geworden: von zu Hause abgeschnitten zu sein, weil der schwarze Mob den Aufstand probte. Aber sie besah sich ganz ruhig das Aufgebot an weißer Militanz, die Panzerwagen, die braun Uniformierten mit Gewehren und martialischer Gestik, ihre Beschützer, auch Schwarze unter ihnen. Es war zum Fürchten.

»Und sofort fiel mir das Foto wieder ein, das ich kurz vorher in der Zeitung gesehen hatte. Ein erschossener schwarzer Junge lag am Boden, mit seinem Poster, auf dem stand ›WE DON'T WANT AFRIKAANS!‹. Und ich wollte nicht glauben, daß unsere Jungen daraus diesen Aufruhr gemacht hatten, daraus!«

Dieses Foto war Anna in ihre suchende Grübelei gefahren wie ein Hilferuf nach Verstehen und Gerechtigkeit. Und jetzt, am Rande des Dächermeers von Soweto, kamen Anna die Soldaten auf der Straße so vor, als seien sie unbarmherzige Wärter eines Riesenkäfigs, in den menschliche Wesen hineingepreßt sind. Sie sah die Folgen des Allheilmittels Gewalt. Zum erstenmal sah sie Militär, ihr Militär, in Aktion, vielmehr in Wartestellung, denn die Hauptaktion lag ja schon Tage zurück. Und allein diese paradoxe Szenerie vor ihr von relaxter Spannung oder zur Schau gestellter nervöser Ruhe und Stärke hatte für Anna etwas Bedrohliches. Ihr kam es so vor, als stimme ihre Topographie nicht mehr, als legte ihr jemand eine Landkarte von Südafrika hin und die ehemals vertrauten Linien seien ihr unbekannt. Ehre, Christsein, Treue, Nächstenliebe, Gerechtigkeit, Demokratie – was waren diese Worte doch für betrügerische Werkzeuge. Die Worte verloren ihren Nimbus. Aber welche waren denn dann vertrauenswürdig?

Und da, an dieser Straßensperre der Armee, nahm ihr alter Alptraum eine andere Richtung. Die Militärblockade verstärkte ihre Ahnung,

es könnte die von ihr mitgewählte Regierung sein, die den Terror aus-
übte, die Eskalation betrieb. »Mir wurde klar, daß die da im Käfig
allen Grund zur Angst hatten, nicht ich.«

Auf einem langen Umweg fand Anna nach Hause, ihr Inneres war im
Tumult, und Anna verspürte ein dringendes Redebedürfnis. Bei aller
Verwirrung war es auch ein Gefühl von Befreiung, das sie erfüllte.
Vom Verlauf dieses Wochenendes bei ihren Eltern hat sie nur noch
Argumentationsfetzen in Erinnerung:

»Die Liberalen haben uns diesen Ärger eingebrockt, Agitatoren, die
den Schwarzen dauernd Flausen in den Kopf setzen, Unruhestifter«,
sagten die Eltern, oder auch: »Früher waren sie gehorsam, dankbar
für das, was wir für sie getan haben. Wir müssen sie fester anpacken,
um sie unter Kontrolle zu halten, sonst setzen sie sich Sachen in den
Kopf, die ihnen einfach nicht zustehen.« Unter diesem Blickwinkel
wurden die Opfer unversehens zu Verfolgern, und »die Kinder suchen
doch nur einen Grund zum Schuleschwänzen. Wir wären dumm,
wenn wir jetzt noch weiter für die Erziehung der Schwarzen zahlen
würden.«

Die maßgebliche Bezugsgröße der Eltern in dieser Krise aber war die
eigene Gefährdung, wie weit war die eingedämmt? Der Einsatz der
Soldaten wirkte beruhigend auf sie, die Jungen würden das Feuer
klein halten, den Schwarzen zeigen, wo sie hingehören.

Anna ist von diesem Wochenende vorrangig das Gefühl der Ernüchterung haften geblieben: Wo war das Mitgefühl der Eltern? Wieso war
ihr eigenes, Annas, Entsetzen nicht Allgemeingut? Warum sahen sie
nur das Resultat, daß Schüler alles mögliche, auch die Schulen, in
Brand steckten, die sowieso nicht ihre eigenen waren, warum ignorierten sie die Ursachen? Warum erkannten die Eltern nicht all die
neuen Ungereimtheiten? Deren abweisend enger Interessenhorizont
schreckte Anna da zum erstenmal. Eine Distanzierung begann, ohne
daß Anna sie schon hätte einordnen können.

Sicher ist, daß Anna auf die Wochen des Soweto-Aufstandes auch den
Verlust ihres inneren Friedens datieren kann. Sie hatte die Unschuld
verloren, mit der sie all die Jahre Apartheid gedanklich so bearbeitet
hatte, daß das System für sie akzeptabel wurde. Der Aufstand in Soweto war, biblisch gesprochen, ihre Konfrontation mit dem eigenen
Sündenregister. Annas weißes Puppenhaus fiel in Trümmer.

Wissen tut weh. Anna wurde ihre Privilegiertheit gewahr, peu à peu: Ich bin weiß und habe Zugang zu allem. Ich habe nicht nur liebende Eltern, sondern kann auch mit ihnen leben, in einem sicheren Zuhause. Ich habe genug zu essen. Und ich bin eine von denen, die den Schwarzen das alles genommen haben. Wie durch ein Brennglas sah sie im Zuge der überall aufflackernden Aufstände im Land: Wir Afrikaaner haben den Schwarzen Leid zugefügt durch Jahrhunderte. Mit einemmal schaute sie hin, auf schwarze Lebensbedürfnisse, schwarze Gefühle, schwarzes Leid, von denen sie in den englischsprachigen Zeitungen erfuhr. Da paßte es, daß sie zufällig hörte, daß Schwarze nicht mal den Krügerpark, das Prunkstück jeder Südafrikatour, betreten dürfen, es sei denn als Wächter und Müllmänner. Wozu sollte das bloß gut sein? Anna bekam eine Ahnung davon, was schwarze Wünsche und Sehnsüchte waren, sie mußten wohl ganz so wie ihre eigenen sein. Wie würde sie empfinden, wenn man ihr die selbstverständlichsten Dinge vorenthalten würde, mit dem Alibi, es sei doch zu ihrem eigenen Besten, ihr sie einfach verbieten würde aufgrund ihrer weißen Haut??? Diese Aussicht schien ihr ungeheuerlich, allein die Vorstellung vermittelte ihr ein Gefühl der Beengtheit. Und daß jeder schwarze, nein, mehr noch, jeder nicht-weiße Mensch sich wie in einer Zwangsjacke fühlen mußte, das hatte sie übersehen all die Jahre. Ihr ganzes Leben eine Fälschung.

Und Anna begab sich auf den familiären Feldzug, euphorisiert zunächst durch die neuen Erkenntnisse, die sie wie ein Kreuzritter weitertragen wollte. Es wurde ein kräftezehrender Kleinkrieg ohne Sieg.

»Ich war die einzige in meiner Familie, der ein Licht aufgegangen war, und ich wollte ihnen alles erzählen, was ich erfahren hatte. Aber sie waren nicht scharf auf meine Erleuchtung.«

Annas Eltern hatten nun eine Tochter vor sich, die mit einemmal wie ausgewechselt war. Diese noch nicht mal Einundzwanzigjährige legte eine insistierende Besserwisserei an den Tag, setzte ihnen zu mit Grundsatzdebatten, beleidigte die Familientradition. Die Stimmung zu Hause ging den Bach runter. Die Wochenenden waren überschattet von Annas Agitationen. Immer wieder fing sie an, bohrte und stichelte und gönnte ihrer Familie keinen Frieden. »Ich mußte ihnen doch zeigen, daß sie auf der falschen Fährte waren. Und je weniger sie das einsahen, desto mehr Vorwürfe machte ich ihnen. Sie sollten endlich zugeben, ja, wir haben was falsch gemacht, wir müssen uns ändern«, kommentiert Anna ihre missionarischen Mühen. Sie konnte ihren Vater zur Weißglut bringen, indem sie sagte: »Die Schwarzen sind Menschen wie wir, sie haben denselben Ehrgeiz, dieselben Wünsche und Gefühle wie wir.«

Annas braver Gerechtigkeitssinn bewegte ihre Eltern kein bißchen. Und nach der Autorität der Regierung zerfiel auch die Autorität ihrer Eltern in rasanter Halbwertszeit.

Daß Anna sich schämen solle, war noch die sanfteste Zurechtweisung in lauten Szenen, an deren Schimpfworte und Flüche Anna sich heute nicht mehr erinnern will. Und die Familien vom Bruder und der Schwester standen mit den Eltern in einer Front.

Annas Geburtstag im Dezember war da eine harmlose Runde im familiären Dauerclinch. Endlich 21, volljährig! Annas Mutter betrieb die Vorbereitungen mit entschlossener Freude, als sei nichts gewesen. Die Gereiztheit entlud sich erst kurz bevor die Gäste kamen. Da hakten sich Mutter und Tochter in der Frage fest, was die passende Garderobe für das Grillfest an dem schönen Sommerabend sei. Annas arglos hingesagtes »Ich ziehe die Jeans an« machte ihre Mutter fassungslos: »Du willst doch nicht im Ernst Jeans zur Party anziehen!«

Tränen der Wut bei Anna, sie fügte sich. Keine Jeans. Verbissener Waffenstillstand am Geburtstagsabend.

Ein Geistlicher der NGK, Freund der Familie, hielt im kleinen Garten voller Geburtstagsgäste eine Ansprache über Annas Pflichten als Erwachsene, darüber, daß sie die wichtige Aufgabe gewählt habe, Kinder zu unterrichten und ins Leben zu führen. Und er scherzte zum Abschluß: »Aber tu uns bitte den Gefallen und schlepp uns nicht auch noch einen Engländer an.«

Außer Anna lachten alle.

Nach ihrem Abschluß in Potch wurde Anna flügge. Anfang 1977 nahm sie in einem Johannesburger Gemeindezentrum eine Stelle an, in Doornfontein, einer etwas verkommenen Gegend. Arme Leute wohnten dort, sie waren nicht weiß. Anna kam zum erstenmal in direkten Kontakt mit schwarzen Menschen. Bei ihrer Sozialarbeit lernte sie die Armut der Menschen dort kennen, ihre Familienprobleme, die denen in ihrem eigenen Viertel in Brakpan so sehr ähnelten.

»Die beiden Jahre in Doornfontein waren ungeheuer aufregend für mich. Ich kam mit Leuten zusammen, für die der Kontakt mit Schwarzen beruflich und privat völlig normal war. Ich sah, wie unbekümmert die alle im Umgang mit Schwarzen waren, die scherzten, diskutierten, saßen stundenlang zusammen, taten eben einfach alles, was sie auch mit Weißen taten. Und ich stand manchmal dabei und dachte, das kann doch nicht wahr sein, wo hab' ich denn die ganze Zeit gelebt?«

Schrittweise wagte sich Anna auf Neuland.

Heute lacht sie über ihren damals vermeintlichen Wagemut und nimmt den vor allem als Zeichen ihres abartigen Vorlebens.

»Stell dir bloß vor«, sagt sie, »einmal nahm ich ganz spontan ein süßes, schwarzes Kind auf den Arm und gab ihm einen Kuß. Und in dem Moment durchfuhr mich ein Schrecken, sämtliche Alarmglokken läuteten die große Mahnung: Was tust du da, Anna? Das ist Sünde! Ich merkte, was meine Erziehung mir angetan hatte.«

Selbst jetzt noch machen solche Erinnerungen Anna fassungslos. Sie stützt ihren Kopf in die Hand und denkt an die Anstrengungen, die es sie kostete, all die Mauern, die die Erwachsenen in ihr aufgerichtet hatten, niederzureißen. An die Wut, mit der sie gegen ihre Eltern kämpfte, die sie derart verklemmt, die ihr Leben so einfältig beschnitten hatten. Wie ihre muffige, engherzige Verstocktheit sie aufregte und wie sie sich gleichzeitig ihrer Eltern schämte.

Das Jahr eins nach Soweto, 1977, war kaum weniger dramatisch. Im September starb der Schwarzenführer Steve Biko an den Folgen von 26 Tagen Polizeifolter auf dem Boden einer Gefängniszelle in Pretoria. Der Justizminister Jimmy Kruger sagte: »Das läßt mich kalt.«

Einen Monat später belegte er 17 Organisationen und zwei englischsprachige Zeitungen mit dem Bann. Studenten- und Elterngruppen, Gemeindeorganisationen, der Verband Schwarzer Frauen, der Bund Schwarzer Eltern, einfach alles, was politische Überzeugungs- und Lebenskraft hatte, durfte sich nicht mehr versammeln, durfte nicht mehr diskutieren, hatte von der Bildfläche zu verschwinden.

Anna empfand die Ereignisse dieser Monate als gnadenlose Treibjagd, abgehalten mit einem Einsatz von Gewalt und offener Brutalität, die Anna denn doch nicht für möglich gehalten hätte in ihrem zivilisierten Land. Sie kam sich vor wie eine stumm staunende Zeugin epochaler Grausamkeit.

Und selbst Afrikaaner-Stammesmitglieder wurden bei diesem Großreinemachen nicht geschont. Den prominenten Apartheidgegner Dr. Beyers Naudé, Expfarrer der Nederduitse Gereformerde Kerk, traf der Bannstrahl. Das war nun ein Ereignis, das den labilen Familienfrieden durchpflügte. Denn Naudé war ein berühmter Sohn des Burentums.

Nicht nur die Regierung, auch Annas Eltern, ganz Inhaber des auf Strafe eingestellten Volksempfindens, machten mit Naudé kurzen Prozeß:

»Er ist ein Ketzer, ein Verräter, ein Anti-Christ, Werkzeug des Weltkommunismus, von Moskau gesteuert, er wird uns noch an die Russen verkaufen.« Damit lagen sie exakt auf der landesüblichen Linie echter Entrüstung, denn da hatte jemand Verrat begangen, nicht irgendeiner, sondern ein Apostel der Apartheid, ein Broederbonder, war treulos geworden. Vernichtend in einer Gesellschaft, wo Gruppen- und Familiensinn eines der höchsten Güter ist. Rechtsstaatliche Skrupel? In Gottes Namen fällt auf ihn die Strafe der Rechtlosigkeit, er hat seine Privilegien verwirkt. Denn er hatte gesagt, man dürfe die schwarzen Brüder nicht allein lassen in der Ungerechtigkeit der Apartheid. Er hatte von Rassismus gesprochen! Von der deformierten Afrikaaner-Gesellschaft! Die hatte er eine »Rassendiktatur« genannt, »beschämend und ekelhaft«!

»So was kann man doch nicht sagen, das geht ja gegen die Regierung«, war die feste Entgegnung von Annas Eltern.

Anna war die einzige in der Familie, die Beyers Naudé verteidigte.

Nach ihrem Abschluß in Potch hatte Anna sich mit zwei Frauen und vier Männern zu einer Kommune zusammengetan. Auch so ein Ausbruch. Die sieben mieteten sich ein Haus in Johannesburg und probierten – nein, nicht die freie Liebe, sondern einfach eine andere als die übliche Lebensform. Anna war sie bis dahin wesensfremd, selbst im als »Sündenbabel« verschrienen Johannesburg eine Rarität, gegen alle Konvention und Annas Eltern suspekt. Vor allem Annas Vater fiel es damals schwer, ihre neue Art zu leben zu akzeptieren. Aber sie kam ohnehin seltener heim, war beschäftigt, sich ihren neuen Alltag einzurichten, auf eigenen Füßen zu stehen, Möglichkeiten von schwarzweißem Miteinander auszuloten. Sie war mittendrin im Generationenkonflikt, nur hatte er viel mehr Schauplätze als in einem anderen Land der Welt.

Anna stand noch einiges bevor. Sie wollte weiterstudieren, das Lehrerdiplom machen. Also mußte sie mehr Geld verdienen, sparsamer leben. Ihre Lösung: Sie ging zurück nach Brakpan ins Elternhaus.

»1979 und 1980 waren meine schlimmsten Jahre«, sagt Anna über die Zeit mit ihren Eltern, »es ging dauernd um dieselben Sachen, nicht nur, wie ich mich anziehe, daß ich nicht mehr zur Kirche gehe, sondern auch um die politischen Fragen. Bei kleinen Nebenbemerkungen bin ich schon explodiert, wenn sie wieder mal dummes Zeug von sich gaben. Es war scheußlich, ausgerechnet da wieder von ihnen abhängig zu sein.«

Anna arbeitete in dieser Zeit mit ihrer Schwester auf eigene Faust. Die beiden nähten Taschen aus bunten Stoffen und verkauften sie an Kunstgewerbeläden und auf Märkten in Johannesburg. Das Geschäft lief gut, Anna konnte 1981 zur Witwatersrand-Universität nach Johannesburg gehen.

»Endlich«, sagt sie, »dort war ich wieder mit fortschrittlichen Leuten zusammen. Dort konnte ich diskutieren, dort hörte ich Meinungen, die mir guttaten, weil sie so menschlich waren. Da merkte ich allmählich, daß ich wieder wo hingehöre. All meine neuen Gedanken über Gott, über Politik, unsere Gesellschaft, meine Erziehung konnte ich da in Form bringen. Ich bekam das Gefühl für meine Richtung.«

Die Wits-Universität ist die größte in Johannesburg, hat englische Wurzeln und ist offen für alle. Mit Schwarzen im Hörsaal zu sitzen, draußen auf dem Rasen zu lagern, die Tische in der Mensa zu teilen – Anna lernte weiterhin Normalität im Umgang mit ihren Landsleuten.

Und 1981 bekam sie ihr Diplom.

Annas Start in den Lehrerinnenberuf 1982 entwickelte sich zum nächsten Akt einer Familientragödie. Sie kam heim mit der Nachricht, sie wolle nun an einer schwarzen Schule unterrichten. Ihre Mutter bekam einen Weinkrampf. Anna stand in einem Trommelfeuer von Bitten und Vorwürfen: »Sie warten nur darauf, uns zu überrennen, das weißt du doch. Die Regierung tut sowieso schon mehr für die Schwarzen als für uns. Anna! Deine eigenen Leute brauchen dich mehr als sie. Warum um Himmels willen willst du bloß in eine schwarze Schule gehen?« Anna fühlte sich hilflos, wütend, traurig. Und gab nach, auf ihre Weise: Sie nahm zwei Jobs an. Bald brachte sie ihren Eltern ein Foto aus der griechischen Schule, deren Kinder nach Regierungsdekret als weiß gelten. Anna stand inmitten ihrer ersten

Klasse, die sie in Afrikaans unterrichtete. Ihre Mutter rahmte das Foto und plazierte es im Schlafzimmer. »Jetzt bist du jemand«, sagte sie stolz.

Daneben arbeitete Anna in einer Schule für Mischlingskinder. Einmal brachte sie einen schwarzen Jungen nach dem Unterricht mit nach Hause, hatte gehofft, solch ein kleiner Schritt könnte in ihren Eltern etwas bewegen.

»Ich weiß nicht, ob der Kleine die eisige Atmosphäre bemerkt hat. Meine Eltern saßen im Wohnzimmer wie zwei Stöcke. Sie sagten nur ›hallo‹, standen nicht auf, gaben ihm nicht die Hand. Ich sagte ihm, er soll sich hinsetzen. Sie ignorierten ihn einfach. Ich hab' gemacht, daß wir wegkamen. Dabei sind meine Eltern sonst so gastfreundlich, glaub's mir.« Aber Anna glaubt ja längst nicht mehr an die Unteilbarkeit des Anstands.

Einmal nur hatte sie zaghafte Hoffnung ergriffen, daß bald alles anders sein würde in Südafrika. Das war 1985, kurz nachdem Staatspräsident P.W. Botha in 36 Gebieten den Ausnahmezustand hatte ausrufen lassen, eine neue Dosis Gewalt nach dem vermeintlich probaten Rezept des Dreinschlagens und -schießens, wo immer sich schwarzer Protest regte. Und nach der als Reform verkauften Einführung des Drei-Kammer-Parlaments, in dem fortan auch Inder und Farbige sitzen durften, flackerte erbitterter Protest auf in allen Townships, und nicht nur dort. Und nun war eine grundlegende Rede Bothas großartig angekündigt worden. Außenminister Pik Botha war der Herold, der sogar in den USA mit der zu erwartenden Rede des Staatspräsidenten hausieren ging. Weitreichende Reformen versprach er, einen radikalen Wandel, die entsetzliche Spirale der Gewalt zu stoppen, Südafrikas Rubikon sollte es werden, ein Sinneswandel, der nicht mehr rückgängig zu machen sein würde. Anna war nicht die einzige, die nach diesem dramatischen Vorprogramm aufgeregt die noch heute so genannte »Rubikon-Rede« Bothas erwartete, dieses Signal der Hoffnung. Die ganze Öffentlichkeit war in Aufregung. Und alles, was rauskam am 15. August, als internationale Fernsehteams sich zu Bothas Rede im Rathaussaal von Durban eingefunden hatten, war eine Mogelpackung. Botha benutzte wie gehabt seinen drohend erhobenen Zeigefinger, um die Welt zu warnen, »uns nicht so zu drängen«, er werde weiße Südafrikaner und andere Minderheiten nicht zur Abdankung und in den Selbstmord führen. Eine bodenlose Enttäuschung, vergebliches Hoffen, Alltag wie gehabt.

Fünf Jahre lang blieb Anna an der griechischen Schule. Und sie verdiente so viel Geld, daß sie auf Reisen gehen konnte. Nach Übersee! Die Grenzen Südafrikas hinter sich lassen. Nur weg von all den Verstrickungen. Ferien von der Apartheid. Aufatmen. In Griechenland, England, in der Türkei, den USA.

Aber überall holte die Heimat sie ein. Kein Urlaubsgeplänkel ohne die Frage: »Und wo kommst du her?« Bald fühlte sich Anna wie stigmatisiert:

»Wenn ich Südafrika sagte, ging bei den Leuten der Rolladen runter. Ich kam mir vor wie eine Aussätzige. Jeder machte mich verantwortlich für die Apartheid. Jeder kannte das Wort, und auch wer noch nie hier war, tat so, als wüßte er genauestens Bescheid. Das ging mir einfach auf die Nerven.«

In ihrem Mißmut darüber zog sie sich einmal aus der Affäre: »Es war in den Staaten. Mit einem Busfahrer hatte ich ein Gespräch angefangen. Als er mich fragte, wo ich herkomme, hab' ich nur einen Moment überlegt und dann gesagt ›aus Schweden‹. Zum Glück konnte er kein Schwedisch. Aber du fühlst dich beschissen, wenn du dein Vaterland verleugnest. Du fühlst dich beschissen, wenn du zu einem Land gehörst, auf das du nicht stolz sein kannst.«

Manchmal empfand Anna, als stürzten sich Leute geradezu genüßlich auf sie; sie beschimpften sie, wenn sie versuchte, die Verhältnisse in Südafrika zu erklären, zu relativieren. Aber durch ihre Hautfarbe war sie nun das Opfer.

So wurden ihre Reisen Wechselbäder zwischen herrlicher Unbekümmertheit, schönen Kontakten, Scham und Depression, wie in Los Angeles, wo sie in einem Viertel abgestiegen war, das sie ausgerechnet an die Tristesse von Brakpan erinnerte.

Zu Hause stellte Anna sich wieder zielstrebig den Mühen der Erkenntnis. 1988 bewarb sie sich am Lehrercollege in Soweto. Für ihre Eltern eine neue Unfaßbarkeit. Als Anna ihnen eröffnete, wo sie künftig arbeiten würde, beschworen sie sie, sich nicht in die Township zu wagen. Ihre Angst war echt, natürlich. Sie zählten auf, was ihr alles zustoßen werde, beraubt am hellichten Tag, entführt, mit einer Fahrradkette erschlagen! Es war wie die Schilderung eines Wildschutzgebietes, in dem die weißen von den wilden Tieren gefressen werden.

»An manchen Tagen kann es in Soweto wirklich kritisch werden für mich als Weiße, wenn sie ihre Gedenktage feiern zum Beispiel, dann liegt Spannung in der Luft, die Männer betrinken sich und machen dich an, klar. Aber sonst fühle ich mich sicher in Soweto.«

Anna hat sich gegen die Ängste der Eltern durchgesetzt. Und sich mit ihrer Entscheidung neue Konfrontationen aufgehalst.

Sie unterrichtete die schwarzen Studentinnen und Studenten zuerst in Afrikaans, heute in Englisch.

»Die Zeit ab 1988 wurde ein Streß für mich, wie ich es nie geglaubt hätte. Ich war an die Standards meiner weißen Schule und der weißen Uni in Johannesburg gewöhnt. Und jetzt kam ich an das schwarze College und sah, wie verheerend Bantu-Education sich auswirkt.«

Immer wieder neue Widersprüche des Systems.

»Manchmal fahre ich am weißen Johannesburg College of Education vorbei und denke daran, daß es halb leer steht, mit allem Luxus, den man sich für ein College nur wünschen kann. Und dann komme ich in unser College nach Soweto, zum Bersten voll, wo die Elektrizität nicht funktioniert, wo Fenster zerbrochen sind. Dabei sind unsere Studenten noch besser dran als die Schüler.«

Sie sind besser dran als die Schüler von Soweto, die immer noch in überfüllten Klassen sitzen, nicht einmal genug Bänke haben, geschweige denn andere Ausstattung, wie sie an weißen Schulen selbstverständlich ist.

1976 liegt 14 Jahre zurück.

Seit zwei Jahren bekam Anna nun Dinge aus nächster Nähe mit, vor denen das System sie immer abgeschirmt hatte. Es hielt die Opfer außer Sichtweite. Das heißt, ein Volk kann so tun, als sähe es die Opfer nicht, ein modernes Märchen von des Kaisers neuen Kleidern, ein dauerndes So-tun-als-Ob. Nie vorher hatte Anna soviel Kontakt mit den Opfern der Apartheid wie jetzt, wo sie erlebte, wie die Studenten sich abmühten. Sie hatten kaum Geld von zu Hause, sie hatten dort keinen Raum, in den sie sich zum Lernen zurückziehen konnten. In den winzigen Ziegelbaracken lebten fast immer mehrere Generationen miteinander, Vettern und Cousinen, die zwar eine Arbeit in Johannesburg, aber keinen Wohnraum gefunden hatten. Also krochen sie bei Verwandten unter, in 40-Quadratmeter-Häuschen.

»Erst sorgt die Regierung dafür, daß die Leute hier in solchen Verhältnissen leben müssen, und wenn sie kriminell werden, dann sagen sie, seht ihr, so sind die Schwarzen. Das ist ein Faß ohne Boden.«

Annas Eltern haben die Opfer der Apartheid bis heute nicht gesehen.

Anna schmerzt es noch heute, zu sehen, was die Studenten alles nicht haben: Die Regale in der Collegebücherei sind fast leer, für die rund 500 Studenten gibt es nur an die 400 Bücher. Es gibt keine Physiksäle, nicht genügend Unterrichtshilfen, nicht genügend Lehrer. Lehrer, die das College verlassen, werden nicht ersetzt, Reformen hin oder her.

Jedesmal, wenn es an die halbjährlichen Tests der Studenten geht, plagen Anna Gewissensbisse. Welche Noten soll sie geben? Bei Afrikaans konnte sie ja noch verstehen, daß die Studenten so viele Wissenslücken hatten. »Aber in Englisch? Die Qualität der Arbeiten ist verheerend, kann ja auch kaum besser sein, bei diesen Lernbedingungen. Und – was soll ich machen? Die Studenten durchkommen lassen, obwohl ihr Englisch unmöglich ist? Als die künftigen Lehrer würden sie lauter Fehler an Generationen von Schulkindern weitergeben. Soll ich ihnen das Okay verweigern und ihr Leben damit noch schwerer machen? Die Tage, an denen ich Prüfungsarbeiten benoten muß, sind immer furchtbar.«

Im College wurde Anna auch Zeugin der willkürlichen Verhaftungen von Kollegen und Studenten.

»Im letzten Jahr, 1989, kamen eines Morgens Polizisten und ließen ausrichten, ein Kollege sollte aufs Revier kommen, reine Formsache. Er ging hin, und erst vier Monate später haben wir ihn wiedergesehen, aber da stand er teilweise unter Hausarrest, nur weil er Mitglied in einer Lehrerorganisation war.« Anna kann die vielen Fälle gar nicht aufzählen. Ihre Erlebnisse führten dazu, daß sie die immer neu aufkeimende Wut der Studenten mehr und mehr versteht. Inzwischen ist sie zu ihrer eigenen ohnmächtigen Wut auf das weiße System geworden, das unzählige schwarze Hoffnungen zerstört.

»Die Polizei, dein Freund und Helfer?«, da kann Anna nicht mal lächeln, »sie sind Helfer der Eskalation. Gegen die schlimme Kriminalität in Soweto tun sie kaum was. Nur wenn einer sich politisch engagiert, sind sie ihm sofort auf den Fersen. Da leuchtet es doch ein, daß die Leute zur Selbsthilfe greifen, um die Straßen wieder sicher zu machen.« Ohne sie zu entschuldigen, versteht sie die Exzesse aufgeputschter Selbstjustiz, verzweifelte Ausbrüche von lebenslang Verfolgten, sinnloses Aufbäumen schon allein deshalb, weil es doch nur wieder in die Arrestzellen der verhaßten Polizei führt.

»Es ist ein Teufelskreis von Haß und Gewalt«, sagt Anna, die in den letzten beiden Jahren Einblick in viele Familientragödien bekam. Sie war noch nie so häufig auf Beerdigungen wie in dieser Zeit.

»Dabei sind unsere Studenten gar nicht politisch. Die meisten wollen nur ihren Abschluß machen, einen Job kriegen und in ein besseres Leben starten. Aber die Bespitzelungen, Verhaftungen, die Armut, die Bildungsmisere hier politisieren sie automatisch.«

Anna hat viele Mütter aus Soweto kennengelernt, brave Frauen mit zerfurchten, sorgenvollen Gesichtern, energiegeladene, mutige Frauen, die schimpfen und sich wehren. Allen ist gemeinsam, daß sie unermüdlich arbeiten für eine bessere Zukunft ihrer Kinder.

Soweto, hat Anna gelernt, bedeutet ein Leben reich an Gefahren, arm an Chancen. Ihre Eltern wollen davon immer noch nichts wissen.

Anna lebt heute mit Melanie in einem hübschen hellen Haus mit Garten in Johannesburg. Anna hat sich das Kabuff hergerichtet, in dem bei den Vormietern die Hausangestellte gewohnt hat. Ein Zimmer mit winziger Küche, Klo und Dusche ist nun ihr Reich. Vor dem Häuschen leuchten Blumenbeete. Melanie wohnt im großen Haus vorne.

Anfangs war für beide klar: Keine Haushaltshilfe! Aber wie läßt sich das durchhalten?

»Wir haben lange hin und her überlegt. Dauernd kommen Frauen an die Tür und betteln um Arbeit. Sie brauchen die Arbeit, um wenigstens ein bißchen für die Familie dazuzuverdienen. Also gut, wir haben uns entschlossen, eine Frau, die in einem Hinterhof der Nachbarschaft wohnt, drei Tage in der Woche am Nachmittag kommen zu lassen. Aber ich kann mich einfach nicht daran gewöhnen. Ich habe ihr gesagt, x-mal, sie soll meine Wäsche nicht waschen, aber sie tut es trotzdem, es ist ihr nicht auszureden. Also laß ich sie.«

Anna kommt nicht raus aus solchen Widersprüchen. Und zwischendurch kriegt ihre Haßliebe zur Heimat immer neue Nahrung.

Da ist die Geschichte mit Makeba, die sie mir eines Tages erzählt, deprimiert, sie weiß nicht mehr weiter. Makeba ist acht. Anna lernte ihn als Knirps in der Schule kennen.

»Makeba hat ein enormes Potential«, davon ist Anna überzeugt, »aber das kann er nur auf der höheren Schule nutzen.« Anna und Melanie haben das in die Hand genommen. Sie redeten mit Makebas Mutter, die als Hausangestellte mit ihm in einem Hinterhof des Viertels wohnt. Sie war damit einverstanden, daß Makeba in die höhere Schule geht und die beiden Frauen das Schulgeld zahlen.

Wunderbar, Makeba kriegt eine Chance, wo liegt das Problem? Es liegt darin, daß das Leben in Apartheid Country nicht so pragmatisch zu organisieren ist, wie Anna und Melanie glaubten.

»Makeba hatte gute Noten, er hatte Spaß an der Schule. Bis die Frauen im Umkreis neidisch wurden. Sie beschwerten sich bei Makebas Mutter, daß er nicht mal Zulu, seine Sprache, in der Schule lernt.« Die Eifersucht der Leute zog Kreise. Sie munkelten, eine Sangoma, eine schwarze Hexe, habe beklagt, Makeba werde seinem Volk entfremdet. Seine Mutter wird seitdem geschnitten wie nie, Makeba bemerkte schiefe Blicke auf der Straße. Und auch in der Schule wurde seine Lage schwierig. Nur wenige schwarze Kinder kommen in die teure Privatschule. Er ist mit weißen Kindern zusammen, deren Eltern für seine Verhältnisse steinreich sind. Diese Kinder haben was vorzuweisen, Makeba nicht. Also hilft er nach.

»Er erzählt, daß sein Vater einen BMW fährt, dabei hat der nicht mal einen Führerschein!« sagt Anna, die in einem Gespräch mit der Schulleitern davon erfahren hat.

Mit Makebas Noten geht es jetzt steil bergab. Zu Hause sitzt er schweigsam rum, die Stimmung seiner Mutter nähert sich der Panik. Die Geschichte mit der Sangoma macht ihr angst. Sie will Makeba aus der Schule nehmen. Das hat sie Anna und Melanie jetzt gesagt.

»So was kann mich zur Verzweiflung bringen«, sagt Anna, »ich sehe ein, daß die Schule für ihn eine Entfremdung bedeutet. Er steht zwischen zwei Kulturen. Aber da ist auch seine Begabung, und er hatte ja Spaß am Lernen. Das soll jetzt vorbei sein, nur weil eine Sangoma was gesagt hat? Das will mir nicht in den Kopf.«

Was in ihrer und Melanies Vorstellung ein kleiner Beitrag zu einem künftigen nichtrassistischen Südafrika sein sollte, ist vielleicht doch nicht mehr als ein unbedachter Eingriff in die ohnehin brüchige Ordnung städtischer Schwarzer. Oder? Was ist besser für den Jungen? Wie wirkt sich das Pendeln zwischen den Welten auf das Kind aus?

»Ich weiß nicht weiter«, seufzt Anna, »das macht mich krank. Es geht dauernd in meinem Kopf rum. Ich sehe jetzt erst, wieviel Verantwortung wir uns da aufgeladen haben. Es ist alles verdreht.«

Solche Situationen, für die es keine schnelle Lösung gibt, vielleicht überhaupt keine, machen Anna mürbe, müde. Sie zeigen ihr wieder mal, wie groß die zerstörerischen Kreise sind, die Apartheid gezogen hat.

Nicht mal solche menschlichen Probleme kann sie, wie das ganz früher möglich war, mit ihren Eltern besprechen.

Dabei ist die Bindung an sie wieder enger geworden. Mindestens einmal im Monat fährt Anna sie besuchen, obwohl sie weiß, daß sie damit immer wieder kleine Stiche riskiert. Kürzlich, sie war vorher mit einem schwarzen Kollegen kurz zu Besuch gewesen, las sie zufällig auf einer Postkarte, die der Vater an ihre ältere Schwester geschrieben hatte: »Anna treibt es auf die Spitze, jetzt haben wir die schwarze Invasion schon im Haus.«

Bei ihrem letzten Besuch ging es plötzlich um die Religion. Anna sagte, sie glaube nicht an Gott. Erst waren ihre Eltern sprachlos, dann brachten sie einige Einwände.

»Meine Mutter hatte Tränen in den Augen, so hat sie das mitgenommen.« So was rührt Anna. Sie weiß, daß sie ihren Eltern Kummer macht, und das macht ihr Kummer. Eine Lösung gibt es nicht. Südafrika – ein zerrissenes Land.

»Ich habe mich sozusagen entschlossen, meine Eltern trotzdem liebzuhaben, sie sind und bleiben eben meine Familie. Ich kann sie nicht hassen, kann ja nicht mal sagen, daß sie mich belogen haben.«

Und dann spricht Anna weise: »Sie geben auch nur weiter, was man ihnen eingegeben hat.« Aber das sagt sie so leise, daß zweifelhaft ist, ob sie die Weisheit wirklich akzeptieren kann.

Vielleicht ist es auch nur ein schwacher Versuch, in dieser ganzen Zerrissenheit wenigstens die Familie für sich zu retten.

Noch spät am Abend sitzen wir in Annas Zimmerchen, viele Zigarettenstummel liegen in ihrem Aschenbecher. Pinkie träumt in seinem Korb. Wir sind angelangt bei den Chancen, die Südafrika noch hat.

»Wenn sich Haltungen und Denkschablonen nicht ändern, dann kann auch die Politik nichts ausrichten«, prophezeit Anna, »in den Herzen müßte der Wandel eintreten. Und das sehe ich nicht. Daß neues Denken und Handeln so schwerfällt, das hätte ich nicht gedacht.«

Wir reden über Mehrheitsverhältnisse.

Anna bringt Beispiele: »Wenn ich jetzt ein Klassentreffen mit meiner Mädchenklasse hätte, ich wette, ich fände nicht zwei, die so denken wie ich.«

Und die ganz Jungen?

Anna denkt kurz an ihre siebzehnjährige Nichte: »Die hat nur die neueste Trendfrisur im Kopf und Popmusik und sonst keine nennenswerten Sorgen. Versöhnung zwischen Schwarz und Weiß, das interessiert sie nicht.«

Desinteresse ist wohl noch das Harmloseste. Einmal im Jahr machen die Kinder von Afrikaaner-Schulen ein Wochencamp auf dem Land mit, die Veldskool. Niemand muß, aber es ist ratsam, das machen Lehrer und Schulleiter deutlich. Öffentlichkeit hat zu diesen Veranstaltungen keinen Zutritt, aber Schüler berichteten kürzlich in der Presse von der harten Schule bei den »Ooms«, den Betreuern, die sie zwiebeln bis zur Erschöpfung, mit sportlichem Training, Nachtwachen, Belehrungen, Gruppendruck. »Das Kind soll die Bedrohung, in der Südafrika steht, verstehen lernen«, heißt es in dem Programm zur Veldskool, »sie ist eine körperliche Herausforderung und soll über die Wunder der biblischen Schöpfung informieren.« Ohrenschmerzen, Bauchweh, Schnupfen sind Wehleidigkeiten und werden vom Oom ignoriert. Desgleichen die neumodischen Tendenzen zur Versöhnung. »Sie sagen nicht, daß sie Schwarze hassen, aber sie zeigen es dauernd, indem sie abfällige Bemerkungen über sie machen.«

Wir sprechen über die neue Generation, mit der doch sicher alles anders werden wird. Anna schüttelt den Kopf. »Eine Minderheit. Im letzten Jahr sind Studenten von Stellenbosch zum ANC nach Lusaka gefahren, als er hier noch verboten war. Es war nur eine kleine Gruppe, und schon ging ein Aufschrei durch die Afrikaaner-Öffentlichkeit, als hätten sie Landesverrat begangen.«

Und am College in Soweto, entsteht da nicht ein neuer Geist im persönlichen Umgang, Selbstbewußtsein und Lockerheit?

»Von wegen. Wir haben vor kurzem in der Klasse ein Spiel gemacht, wer möchte sich mit wem am liebsten verabreden? Da kamen Pop-Stars dran, Schriftsteller, Politiker, also alles Namen, die nichts mit dem Privatleben zu tun haben. Und ein Student sagte, er möchte sich mit mir verabreden. Das war ein Lacherfolg, ja, er hat sich mit dieser Phantasie lächerlich gemacht. Ich weiß von anderen Gesprächen, daß in der Oberschicht oder bei den ausgeflippten Typen, die in Johannesburg in Hillbrow wohnen, die Jungen sich vorstellen können, mit einem weißen Mann oder einer weißen Frau eine Beziehung zu haben. Die suchen das sogar noch als Statussymbol, und sie finden es auch. Aber in der Mittelschicht, bei denen, die hart kämpfen müssen, um hochzukommen, die aus brav-konservativer Familie kommen, bei denen ist es glatt unvorstellbar. Die würden es nicht wagen, auf Weiße zuzugehen. Deshalb ist der Student in meiner Klasse ausgelacht worden, es war zu absurd, was er gesagt hatte. Und das, obwohl die Gesetze abgeschafft sind, die sexuelle Beziehungen zwischen Schwarz und Weiß verboten haben.«

Wie wäre es mit privatem Brückenbau? Hat Anna schwarze Freunde?

»Fast keine«, sagt sie, »ich hätte gerne welche, aber es ist doch blöd, mir Freunde auszusuchen, nur weil sie schwarz sind. So was muß sich ergeben. Und da wir in einem weißen Viertel leben, habe ich keine Gelegenheit, schwarze Freunde zu finden. Du siehst, wie gut das mit dem getrennten Wohnen funktioniert. Mein ganzer sozialer Radius ist weiß. Wo soll ich da schwarze Freunde kennenlernen? Es gibt Leute im Lehrerkollegium, die ich sehr sympathisch finde, Maggie zum Beispiel. Aber wo wohnt sie? In einer Township auf der anderen Seite, von mir rund 50 Kilometer weit weg. Weißt du, wie anstrengend das wäre, sich auf die Entfernung zu besuchen, Kontakt zu halten? Und die Schwarzen verkehren auch nur untereinander, weil sie eben beieinander wohnen. Wenn sie mich besuchen wollte, bräuchte sie ein Auto. Sie hat keins. Mit Bus oder Taxi wäre sie ewig unterwegs. Wie sollen da Freundschaften entstehen? Mal ganz abgesehen davon, daß in meinem Kollegium auch viele Schwarze sind, die sehr konservative Ansichten haben, also gar keinen privaten, freundschaftlichen Kontakt mit mir haben wollten.«

Es ist ein entmutigender Automatismus monströsen Ausmaßes, und die Politiker können frohlocken: Apartheid funktioniert hervorragend. Die normative Kraft des Faktischen.

»Und selbst wenn durch ein Wunder morgen alle, alle Apartheidgesetze abgeschafft würden«, sagt Anna, »wir blieben abseits voneinander. Apartheid ist zwar gescheitert, aber sie ist effektiv. Das läßt sich nicht einfach wieder umkrempeln.«

Anna fühlt sich oft alleine, entfremdet ihren eigenen Kreisen und nicht integriert in andere Kreise. Sie pendelt zwischen den unversöhnlichen Welten.

»Irgendwie habe ich keinen Freundeskreis, wo Leute so denken wie ich. Das müßte ich mir vielleicht aufbauen. Ich fühle mich einfach verloren, in meiner Familie und auch hier in der Stadt.«

Die Familie hat sich mit Annas Kapriolen abgefunden, vordergründig vielleicht, hoffend, daß sie eines Tages wieder vernünftig sein wird. Ach Anna, du Störenfried, du Spielverderberin, Familienschreck, wie bist du aus der Art geschlagen, möge Gott das Schlimmste verhüten.

Das Schlimmste – das wäre längst nicht mehr der Engländer, den sie anschleppen könnte. Kann Anna sich vorstellen, eine Beziehung zu einem Schwarzen zu haben?

»Aber ja«, da muß sie nicht mal zögern, »für meine Eltern wäre es schrecklich. Aber ich kann es mir vorstellen. Ich habe nur noch keinen getroffen, bei dem es gefunkt hat.«

Einen Weißen hat sie aber auch schon lange nicht mehr getroffen. »Afrikaaner in meinem Alter sind noch eher Chauvinisten als Frauen. Nein, mit so jemandem kann ich nichts mehr anfangen. Da bin ich für alle Zeit verdorben.«

Wenig später hat Anna für mich eine Einladung bei »real Afrikaaners« arrangiert, Leuten unseres Alters. Der Gastgeber ist Bruder einer Klassenfreundin, von der sie heute alles trennt. Wie vielen Afrikaanern liegt ihm sehr daran, der fremden Besucherin Südafrikas positive Seiten zu zeigen, die sprichwörtliche südafrikanische Gastfreundschaft zum Beispiel.

Wir gehen zu Biltong, Braaivleis und Bobotie in eine hübsche Wohnung in Pretoria. Zwei junge Paare sind außer uns dazugeladen. Es soll ein schöner Abend werden, »ohne Politik«, lächelt der Gastgeber.

Er zeigt mir die Wohnung und erklärt dabei stolz die Buschmann-Waffen in der Ecke: Speere mit kunstvoll geschliffenen Spitzen aus Metall, Messer, kleine Waffen, Accessoires von schwarzen Kriegern allesamt. Woher er die hat? Er lacht: »Aus Angola, ich war dort als Soldat, mit einer Einheit von Fallschirmspringern, Reisender ohne Paß, du weißt schon.«

Er ist wirklich begeistert von der zweckmäßigen Schönheit der Geräte, weist mich mit Kennerschaft auf die Feinheiten der Bearbeitung hin. »Ich weiß, die Kaffern sind ungebildet, aber für diese Arbeit respektiere ich sie. Ich könnte das nicht so gut, das muß man ihnen lassen.«

Die Leute sind nett, Aufsteiger in die obere Mittelklasse, Studierte. Der Zahnarzt beklagt sich über das schlechte Image Südafrikas in der Welt, das systematisch verzerrt werde von Leuten, die keine Ahnung haben, noch nie im Land waren.

»Dadurch sind wir übersensibilisiert, was die Schwarzen betrifft«, pflichtet seine Frau ihm bei, eine hübsche Blondine mit harten braunen Augen und kleinem Mund. »Wir rühren die Schwarzen nicht mal an, aus lauter Angst, im Ausland heißt es gleich wieder, Südafrika schießt auf Schwarze. Wir lassen sie gewähren in allem Unsinn, nur damit man uns endlich akzeptiert.«

Die Frau ist Lehrerin und meint das ernst.

Die Runde ist sich einig: »Die Schwarzen haben heute sogar mehr Rechte als wir. Dadurch müssen sie sich weniger mit Behörden rumschlagen als wir Weißen. Aber sie beschweren sich dauernd, wegen nichts«, sagt die Psychologin.

»Wir haben für dieses Land gekämpft«, erklärt der Arzt gegenüber, »es ist unser Land. Wir haben mit unserem Blut um die Freiheit gekämpft, in den Kriegen gegen die Schwarzen und gegen die Engländer, wir haben Opfer gebracht. Es gehört uns, und wir sind stolz auf unser Land.« Er wendet sich an die anderen: »Hey, wie stolz ich bin, merke ich jedesmal, wenn ich ›Die Stem‹ höre, dann kriege ich immer Tränen in die Augen. Ja, ich liebe Südafrika, und ich bin stolz drauf.«

Den anderen geht's genauso. Um so bitterer, daß die Welt gegen sie ist.

»Als ich in den Staaten war«, sagt der Zahnarzt, »haben so viele Leute mich angegriffen, wenn sie hörten, daß ich Südafrikaner bin. Dauernd wurde ich auf Mandela angesprochen, wie brutal es ist, daß wir ihn immer noch im Gefängnis halten. Da habe ich ihnen erklärt, daß Mandela selbst gar nicht raus will. Ja! Du konntest es in den englischen Zeitungen lesen vor ein paar Jahren, die Schlagzeile lautete, ›Mandela weist die Freiheit zurück‹. Ich habe ihnen erklärt, daß er eine Marionette ist, daß seine eigenen Leute ihn erschießen würden, wenn er rauskäme. Denn er war immer gegen Gewalt, und das mögen seine Leute nicht. Und dann hat er einige seiner Kameraden verpfiffen, als er angeklagt war, um sich vor der Todesstrafe zu retten, durch Kooperation mit unserer Sicherheitspolizei. Das weiß der ANC, der nutzt bloß noch seine Publicity aus, die ist ideal für seine Propaganda gegen unsere Regierung. Aber sobald Mandela freikommt, ist er ein toter Mann. Das weiß er. Deshalb hat er sich bisher geweigert, entlassen zu werden. Er könnte ja gehen, jederzeit, wenn er nur wollte, er ist ein freier Mann. Er könnte mitten in Kapstadt einkaufen gehen, aber er hat Angst vor seinen eigenen Leuten und braucht unseren Schutz. Deshalb bleibt er lieber im Knast.«

Wieder pflichtet seine Frau ihm bei. Auch für sie waren die Overseas-Besuche ein unangenehmer Trip durch Feindesland.

»Ich habe den Leuten gesagt, daß jedes Land seine Rechtsprechung gegen Hochverräter hat. Was würde in eurem Land mit jemandem passieren, der Hochverrat begangen hat? Der würde verurteilt, na seht ihr. Und nichts anderes war die Sache mit Mandela. Er hat Hochverrat begangen und ist verurteilt worden, in einem ordentlichen Gerichtsverfahren. Also warum macht ihr so ein Theater?«

Wie ist das denn mit den Jungen heute, frage ich die Lehrerin, die an einer Afrikaaner-Mittelschule arbeitet. Was denken die über die Schwarzen?

»Du müßtest mal hören, wie die Jungen in unserer Schule über sie reden, sie hassen die Schwarzen, sie hassen sie. Sie sehen eben, daß ihre Kultur anders ist als unsere. Sie wissen, daß wir nie zusammenkommen können, niemals! Da gibt es keine Brücke. Wir bräuchten 1000 Jahre, um sie zu erziehen. Und wenn erst Schwarze in der Regierung wären – das wäre der Anfang vom Ende und gäbe ein Blutbad. Die akzeptieren sich gegenseitig nicht einmal, und wir würden sie auch nicht akzeptieren. Deshalb dürfen sie keine politischen Rechte bekommen. Das wissen die Jungen, obwohl sie noch in der Schule sind.« Das weiß auch die Lehrerin, die solche Einstellungen mit sichtlicher Zufriedenheit zitiert.

Nicht auszudenken, was wäre, wenn Schwarz und Weiß gemeinsame Wohngebiete hätten! »Sie haben doch einen ganz anderen Lebensstil als wir, du solltest mal riechen, was sie kochen, ganz komisch. – Wart ihr mal bei Schwarzen zu Hause, in der Township? – Nein, aber das ist doch bekannt, daß sie komische Sachen essen. Die vertragen Fleisch, das längst verdorben ist, die haben andere Mägen als wir. Und wo Schwarze sind, da sind Kakerlaken. Ach Mann, mit Schwarzen als Nachbarn, da würden wir schnell in Kackstraat landen.«

Gibt es keine Anzeichen von schlechtem Gewissen, vom Gefühl, es läuft was falsch im Land? »Nein, nie, weshalb auch?« Sie wissen, es gibt reiche Leute, und es gibt arme Leute; überall in der Welt ist das so. Und ihre Eltern haben schließlich gearbeitet für das, was sie besitzen. »Ich mußte ja auch lange studieren, um jetzt als Lehrerin mehr zu verdienen als unser Hausmädchen. Das ist doch nur gerecht.«

»In welche Zukunft gehen die nächsten Generationen, egal ob weiß oder schwarz, wenn wir das Rad nicht zum Halten bringen?« wird Anna hinterher resümieren.

Den Eifer nationaler Selbstverteidigung mäßigt der Gastgeber und bittet, doch nicht mit »der schmutzigen Politik« die Harmonie des Abends zu stören. Und er gibt einen echt südafrikanischen Witz zum besten, den mit den vier Babys:

»Das deutsche Baby springt auf, schlägt die Hacken zusammen und schreit ›Heil Hitler!‹. Das jüdische Baby verkriecht sich und scheißt vor Angst den Boden voll, und das südafrikanische Baby (weiß) befiehlt dem schwarzen Baby ›Los, wisch das weg!‹.«

Der fröhliche Abend hat uns wieder.

Anna, wie sieht die Zukunft aus?

»Du hast 1989 die Wahlreden von de Klerk gehört«, sagt Anna. Er sprach von Gruppenrechten, die nicht angetastet werden dürften.

Weil es auch unter seiner Regierung dabei bleibt, daß in Südafrika »jeder den ihm gebührenden Platz« einnehmen wird, nach der Hautfarbe bemessen und gesetzlich eingeengt?

»Inzwischen sagt er zwar, das seien die letzten weißen Wahlen gewesen, aber was heißt das schon? Ich fürchte, de Klerk will nur Zeit schinden, den größten Dampf ablassen, um möglichst viel von der Apartheid zu retten. Daß Mandela draußen ist und die Opposition nicht mehr verboten, das ist großartig. Aber gleiches Wahlrecht für alle haben wir immer noch nicht.«

Anna erinnert sich an ein Sprichwort, das besagt, man ändert bestimmte Dinge, damit alles beim alten bleiben kann. Vielleicht will de Klerk die marode Firma Südafrika nur aufmöbeln, damit sie wieder mehr vom Ausland gesponsert wird.

»De Klerk sagt, daß wir die Macht teilen müssen, aber mir klingt das, als wollte er Macht teilen, ohne Macht aufzugeben. An die Macht klammern sich die Weißen immer noch. Er redet von Reformen, aber die Weißen wollen nach wie vor das Sagen haben. Das geht nie zusammen!«

Was beim alten geblieben ist, sieht sie am College. Miserabel geht es zu wie immer, schlimmer noch: Zwei Kolleginnen sind gegangen und wurden nicht ersetzt. Wir treffen uns an einem Maiwochenende 1990. Gerade haben die Lehrer in Soweto ihren sechswöchigen Streik beendet.

»Da siehst du, wie gut meine Sozialisation funktioniert, ich bin immer noch eine Kalvinistin durch und durch«, sagt Anna. »Es war schrecklich für mich, im College zu sein und nicht zu arbeiten. Ich bin eben ein Kind dieser Gesellschaft, in der Streiken für Schwarze so lange illegal war. Ich hatte noch nie was mit einem Streik zu tun, und jetzt war ich mittendrin.«

Die Lehrer forderten bessere Arbeitsbedingungen in den schwarzen Schulen. Die Kollegen kamen täglich im College zusammen, diskutierten. Anna kann nicht umhin, diese Wochen als vertane Zeit abzuhaken. Ungewiß, ob das College jetzt wirklich mehr Geld bekommen wird.

Überhaupt – Annas zaghafte Hoffnung findet bei weitem nicht genug Nahrung. Die Schritte gesellschaftlicher Veränderung gehen für sie mit aufreizender Langsamkeit voran. Als die Gewalttätigkeiten von der Provinz Natal auch noch auf Soweto übergreifen, ist sie ratloser denn je, konfrontiert auch mit starken Sprüchen ihrer Studenten, die sich in die Gewalt einklinken wollen, durch Gegenwehr. Und alle Welt hofft auf Mandela, den alten Helden, der jetzt auch noch Spagat versuchen soll.

Zu groß, fürchtet Anna, ist zudem auf weißer Seite noch immer der Einfluß vom engstirnig ausgelegten Wort Gottes. Noch immer betrachten sich die Buren als tiefreligiöses Volk, und die Kirche tut nicht genug für die Abschaffung der Apartheid.

»Lippenbekenntnisse auf großen Kirchentreffen sind nicht genug, im Kleingedruckten liest du dann, daß sie Apartheid nur etwas ummodeln wollen, ›positive Apartheid‹ heißt das dann«, sagt Anna.

Wie sehr das burische Gottesgnadentum im Alltag verwurzelt ist, das vermitteln mir Annas Verwandte Monate später. Sie leben an der Südküste, eine gute Autostunde östlich von Kapstadt. Annas Ferien geben die Chance eines Kennenlernens.

Schon die Fahrt ist herrlich. Rechts der Straße begleitet uns der weiße Strand, Lachen und Übermut und Sonnenhunger und Freizeitgenuß tummeln sich überall. Junge Leute mit Surfbrettern huckepack oder der Badetasche im Arm latschen zum Wasser, zu Sonnenschirmen und Luftmatratzen. Hübsche Mädchen lassen ihr Blondhaar flattern im flotten Kabrio. Die Strände sind offen für alle, Mandela ist frei, der Ausnahmezustand aufgehoben, die verlorenen Söhne und Töchter kommen aus dem Ausland zurück, was will man mehr? Südafrika ist ein wunderbares Land...

»Ich kann es nur schwer mit ihnen aushalten«, sagt Anna auf der Fahrt, »ich versuche ja, meinen Mund zu halten, aber das schaffe ich nicht immer. Deswegen bin ich sehr selten bei ihnen, immer nur für ein paar Tage. Sie gehören eben zu meiner Familie, und sie sind ja nette Leute. Du wirst selber sehen, es sind typische Afrikaaner, Super-afrikaaner. Am liebsten wäre ihnen, wenn sich hier überhaupt nichts ändert.«

Das Cottage der Tante liegt inmitten grasbewachsener Dünen. Schwimmbadblau gestrichenes Wellblech schützt das Holz gegen die Feuchte des Meeres. Etwas schief duckt sich das Häuschen in die Dünen. Unscheinbar wirkt es von außen, es hat fast 100 Jahre auf dem Buckel.

Drinnen ist man gleich in der großen Küche. Jetzt, am Mittag, steht eine alte Köchin konzentriert am Herd, sie kocht für die ganze Gesell-schaft. 18 Leute werden wir sein. Meira heißt die Köchin, sie ist 64 und in Diensten der Familie seit ihrem 17. Lebensjahr. Sie trägt ein Kopftuch, es läßt nur den Ansatz ihres grauen Haares sehen. Hellblau leuchten ihre Augen in dem faltenreichen Gesicht, ihre wie gegerbte alte Haut ist von schönem, glänzendem Dunkelbraun. Ihr Mund ist eingefallen, kaum einen Zahn hat ihr das Leben gelassen. Meira ist rundlich und trägt eine vom vielen Waschen verblaßte Kittel-schürze.

Ihr rechtes Schienbein ist mit einem Verband älteren Datums umwik-kelt. Meira ist Farbige, spricht nur Afrikaans. Sie wohnt mit Tochter und Enkelkindern dort, wo die Straßen der Farbigen sind, außerhalb des kleinen Ortes.

Während Meira in der Küche schafft, atmen wir tief durch im schlicht-rustikalen Wohnzimmer mit Riesenfenster zum Meer. Auf-geräumte Stimmung. Konversation. Die Doppeltür zum Strand ist offen, einige genießen auf der »stoep«, der Veranda, laue Brise, Meer und blauen Himmel. Ein Tag zum Weltvergessen. »Lekker lewe«.

Das Cottage hat vier Schlafzimmer; Dusche, Klo und Bad wurden irgendwann eingebaut. Die Decken sind niedrig, viel dunkles Holz überall, schmucklose Schränke und Anrichten. Einfach das Ganze, herrlich für die Sommerfrische.

Die Verwandtschaft parliert. Die Gedanken gehen zu den letzten und künftigen Ferien, zu überstandenen und künftigen Kränklichkeiten. Harmlosigkeiten. Lächeln fällt leicht. Gibt es Probleme irgendwo? Hier nicht.

Meira erscheint mit dem Essen wie bestellt gegen drei. Es dampft aus vielen Schüsseln, Salate sind appetitlich angerichtet. Es schmeckt her-vorragend. Im Nu ist das Büfett leergeräumt. Meira ißt in der Küche.

Nach dem Abwasch, bei dem die Frauen helfen, fahren wir sie heim zu ihrem Häuschen.

Anna zeigt mir den kleinen Ort, idyllisch über dem Meer gelegen, in properem Outfit. Die kleinen Villen neueren Datums haben gepflegte Vorgärten, eingezäunt oder säuberlich abgesteckt, die Straßen sind sauber wie geleckt, leer am Sonntagnachmittag. Puppenstube. Auf manchem Hausdach oder an der Eingangstür weht eine kleine Fahne, die südafrikanische Nationalflagge, Signal von Landnahme und Besitz, Selbstbewußtsein.

Südafrika ist ein weißes Land.

»Das ist ein richtiges Afrikaanerdorp«, sagt Anna, »hier liest keiner eine englischsprachige Zeitung, da kannst du sicher sein. Hier lesen sie nur ›Beeldt‹ und ›Die Burger‹. Für diese Leute ist immer noch die Kirche das Zentrum des Denkens. Jeden Sonntag.«

Es ist einer jener Orte, an denen Anna immer von akutem Unbehagen befallen wird.

»Dabei sind das alles hier wirklich nette Menschen, aber nur, solange du weiß und auf ihrer Seite bist. Retten, was wir haben, das ist ihr Streben, sonst nichts. Die sind über die alte Siedlermentalität noch nicht hinausgekommen.«

Schweigend rollen wir durch das adrette, verschlafene Örtchen. Und auf dem Rückweg platzt Anna heraus mit dem, was sie jedesmal aufs neue so erzürnt und was sie mir eigentlich nicht sagen wollte, weil es so lächerlich ist: »Meira darf unsere Toilette nicht benutzen. Für sie gibt es ein separates Klo, nur für sie.«

Ich schaue es mir an. Außen in der Hauswand ist die Tür zu dem winzigen Geviert. Kaum mehr als einen Quadratmeter hat Meira für ihre Bedürfnisse zur Verfügung. Das Klobecken hat dort gerade Platz, die Papierrolle liegt auf der rückwärtigen Wasserschüssel, ein Waschbecken fehlt. Ein Handtuch auch. Für Gerümpel aber reicht die Enge noch. Die beiden Ecken links und rechts werden genutzt als Abstellplatz für verrostetes Gartengerät, alte Leisten, drei Spaten, eine Harke, eine Heckenschere, rund ums Klo verstaut. Daneben steht ein verstaubter, angerissener Papiersack mit Kunstdünger, alte Farbtöpfe. Ich bin an Meiras Stelle: Wenn sie die Tür schließt und auf dem Klo sitzt, kann sie mit der Stirn die Türe berühren. Sie sitzt im Dunkeln, das Klo hat weder Fenster noch Licht.

Wir verbringen mit der Tante einen freundlichen, stillen Abend. Eine kleine schmale Frau, die Gastfreundschaft in Person. Mir zuliebe kramt sie deutsche Wörter aus ihrer Erinnerung und lacht verschmitzt. Sie ist Anfang 60, Krankenschwester in einem Heim für blinde Kinder.

Das Gespräch erreicht die bevorstehende Renovierung der Hütte. Anna wagt einen Vorstoß: »Was ist denn mit Meiras Klo?«

»Wieso?«

»Ihr könntet doch Meiras Toilette zur Dusche dazuschlagen, die wäre dann größer, und Meira könnte unsere Toilette mitbenutzen.«

Die Tante ist sprachlos. Schaut mich an, schaut Anna an. Ist sie sicher, daß sie richtig gehört hat? Ihre warme Freundlichkeit ist unterm Kälteschock vergangen: »Oh, hör bloß auf damit«, sagt sie, und als Anna fortfährt, schneidet sie ihr kurz das Wort ab: »Nie niet – niemals, nie im Leben.« Sie ist aufgeregt. Anna spricht weiter, will auf die praktische Seite raus. Da hält die Tante sich beide Ohren zu: »Nie!« und verschwindet in ihrem Schlafzimmer. Wir sind betreten.

Vor dem Einschlafen redet sich Anna Spannung von der Seele. Nicht alle Nebenbemerkungen der Tante kann sie ignorieren. Bei jedem Besuch kommt es in der Regel einmal zur Eruption. Im letzten Jahr war es in den Weihnachtsferien am Geloofde Dag. Da fragte die Tante am Abend vorher: »Was machst du morgen? Gehst du mit uns zur Kirche?«

»Nein, weshalb?«

»Hey, es ist der Tag unserer Vorfahren. Die haben das Gelöbnis abgegeben, und das müssen wir einhalten.«

»Was für ein Gelöbnis? Mich betrifft dieses Gelöbnis nicht. Sie haben das nicht in meinem Namen gemacht. Und schon gar nicht gehe ich für sie in die Kirche, diese falschen Helden!«

Anna kennt ja schon Tantes Empörung. Wieder hielt sie sich die Ohren zu, als sie merkte, wo Annas Sätze hinführten, schimpfend verschwand sie.

»Kannst du dir vorstellen, daß mich so was fertigmacht, zu sehen, daß sie nichts wahrhaben wollen? Sie hören nur, was in ihr Weltbild paßt, bei allem anderen halten sie sich die Ohren zu.«

Noch einige Zeit dreht sich unser Gespräch um solche und ähnliche Reaktionen im modernen Südafrika und um Annas Unfähigkeit, ihren missionarischen Eifer zu bremsen. Friedfertigkeit hat's schwer in Südafrika.

»Beispiele gibt's genug«, sagt Anna, »letzte Woche, ein Polizist, eigentlich ein sachter Typ, kam gerade zu einem Verkehrsunfall. Ich stand direkt neben dem Schwarzen, der auf der Straße lag und sich nicht regte. Da sagte der Typ doch glatt, und alle konnten es hören, ›am liebsten würde ich ihm eine Kugel geben, aber die wäre zu schade für ihn‹.«

Keine Tirade ließen die Umstehenden auf den Polizisten niedergehen, auch Anna nicht.

Oder da ist der Hausmeister, der ihrer Freundin schwarze Besuche verbot. »Das ist hier ein weißes Haus«, hatte er ihr mitgeteilt, ganz sachlich, »wenn ich noch einmal einen Schwarzen hier sehe, dann werde ich ihn eigenhändig rausschmeißen. Wenn Ihnen das nicht recht ist, müssen Sie ausziehen.« Er begründete ihr in eindringlicher Ruhe, wie einem uneinsichtigen Kind, warum es sein muß, daß Schwarz und Weiß sich voneinander fernhalten. Und das mitten im modernen Johannesburg.

Was ist mit der Freundin aus England, die in einem großen Wohnblock in Central Johannesburg wohnt? Sie hat Angst, wann immer ihr indischer Freund sie besucht, er könnte gesehen und angepöbelt werden. Kürzlich begegnete sie dem grimmig blickenden blonden Hünen aus dem Haus, als er in Turnhose und Badelatschen aus dem Lift kam und einen Revolver im Hosenbund trug. Harmlos?

Oder was ist mit dem Boykott einer Afrikaanerschule in Pretoria im letzten Jahr, die sich nicht an einem Sportwettbewerb beteiligte, weil eine offene Schule mit schwarzen Kindern teilnahm?

Oder da ist eine Kollegin, geschieden, ein Kind, die in ihrem neu gemieteten Haus regelmäßig Besuch von ihrem farbigen Freund bekam, weiter war nichts. Und doch stand die adrette Nachbarin eines Tages vor der Tür und beschwerte sich darüber, sehr diskret.

Oder der nette Sportstyp mit Outback-Ausrüstung, der sie letzte Woche als Anhalterin mit dem Jeep mitgenommen hat und beim Reden über Kriminalität sagte: Die Schwarzen stechen sofort zu, die legen sich gegenseitig um. Aber das ist nicht schlimm, es gibt ja genug von ihnen.

»Brauchst du noch mehr Beispiele dafür, welche Abgründe sich hier auftun? Die Weißen können einfach nicht aufhören, sich für besser zu halten.«

Wir reden über Zivilcourage, über Annas Untauglichkeit, eine Wortheldin zu sein, über ihr nagendes Gefühl des Versagens. Wo fängt Bequemlichkeit an?

»Ich war nicht fähig, den Polizisten anzuschreien«, sagt sie und schüttelt über sich selbst den Kopf, »ich kann so was nicht und finde mich beschissen deswegen, feige. Warum bin ich keine politische Aktivistin, wenn mich die Verhältnisse hier ankotzen?«

Anna ist eben keine Jeanne d'Arc. Annas Front ist vorerst die Schule, ist das Elternhaus, ist ihr Privatleben, ist sie selbst. Und das alles zehrt schon genügend an ihr, denn noch hat ihr kaum ein Vorstoß je Terraingewinn gebracht. Der Sieg, fürchtet Anna, ist immer bei den anderen, aufs Ganze gesehen.

»Die Schizophrenie ist ja«, sagt Anna und kommt auf die blöde Klofrage zurück, »meine Tante ekelt sich bei der Vorstellung, Meira könnte auf ihrer Klobrille sitzen. Aber daß Meira ihr Essen kocht, davor ekelt sie sich nicht, auch wenn Meira vom Klo kommt, ohne daß sie sich die Hände waschen kann. Ach, das Ganze ist zu absurd, allein daß wir uns über so was den Kopf zerbrechen müssen.«

Aber solche Absurditäten sind es, die Anna immer wieder in eine seelische Talsohle manövrieren, das sind regelrechte Schübe nölender Unlust, die zu nichts führt, außer vielleicht zu einer stundenlangen Depression.

»Und das ist mein Land!« seufzt sie. »Am liebsten möchte ich Geld haben und einfach abhauen. Alles ist so kompliziert hier. Wenn ich da noch an Europa denke, da hatte ich meinen Kopf frei für andere Sachen. Hier dreht sich alles um die Scheißapartheid!«

Anna ist es so satt, dieses Land, wie es beim täglichen Ehefrust mit einem ungeliebten Mann nicht schlimmer sein könnte.

Und trotzdem will Anna ja gar nicht raus aus dieser kaputten Beziehung. Im gleichen Atemzug sagt sie: »Ich liebe mein Land, ja, ich liebe es, gerade weil es so viele verschiedene Menschen hat. Das finde ich doch nirgendwo auf der Welt. Das ist ein immenser Reichtum. Ich genieße das so sehr, wenn ich durch Johannesburg gehe und allein die vielen verschiedenen Sprachen höre, die ich gar nicht mal kenne. In den 300 Jahren unserer Geschichte haben wir so viele Gemeinsamkeiten entwickelt. Wir könnten noch viel voneinander lernen, die Kulturen könnten offen sein, das wäre befruchtend für alle, eben ein gutes, reiches Leben.«

Sie denkt an Freunde, die vor Jahren ihrer Heimat den Rücken gekehrt haben.

»Die wollten auch endlich mal kein schlechtes Gewissen mehr haben. Denn das ist ja das Verflixte, du bist täglich Teil und Nutznießerin des Systems, du siehst und weißt, was falsch läuft, aber allein durch dein gutes Leben bist du Teil des Unrechts. Du verlierst deine Unschuld, täglich aufs neue, ob du willst oder nicht. Manchmal frage ich mich, warum ich ausgerechnet in Südafrika geboren wurde«, sagt sie, »hier bin ich von so viel Gewalt umgeben, Gewalt, die von uns Weißen, von meinen Leuten ausgeht. Und dann erlebe ich die Freundlichkeit, wenn ich in Soweto bin, die Leute dort begegnen mir ohne Feindseligkeit. Das konnte ich am Anfang nicht fassen. Nur die Jugendlichen, die sind aggressiv. Die rufen mir manchmal so was nach wie ›Leute wie du haben hier nichts zu suchen!‹. Ich denke mir oft, wie einfach das Leben hier sein könnte.«

Aber jetzt wächst in Anna auch die Sorge vor der Rache, die Schwarze üben könnten, weil sie zu lange schon auf bessere Zeiten warten mußten. Das Wort »Reform« hat auch Anna schon zu oft gehört, das Vertrauen hat sich abgenutzt.

Am nächsten Morgen werden wir von der Brandung geweckt, gehen für einige erfrischende Schwimmzüge ins Wasser. Einige Farbige gehen vorbei, rufen uns zu, wir sollten vorsichtig sein, die Strömung sei stark an unserer Stelle und unberechenbar. Wir danken. Als Anna beim Frühstück vom Schwimmen schwärmt und nicht unerwähnt läßt, daß außer uns noch ein paar hilfsbereite Farbige im Wasser waren, schaut die Tante indigniert: »Was, ihr schwimmt da, wo Farbige ins Wasser gehen?«

Diesmal ist Annas Schmerzgrenze nach zwei Tagen erreicht. Sie geniert sich auch vor mir. Abstammung kann wirklich ein Brandmal sein. Wir verabschieden uns vom trügerischen Paradies.

»Apartheid ist bestimmt, geweiht, verfügt von Gott«, erklärt sie mir im Auto Tantes Evangelium, »das ist heute noch so in ihrem Kopf. Alles in der Natur hat seine Hierarchie, auch die Rassen. Gott hat die Farben nacheinander geschaffen, so wie er zuerst den Mann und dann die Frau erschaffen hat. Und deshalb haben wir in Südafrika auch so viele Patriarchen.« Sie lacht endlich wieder und denkt unwillkürlich an ihre Rolle als Emanze der Familie. Sie hat in den Jahren seit 1976 ihren Ruf als Abtrünnige stetig gefestigt.

Ein Vetter fällt ihr ein, ein Allerweltsbursche, der sie kürzlich beim »Braai«, Grillen, in Brakpan begrüßte: »Na, bist du immer noch Feministin?« Er sagte es in dem frechen Ton, der sachliche Gegenwehr zwecklos macht. Freche Gegenwehr hat Anna nie gelernt, noch nicht.

Manchmal, wenn Anna daheim bei ihren Eltern ist, hat sie das Gefühl, in einer abgekapselten Welt zu Gast zu sein, einem Gefängnis, wo geistige und moralische Windstille herrscht. Ihr Elternhaus steht da fürs ganze Land. Die Standhaftigkeit ihrer Eltern zeigt ihr, sie kann die Schraubzwinge kein bißchen lockern. Immer wieder begegnet Anna den alten Spießigkeiten, dem dummen, alten Mißtrauen und Angst, Angst vor der Zukunft, Angst vor jeder Veränderung, Angst, die gewohnte Sicherheit zu verlassen, die ehrliche Einfalt. Da ist kaum Bereitschaft, alte Vorurteile durch neue Erfahrungen zu korrigieren. Zahllose Belege für Anna, wie die Geschichte die Menschen deformiert.

Noch sind zwar ihre Eltern bereit, de Klerks Politik, wenn auch skeptisch, zu folgen, sie finden sogar, daß Mandela ganz vernünftig spricht, sogar Englisch und Afrikaans beherrscht, aber überall im Land kriegen die Rechten beängstigend viel Zulauf, lautstark vor allem. Sie wirken wie wild entschlossene Krakeeler, die ihren »volkstrots – Nationalstolz« aufdrehen mehr denn je.

»Je mehr die Buren in der Minderzahl sind, desto entschlossener sind sie, so war das immer in unserer Geschichte«, sagt Anna.

Sie fürchtet diese Ultras, die ganz offen allen Gewalt androhen, die sich für Versöhnung exponieren. Eugene Terreblanche heißt die größte rassistische Dreckschleuder. Wieviel Tribut wird die Regierung wohl an diese Zöglinge zahlen?

»Wo soll auch die Bereitschaft zum Zusammenleben herkommen, wenn uns die Medien Jahrzehnte hindurch nur Angst gemacht haben? Wenn sie der schwarzen Opposition verboten haben, sich zu profilieren? Da kann unser Staatsfernsehen jetzt noch so oft ANC-Leute reden lassen, das wiegt die alte Propaganda nicht auf.

Oder nimm die Gewalt in Natal, wo Schwarze sich gegenseitig schlachten. Weil die Zustände dort so schwer durchschaubar sind, hält man sich lieber ans alte Vorurteil: Gewalt Schwarz gegen Schwarz. Das nehmen viele Weiße als Vorgeschmack für das, was ihnen selber blüht, wenn Schwarze an die Macht kommen, ohne zu differenzieren. So rächt sich die ganze Apartheidpolitik.«

Beim Blick auf ihr Land sieht Anna erdrückend viel Unliebsames: eine fehlgeleitete Gesellschaft, eingeigelt, hinter Gittern am Kassenarbeitsplatz, hinter Gittern nach Feierabend, wenn man sich nicht mehr auf die Straße traut und vor dem Schlafengehen noch einmal die Alarmanlage kontrolliert.

»Gitter innen und außen«, sagt Anna.
Dort landet eine Gesellschaft, die ihre Probleme mit Gewalt lösen wollte.
Ach, Südafrika.

Ein Lichtblick für Anna sind die wenigen Widerständler in den eigenen, den Afrikaaner-Reihen. Damit meint Anna nicht nur die wackeren Schreiber von der jungen Afrikaaner-Wochenzeitung ›Vrye Weekblad‹, der einzigen Pressestimme in ernsthafter Opposition zum System, »eine Ehrenrettung«, so empfindet es Anna. Sie meint auch den Widerstand aus einer ganz anderen Ecke:
»Kennst du die ›Gereformeerde Bluesband‹?« fragt sie mich eines Tages, »dann gehen wir hin. Das ist so ein Spaß, die mußt du hören.«
Die Afrikaaner-Band mit der großen Abneigung gegen das System gibt ein Konzert. Ein Abend zum fröhlichen Ausflippen. Nur junge Leute sind da, von 14 bis 30 schätze ich. Fast nur Gespräche in Afrikaans sind zu hören. Die Kinder des Buren-Establishments sind da und geraten fast außer sich vor Spaß beim respektlosen Spiel der Viererband. Die zieht Mief und Muff und Bigotterie des Burentums durch den Kakao, ungehobelt, mit Grimassenschneiden, frechen Afrikaaner-Texten und harter Rockmusik. »Gereformeerde Bluesband« – den Namen haben sie der Kirche entlehnt. Der Bandleader heißt Johannes Kerkorrel – Kirchenorgel. Zersetzend sind die Texte von »Johannes Kirchenorgel und seiner Reformierten Bluesband«:
»Ons is moeg van apatie, kom ons probeer anargie – Wir haben genug von Apathie, kommt und laßt uns Anarchie probieren.« Die Teens und Twens lauschen den Afrikaaner-Textzeilen, um dann vor Wonne zu kreischen bei den zielsicheren Beschreibungen burischer Eigenarten. Kollektiver Abgesang aufs Elternhaus. Das löst Spannungen wie ein abendliches Schaumbad. Da sind sie vergessen, die »negative vibrations«. In einem Song, noch aus P. W. Bothas Zeiten, »Sit dit af – Mach es aus«, schildern sie einen Mann, der immer den Fernseher ausmacht, wenn der Präsident auftritt. Die Botschaft: Leute, hört auf, Botha zuzuhören.
Der Klartext bringt die Youngsters außer Rand und Band. Die Alten aber auch. Als die Gruppe in der Uni von Pretoria spielte, sagte man ihr hinterher, sie würde dort nicht wieder auftreten können. In die Uni Stellenbosch hat man sie gar nicht erst reingelassen.

Und auch in Annas Familie war die Empörung groß. Schwester und Schwager sind sich einig, daß gegen die Band etwas unternommen werden muß.

»Sie haben geschimpft, daß die den Namen unserer Kirche in den Dreck ziehen. Sie wollen im Kirchenkomitee vorschlagen, daß die Band ganz verboten wird.«

Da ist er wieder, der Grauschleier, der sich auf Annas frühere Lebenslust gelegt hat. Und noch kann sie ein Ende ihres Unfriedens nicht absehen. In diesem Land ist es schwierig, unbeschwert zu sein, es hat zu viele Demarkationslinien.

Südafrika – du machst deine Leute krank. Da ist auch alte Rhetorik nur ein schwacher Trost für Anna: Wer ist kränker, Leute wie sie, die leiden am System, oder Leute wie ihre Eltern, die mit dem täglichen Unrecht ihren Frieden machen?

Einmal, nach einer Veranstaltung, sprach sie mit jemandem über ihr Hadern mit dem eigenen Volk. Er antwortete ihr, es sei wichtig zu zeigen, daß Afrikaaner auch anders sein können. Sie müsse zum positiven Selbstbewußtsein finden, durch ganz alltägliches Mitwirken an der Befreiung. Das hat Anna sehr gestärkt, momentan, bis die Konfrontationen des Alltags sie wiederhatten.

Sie hat soviel Leid und zermürbende Ungerechtigkeit in Soweto gesehen, soviel arrogantes Auftrumpfen ihrer eigenen Leute, daß sie kein Vertrauen mehr in die Regierung hat, Reformen hin oder her.

Südafrika – deine Zukunft ist kein angstfreier Raum.

Von vorn bis hinten vertrackte Lage, nirgendwo neutraler Boden. Anna kommt nicht raus aus der Falle, nicht los vom Sonderstatus – sie kann nicht einfach Anna sein, sie ist immer die Weiße, privilegiert, korrumpiert, gesegnet und gestraft mit Vorrechten. Mitschuldige.

Es kann kein richtiges Leben geben im falschen.

Anna trägt eine erdenschwere Last.

»Ich wäre gern ein Elefant«, sagt Anna einmal und überlegt, wieviel besser es ihr dann ginge, »dann wäre ich groß und hätte eine dicke Haut, und die Zustände hier würden mir nicht soviel ausmachen.« Statt dessen fühlt sie sich porös. Aber dann kommen wir drauf, daß ja selbst Dickhäuter äußerst empfindsame Wesen sind ...

Nein, Anna fühlt sich wirklich nicht wohl in ihrer Haut – und dieses Wortspiel als Konklusion ihrer Befindlichkeit ist eine banale Untertreibung. Sie wird sich noch lange nicht wohl fühlen, so lange, bis die Farbe der Haut keine Rolle mehr spielen wird in Südafrika.

»Ich werde die Lösung dieses Problems nicht mehr erleben«, resümiert Anna, wirklich müde. Aber dann rafft sie sich doch zu einem Ausblick auf, unangemessen optimistisch, findet sie: »Vielleicht wird meine Tochter es noch erleben, Anna, wenn ich mal eine kriegen sollte.«

»Mir dämmerte, ich habe die falsche Hautfarbe«

Ein Farbigenschicksal aus Kapstadt

»Ich wurde 1938 als mittleres von drei Kindern geboren und bekam den Namen Lea, wie meine Großmutter. Meine Schwestern starben früh. Ich wuchs alleine auf, sehr alleine, sehr behütet. Ich glaube, meine Mutter fürchtete, mir könnte dasselbe passieren wie meinen Schwestern, deshalb schleppte sie mich bei jedem Husten zum Arzt.

Ich hatte immer hübsche Kleider.

Ich war ein stilles Kind, weil ich nur mit Älteren zusammen war, mit meinen Eltern und Oma und Opa.

Ich konnte früh sprechen.

Und dann entdeckte ich Bücher. Ich las alles, was ich in die Finger bekam. Meine Mutter kaufte mir Bücher mit Grimms und Andersens Märchen.

Meine Eltern lasen nicht viel, nur die Zeitung. Sie versteckten sie vor mir, weil sie glaubten, die Sensationsberichte würden mich erschrecken. Aber ich las die Zeitungen, von der ersten bis zu letzten Seite, am Sonntag, wenn die Erwachsenen ihr Mittagsschläfchen hielten. Das war interessanter für mich, als draußen zu spielen.

Meine Mutter suchte auch die Freunde für mich aus. Sie wollte wohl das Beste für mich, so wie sie es bei den weißen Leuten gesehen hatte, für die sie arbeitete, halbtags, als Haushaltshilfe. Meine Großeltern paßten währenddessen auf mich auf.

Ich hatte eine sehr lebhafte Phantasie, und jeden Tag war ich eine andere Heldin aus dem Buch, das ich gerade las. An einem Tag sang ich und war die ›Lady Lied‹, am nächsten Tag ließ ich mich treiben in Melancholie und war schweigsam, da war ich ›Lady Leid‹. Ich machte meine Mutter verrückt mit meinen Gesprächen, die ich mit den verschiedensten Leuten aus meinen Tagträumen führte.

Die Schuljahre waren die glücklichste Zeit meines Lebens, obwohl ich am ersten Tag aus der Schule wegrannte. Ich hatte noch nie so viele Menschen auf einmal gesehen, ich hatte Platzangst. Noch heute kann ich keine Menschenmenge ertragen.

In Handarbeit, Häkeln und Stricken war ich zu nichts nütze, es war hoffnungslos. Immerhin konnte ich kochen.

Der Kunstlehrer stellte uns einmal die Aufgabe, ein Bild zu malen, eine Szene von irgendwas, von der Straße, einer Farm, von zu Hause. Ich zeichnete eine Wiese mit einer halben Kuh, nur ihr Hinterteil war zu sehen. Ich wußte nicht, wie ich den Kopf zeichnen sollte. Der Lehrer wollte wissen, wo die andere Hälfte der Kuh ist. Ich sagte ihm, die Kuh ist gerade aus dem Bild hinausspaziert, die erste Hälfte ist schon weg. Er wurde rot vor Ärger und ging wortlos weiter. Für den Rest des Schuljahres hat er mich nicht mehr angesprochen.

Lernen machte mir Spaß. Die meisten Dinge, die ich las, behielt ich. Ich erreichte immer die nächste Klasse.

Meine Eltern waren sehr streng, vor allem meine Mutter. Sie duldete keinen Unsinn. Kaum war ich 16 und hatte die Mittelschule abgeschlossen, weigerte ich mich, weiter zur Schule zu gehen. Das war meine Rebellion. Ich wollte in die Welt hinaus und alles sehen, schmecken, erleben, was ich in den Büchern und Zeitungen gelesen hatte.

Aber die Geschichte wurde ganz anders; sie endete, bevor sie beginnen konnte. Ich bewarb mich in einem Büro. Dazu schrieb ich einen korrekten Brief mit Lebenslauf. Innerhalb von drei Tagen bekam ich die Antwort, ich sollte zu einem Gespräch kommen. Als die Sekretärin mich sah, sagte sie sofort, die Stelle sei schon vergeben, sie sagte das sehr höflich. So lief es dann immer. Beim viertenmal bekam ich den Job wieder nicht. Mir dämmerte, ich habe die falsche Hautfarbe.«

Lea hat Klasse. Nicht groß, aber stark. Mit dichtem Schwarzhaar und bronzebrauner Haut. Ihre Fröhlichkeit umarmt dich, ob du willst oder nicht. Aber warum solltest du nicht wollen? Doch, du willst ihrem geraden Blick begegnen, den schönen, dunkelbraunen Augen, in denen die Verschmitztheit sitzt. Sie macht dich putzmunter. Lea ist Sonne. Sie ist wie eine resche Semmel, ihr Lächeln ofenfrisch, großzügig teilt sie es aus. Du meinst, du müßtest sie schon Jahre kennen, so selbstverständlich beschenkt sie dich, bezieht dich ein in ihre Lebenslust. Willkommen. Und erst ihr Lachen, dieses dunkle, sinnliche Lauthalslachen, tief vom Grund ihres weichen Resonanzkörpers. Sie zieht dich mit, wirklich, ob du willst oder nicht. Präsent ist sie, in guter Laune wie im ernsten Gespräch. Ja, auch das ist ihre Stärke, die Ernsthaftigkeit, mit der sie ihr Leben betrachtet, analysiert, Schlüsse zieht und sich verhält. Lea ist Klugheit, Tatkraft und Eigensinn. Dieses Rüstzeug hat sie oft gebraucht, Lea, von der Regierung rubriziert in der dritten Klasse Menschen, entsprechend Südafrikas Hackordnung, festgeschrieben im »Population Registration Act« von 1950. Lea ist »Farbige«, »Mischling«, »braun«, wie manche auch sagen zur Unterscheidung von den »schwarzen« Menschen. Seit der Differenzierung des Gesetzes im Jahre 1959 stand in Leas Identitätskarte die Bezeichnung »Cape Coloured«. Seit der neuerlichen Differenzierung von 1986 weist nur noch die unauffällige Kombination 002 in der Kennnummer Lea als »Kapmischling« aus, in Kapstadt geboren, 1938, als Tochter einer »Farbigen« und eines weißen Abkömmlings europäischer Einwanderer. Ihr Großvater war Jude und kam aus Rußland. Lea wuchs auf, mit Eltern und Großeltern, in einem legendären Wohnviertel mitten in Kapstadt: District Six.

Kapstadt ist paradiesisch schön. Touristen sind sofort verführt und geraten in freigebigste Schwärmerei. Was für sie nur eine Urlaubsliebschaft sein kann, wächst sich für die Bewohner zu einer lebenslangen Beziehung mit viel Gefühl aus. Wer in Kapstadt geboren ist, mag nicht mehr weg, schon gar nicht nach Johannesburg, diesem modernen Moloch temporeicher Rücksichtslosigkeit und einem Klima, so schlecht, daß es einem entweder Migräne macht oder Schnupfen oder ganz bestimmt miese Laune. Kapstädter zögern kein bißchen bei der Zuteilung von Lobeshymnen und klarer Absage und machen ihre Stadt zur schönsten der Welt.

Was macht bloß den superlativen Reiz der Stadt aus, die sich am Fuße des tischflachen Tafelbergs ausbreitet, die ganze Stadt gleichsam eine Huldigung an den Berg? Ist es diese einzigartige Kombination von Bergmassiv und Meer und lieblichem Klima? Der Tafelberg ist wirklich nicht wegzudenken, weder aus der Kulisse der Stadt, die durch ihn erst anmutig, eben besonders wird, noch aus der Serie der Elogen auf dieses Juwel, eines von vielen in der Schatztruhe Südafrika.

Der Berg hat Familienanschluß, er gehört einfach dazu. Das merkt die Familie spätestens dann, wenn sie mal in der Fremde ist und ihn nicht mehr täglich grüßen kann. Den Heimkehrer überschwemmt er mit

Heimatgefühl, schlagartig beim ersten Blick auf seine Silhouette. »Das Herz geht dir auf, wenn du vom Highway aus den Tafelberg siehst, du lächelst unwillkürlich, denn du weißt, jetzt bist zu wieder zu Haus«, sagte mir jemand und freute sich an seiner Sentimentalität. Wenn sonst niemand grüßt, der Tafelberg tut's, heißt willkommen mit einer Beständigkeit, die Labsal ist in der Zerrissenheit des südafrikanischen Alltags, über die auch das weltoffene Flair der Stadt am Kap nicht hinwegtäuschen kann.

Was noch? Ist es auch das spezielle Fluidum, das die Kapstädter so anhänglich macht?

Immerhin ist die Stadt eine oasis liberalis im strengen Apartheidsgefüge, so heißt es allenthalben. Dort konnten sich Nicht-Weiße einst per Wählerstimme am politischen Entscheidungsprozeß beteiligen, bis 1953. Dort ging es immer schon entspannter zu als im Rest des Landes, zwar atmosphärisch nur, nie wirklich freizügig, weil die Rassengesetze auch hier durchgesetzt wurden, aber immerhin. Und nirgendwo sonst gibt es so viele »Coloureds« wie in Kapstadt, was auch ein Beleg ist für die Richtigkeit der Befürchtung, daß Menschen aller Farben sich mögen, wenn man sie nur läßt. 38 Prozent ist der Anteil der Farbigen an der Bevölkerung, nur je vier Prozent sind Schwarze und Inder. Und die Heimat vieler aus der Dritten Garnitur war länger als ein Jahrhundert District Six, im Schatten des Tafelberges, mittendrin in der bezaubernd schönen Stadt mit der freundlichen Fassade.

District Six, das ist das Zauberwort in Leas Leben.
District Six, das war der Humus für Leas Kindheit, Nährboden ihrer relativ unbeschwerten Jahre.
District Six platzte aus allen Nähten vor Leben. Es war das Gebiet zwischen Tafelberg und Hafen, wo viele Sixer in den Docks arbeiteten. Das Viertel war die Zone der Unordnung, Heimat für gescheiterte Existenzen und verkommene Subjekte jedweder Couleur, von Anbeginn im Jahre 1867. Armut war der tragfähige gemeinsame Nenner zwischen Juden, ein paar Italienern, Moslems, Protestanten und Glaubenslosen. District Six fing sie alle auf, ohne Ansehen des Lebenswandels. Betrunkene Seemänner und die Frauen, die von ihnen lebten. Frühreife Mädchen, mit denen pubertierende Jungen ihre Gehversuche auf dem erotischen Terrain absolvieren konnten. Proleten, Geschäftemacher, Hausierer und Bettler und brave Betrüger.

Auch einen Al Capone gab es, er war Besitzer eines Spielsalons. Brutale Gangs gediehen in dieser Kultur. Tagsüber steckten sie ihr Revier nur als grimmig entschlossene Eckensteher ab, oder in den Kinos reservierten sie gleich ganze Stuhlreihen für sich. Nachts aber machten sie das Viertel zum Schauplatz gruselreifer Verbrechen, in knallharter Konkurrenz um die Vorherrschaft. »Enjoy your death«, war das letzte Farewell der Killer mit Sinn für schwarzen Humor, messerscharfen.

Hanoverstreet, die Hauptstraße, war bunter Markt bei Tag und gefährliche Meile bei Nacht. District Six verkraftete auch das. Es duldete Süchte und Sehnsüchte. Skurrile Charaktere bereicherten das Straßentheater, wuchsen zu lokaler Größe und erlangten Berühmtheit die ganze Straße hinunter, mindestens. Selbstmörder lieferten Gesprächsstoff für Tage, die Helden kleiner Tragödien lebten in den Erzählungen ihrer Nachbarn fort, verhinderte Künstler vielleicht oder verkannte Genies, die an der wüsten Gangart des Viertels gescheitert waren. District Six war schmutzig und schmierig, die Fassaden der vielstöckigen Häuser waren mürbe, Putz bröselte und gab die Ziegel frei, in vielen Wänden saß der Schwamm.

Und doch war dieser Ort Heimat, Obdach, Zuflucht für seine Bewohner, die sich einpaßten in das harte und heitere Leben dieses nicht unfreundlichen Dschungels. Alles gedieh üppig in District Six, auch der Gemeinschaftssinn unter seinen Bewohnern. Wer krank und hilflos darniederlag, wurde der Nachbarschaftshilfe teilhaftig, bekam einen Teller kräftigender Suppe direkt ans Bett. Die Türen standen offen für jeden, tagsüber zumindest, das ganze Viertel eine Familie. Sogar die Ladenbesitzer handelten human: Bei ihnen konnte man anschreiben lassen bis zum Zahltag am Wochenende, Ehrenkodex der Gemeinschaft der Abgeschobenen. District Six war das Viertel von Unterschichtleuten, die wußten, daß sie dort hingehörten. Frechheit gehörte zum guten Ton, war ihre kleine Freiheit. Manieren hätten befremdlich gewirkt. Die Sixer waren Überlebenskünstler mit Gespür für Ironie und Mutterwitz, großspurig, auch im Beschönigen und im Vorgaukeln falscher Tatsachen, wie es die Namen belegen, die sie ihren vergammelten Häusern gaben: »Buckingham Palace« oder »Windsor Park«, und die Graffiti an den Hauswänden: »You are now in fairy land – Hier ist Märchenland.« Mindestens einmal in der Woche stimmte das für den Durchschnitts-Sixer sogar, da landete man im Fluchtpunkt Kino, dem populärsten Freizeitvergnügen, um bei John Wayne, Gary Cooper und James Cagney Phantasien zu tanken, Glamour gegen den täglichen Lebenskampf. »The Bioscope« war auch der Ort, wo Jugendliche beiderlei Geschlechts sich treffen durften, ohne daß die Eltern moralische Gefährdungen ahnten; die Matineen waren ideal für ungestörte Annäherungen.

District Six, das waren Geräusche. Am Abend verebbte zwischen den Häusern der Tageslärm, das Hupen der Autos, das Getrappel der Pferde, die ihre Karren zogen, das Geschrei von Straßenhändlern, Klavierspiel und Singsang aus offenen Fenstern, das Gelächter von Kindern, die sich in den Gassen Verfolgungsjagden lieferten oder in schäbigen Hauseingängen aufregende Geheimnisse mitteilten. Und sogar hoch über alldem ging es geschäftig zu: Wäsche flatterte an den Leinen, die von Fenster zu Fenster die Gassen querten.

District Six, das waren Gerüche. Da verkauften indische Läden Curry und andere exotische Gewürze, Fische wurden angelandet, haufenweise, auf dem Markt in Hanoverstreet, und an Straßenecken verkauft, billig, wie es sich für ein Armeleuteviertel gehört, in direkter Nachbarschaft mit Mangos und den so intensiv duftenden Guaven. Und da die Müllabfuhr nicht reibungslos klappte, verrottete manchmal Abfall in den Gassen, Futterplätze für ausgemergelte Hunde und streunende Katzen. Wenig hatte die Stadt für die Infrastruktur des Farbigenviertels getan. Nach Protesten richtete sie immerhin eine kleine Klinik ein, öffentliche Toiletten, ein Badehaus, ein Schwimmbad. Die Schulen blieben so klein, daß die Kinder nicht mal Platz zum Pausentoben hatten.

Höhepunkt im Lauf der Sonne war für die Sixer Silvester, die heißeste Jahreszeit. Das hieß Festtagsfreude ungeteilt. Da lärmte und duftete es noch mehr als sonst, weil alle draußen kochten und aßen, lachten und tanzten. Die Enge in den Häusern förderte das Straßenleben. Die Leute versammelten sich in der Hanoverstreet und warteten auf die Coons, die Kapstädter Variante der Karnevalsjecken, um mit ihnen auszuschwärmen in das Zentrum Kapstadts, auf die »Parade« mit dem erhaben wirkenden Rathaus der englischen Kolonialzeit.

Nirgendwo sonst in Südafrika gab es einen Platz mit solch praller Dynamik. District Six war ein Viertel im Zwielicht, für Outsider nicht mehr als ein abschreckender Ort asozialen Wohnens, für die Beteiligten wie eine Achterbahnfahrt, mit vorwiegend abschüssiger Streckenführung.

Seine Vitalität brachte District Six ein doppeltes Gütesiegel ein: Die

Seele und das Herz Kapstadts wird es heute noch genannt. Aber wer dort wohnte, der verschwieg schamhaft die schlechte Adresse – erst heute schwelgen die Ehemaligen in stolzer Nostalgie, halten die Legende am Leben mit unzähligen Anekdoten. Ihr später Überschwang ignoriert die simple Tatsache, daß District Six wirklich nur ein Slum war, kein gutes Pflaster für Kinder und andere schwache Mitglieder der Gesellschaft.

District Six existiert längst nicht mehr. Das ganze Viertel mit seinen 55 000 Bewohnern – vielleicht auch 60 000, so überfüllt, wie es war – wurde Opfergabe auf dem Altar der Apartheid. Der spätere Staatspräsident P. W. Botha sprach das Todesurteil, ein Meisterstück an Effizienz. Mann und Maus wurde mit Sack und Pack rausgeschmissen, ausgelagert in die weit entfernten Gegenden der Cape Flats. Das weiße Regime löschte das verhaßte Symbol für rassenübergreifendes Miteinander einfach aus. Geblieben ist der Mythos District Six, reproduziert in Büchern, auf Fotos, sogar in einem Musical, dessen Zuschauerzahlen Rekorde brachen.

Auch Lea kriegt leuchtende Augen, wenn die Rede auf ihr Viertel kommt.

»Menschenskinder, da war was los«, sagt sie immer wieder zwischen ihren Geschichten aus dem großen District-Six-Füllhorn. Sie hat die Legende bis zuletzt gelebt, bis Spitzhacke und Schaufel und Planierraupen fast alle Häuser geschleift hatten. Im Jahr 1966 hatte die Regierung den ersten Volltreffer gelandet und District Six zum Wohngebiet nur für Weiße deklariert.

»Die Räumung war die erste Katastrophe in meinem Leben«, sagt Lea. Sie lebte mit ihrer Familie nicht weit von jenem braunen Gebäude, das auf den Namen »Buckingham Palace« getauft worden war, ein dreister Etikettenschwindel, denn der legendäre Wohnblock bestand aus fünf zerbröckelnden Häusern.

Leas Großfamilie lebte in einem Häuschen mit Garten in der Canada Street. Die tragbare Summe von sieben Rand war die monatliche Miete bis zuletzt für zwei Schlafzimmer, Eßzimmer, Küche und Flur. Leas Bettchen stand im Schlafzimmer der Eltern. Das Klo war draußen im Garten, Ziel des kindlichen Übermuts. Nachts ging Lea immer allein aufs Klo, im Licht einer Kerze. Ratten von enormer Größe sausten im Dunkel herum. Seitdem die Großmutter gestorben war, verbrachte der Großvater im Sommer manche Nacht mit einem Knüppel im Garten. Er saß auf einem schiefen Stuhl und döste im Mondschein, Lea vermutete ihn weit weg, in Gedanken an seine Frau. So lauerte er den Ratten auf. Manchmal brachte er es auf zwei erschlagene Exemplare pro Nacht.

»Einmal hätte er mich fast erwischt«, sagt Lea lachend, »ich muß fünf oder sechs Jahre alt gewesen sein, als ich ihn einmal im Dunkeln erschrecken wollte, und er hielt mich für eine Ratte. Er hatte den Arm mit dem Knüppel schon erhoben, um zuzuschlagen.«

Andere Späße erlaubte sich Lea mit ihrer Mutter, der die Dunkelheit angst machte.

»Wenn sie auf dem Klo war, kletterte ich aufs Dach und machte Geräusche mit einem Besen oder Steinen. Sie dachte dann, die Ratten kämen jeden Moment durchs Dach. Sie hat nie darüber gelacht.«

Strom hat Leas Häuschen nicht gekannt. »Das hat uns nicht gestört, keiner von uns ist mit Elektrizität aufgewachsen«, sagt Lea.

Über solch altmodische Standards waren weiße Haushalte in der Stadt damals längst hinaus.

Aber auch die zivilisatorische Unzulänglichkeit hatte für Lea ihren Reiz: »Es gab eine riesige Deckenlampe in jedem Zimmer, heute wären das hübsche Antiquitäten. Die Lampen zogen wir am Abend runter, wenn wir Licht machen mußten. Sie waren mit Paraffin gefüllt, und die Glocken aus Milchglas gaben warmes, weiches Licht.«

Der ganze Haushalt funktionierte ohne Elektrizität. Für Kühlung sorgte der Paraffinkühlschrank, gekocht wurde mit Kohle, auf dem großen Herd. Das Eßzimmer, es lag zur Straße, hatte zwar einen offenen Kamin, aber der war nicht zu benutzen; nie hat Lea Feuer in ihm lodern sehen. Statt dessen summte ein Paraffinheizkörper an den feuchtkalten Winterabenden. Dann saß der Großvater auf seinem Bett, das seit dem Tod der Großmutter in der Ecke des Eßzimmers stand. Die Familie eines Onkels hatte inzwischen mit ihren zwei Kindern sein Schlafzimmer übernommen. Dadurch hatte Lea mehr vom Großvater. Auf dem Bett sitzend, erzählte er spannende Geschichten, von Buschmännern und wilden Tieren, von seinen Reisen durch die Provinzen Südafrikas. Sein Beruf hatte ihn durchs Land geführt, als Sozialarbeiter für Waisenkinder, auch wenn man das damals noch nicht so nannte. Stundenlang hörte Lea ihrem Opa zu, wie er da im weichen Licht auf seinem Bett lagerte und die aufregende Welt Südafrikas in das mit schweren Möbeln vollgestellte kleine Zimmer holte.

Fotos vom Haus hat Lea nie gehabt. Fotografieren war teuer, und das Haus war der Familie keinen Schnappschuß wert.

Eher schon Lea selbst, mit süßen 22, 1960 war das. Sie trug ihren ersten Petticoat, hatten ihren ersten Freund und rauchte ihre ersten Zigaretten. Da steht sie, mit schwarzem Bubikopf, schüchtern die Arme auf dem Rücken verschränkt, vorsichtig lächelnd, im weißen Kleid, in der Ecke der »stoep«, der schmalen Veranda mit dem schmiedeeisernen, reich ziselierten Geländer, eine beliebte Reminiszenz an viktorianische Architektur. Eine Stoep hatten viele Häuser im Viertel.

»Es passierten schlimme Sachen in District Six«, sagt Lea, »aber wir waren trotzdem wie eine große Familie. Wir kannten uns und besuchten uns, es gab viel Tratsch, wir haben uns verkracht und wieder vertragen.«

Nachbarschaft war mehr als nur Geplänkel: »Eine Nachbarin von uns hatte einen Sohn, der wegen Mordes gehängt werden sollte. Meine Mutter und ich haben ihn im Gefängnis besucht, einige Straßen von uns weg. Deine Sorgen sind meine Sorgen, mal bist du dran, mal bin ich dran, so haben wir das gehalten.« Nur einer von vielen guten Wesenszügen des Viertels, dem Lea nachtrauert.

»District Six war nicht schön«, versucht Lea ihre gehegte Wehmut zu relativieren, »aber es war die Welt, die nur uns gehörte. Die Häuser mochten schäbig aussehen, aber drinnen wurde oft feinstes Englisch geredet, Oxford-Englisch. Und viele, wie zum Beispiel meine Eltern, wollten ihren Kindern unbedingt eine gute Ausbildung verschaffen. Anderen blieb nichts, als ihre Kinder auf der Straße rumlungern zu lassen; sie hatten einfach kein Geld für die Schule, für Schuluniformen und Bücher. Unsere Nachbarn haben einmal, als einer von der Behörde kam, ihre Kinder unter dem Bett versteckt, nicht, weil sie die Kinder dumm halten wollten, sondern weil sie kein Geld hatten.«

Selbst die Gangs im Viertel gehörten zur Familie.

»Manchmal kam es vor, daß sie an die Tür klopften und riefen ›Bleibt drin, hier draußen ist die Hölle los!‹ Und wir hielten uns daran. Du konntest aber auch nach Mitternacht noch über die Straße gehen. Mir ist nie was passiert, sie kannten mich ja. Einer von der Bande in der Nachbarschaft hat mich sogar mal bis zur Haustür gebracht. Jahre später hab' ich ihm gesagt, wie beruhigend sein Geleitschutz war.«

Jede dieser Facetten im Alltag des Viertels ist Lea selbstverständlich und kann ihrem Heimatgefühl nichts anhaben.

Etwas ganz anderes sorgte für Leas erstes erinnertes Schlingern: Nach Kriegsende kam ihr Vater plötzlich zurück. Lea war fast noch ein Säugling gewesen, als er dem Ruf der Regierung gefolgt und an Englands Seite in den Krieg gezogen war. Unendlich verwöhnt von der Großmutter, verbrachte Lea gute Jahre, besonnt im Zentrum der Erwachsenen.

»Meine Großmutter ist während des Krieges gestorben, aber in den paar Jahren hat sie mich verdorben«, sagt Lea lachend, »vielleicht bin ich deshalb heute so eigensinnig.«

Nur beim Gedanken an die Mutter vergeht Lea das Lachen. Die Mutter war streng, so unerbittlich streng, daß Leas Substanz Schaden nahm. Irgendwann wußte sie, daß ihre Mutter immer nur einen Jungen gewollt hatte. Seit diesem Irgendwann in früher Kindheit wuchs Lea für die Mutter in die Rolle einer hoffnungslosen Fehlbesetzung hinein: Lea als personifizierte Schmach der Mutter, die es nicht geschafft hatte, einen Sohn zuwege zu bringen. Lea erinnert sich, daß sie im Lauf der Jahre den Vater zurückwünschte, in der Hoffnung, daß er nicht so streng und penibel sein würde wie die Mutter.

Während der Kriegsjahre lebte die vaterlose Familie von der Hand in den Mund. Fast allen im Viertel ging das so, Lebensmittel waren rationiert und manchmal gar nicht zu haben; Reis ging immer wieder aus.

Lea war fast sieben, als der Vater wiederkam. Sie weiß noch, daß sie mit der Mutter in einem großen Park war, mit vielen Menschen, die sich genauso aufgeregt benahmen wie ihre Mutter. Lea verstand gar nicht, was mit ihr los war. Bis der Vater auf einmal vor ihnen stand, in Uniform, wie viele der anderen Männer auch.

Wie der Vater plötzlich vor ihr stand, hatte er keine große Ähnlichkeit mit dem Mann auf dem zerknitterten Foto, das sie jeden Abend mit unter ihre Bettdecke genommen hatte.

»Ich hatte mich so auf ihn gefreut, aber er war für mich ein Fremder. Ich bekam einfach keinen Kontakt zu ihm«, erinnert sich Lea. Und der Vater war kein Mann, seiner scheuenden kleinen Tochter zu erklären, was in ihm vorging.

»Ich stellte nur fest, mein Vater interessiert sich überhaupt nicht für mich.« Dieses Gefühl, sie sei gänzlich unwichtig, ist sie Jahrzehnte nicht losgeworden. Es verstärkte sich noch nach der Geburt ihrer jüngeren Schwester. Wieder war es kein Junge, das Kind starb nach vier Tagen.

Erste Risse in Leas Unbeschwertheit.

Später erst leuchtete ihr ein, daß ihre Mutter vor allem Angst um sie hatte, nachdem ihr zwei Kinder weggestorben waren.

Und viel später erst registrierte sie noch etwas ganz anderes: »Mein Vater war in den Krieg gezogen, ›to fight for freedom in the world‹, so hieß es damals. 1945 kam er nach Hause, und was fand er hier vor? Von wegen Freiheit, und 1948 ging es nach dem Wahlsieg der Nationalpartei mit der Unterdrückung erst richtig los. Mein Vater hatte draußen für Freiheit gekämpft, und zu Hause war er ein Sklave. Oder wie würdest du das nennen, wenn du kein Land besitzen und nicht mehr wählen darfst und nicht leben, wo du willst? Mein Vater sprach nicht oft davon, aber ich bin sicher, es war auch diese Erkenntnis, die ihn so still und passiv gemacht hat.«

Als Anerkennung für seinen Kriegsdienst bekam Leas Vater von der Regierung ein Fahrrad geschenkt. Immerhin, damit ging es ihm schon besser als seinem Vater. Als der vom Schlachtfeld des Ersten Weltkriegs zurückkam, sollte er mit seiner Frau District Six verlassen, weit weg vom Zentrum wohnen, am Devils Peak. Die Großeltern setzten sich durch, mit instinktiver Sturheit, wie die anderen im Viertel.

»Sie sagten, wir sind doch keine Affen, weshalb sollen wir oben auf dem Berg leben?« So erfuhr es Lea durch die familiäre Überlieferung.

Der Vater fand nach dem Krieg wieder einen Job, als Verkäufer in einem Schnapsladen. Leas Mutter ging putzen wie gehabt. Als Leas Schuljahre begannen, ging sie morgens um fünf mit der Mutter aus dem Haus. Während sie Raum für Raum saubermachte, drückte Lea sich auf Gängen und Bürostühlen herum, bis es Zeit war, zur Schule zu gehen.

Die familiäre Konstellation veränderte sich für Lea erst wieder, als sich das Haus mit kindlichem Leben füllte. Eine Tante und ihr Ehemann zogen ein und brachten zwei Töchter mit, die eine jünger als Lea, die andere gleichaltrig. Der Onkel, ein Weißer, war ein schwerer Trinker. Aber diese Belastung wurde für Lea aufgewogen durch die Gesellschaft, die sie mit diesem Zuzug bekam. Endlich mit Kindern zusammensein, den scharfen Blicken der Mutter entzogen! Das Haus war voll, und Lea war selig.

»Zum erstenmal hörte ich, daß so was wie Sex existierte. Die beiden Mädchen wußten damals schon mehr, als ich in meinen ersten Ehejahren erfuhr. Meine Eltern haben nie ein Wort darüber verloren. Obwohl wir in einem Zimmer schliefen, hatte ich keinen Schimmer.«

Mit den beiden Mädchen kam Lea auch endlich raus auf die Straße. Stundenlang spielten sie draußen, und manchmal ließen sie die Grenzen des Viertels hinter sich. Es war ihr bald selbstverständlich, die vertrauten Straßen von District Six zu verlassen und in den nahen Parks der Stadt herumzustrolchen. Dort erreichten Lea denn auch die ersten Auswirkungen der Apartheid.

»Plötzlich waren da die Bänke gekennzeichnet! Und kaum hatten wir Mädchen uns mal auf eine Bank gesetzt, kriegten wir einen Anschiß. ›Verschwindet, verdammte Hottentotten, paßt auf, wo ihr spielt!‹ schimpfte ein Mann. Wir haben darüber gelacht und sind weggelaufen, ich habe das nicht weiter ernst genommen.«

Die Ausschlaggebende in Leas Erziehung blieb die Mutter; der Vater milderte ihr fürsorgliches Regiment kein bißchen. Er hielt sich raus aus den Erziehungsmethoden seiner energischen Frau. Die schimpfte oft über das Viertel mit seinen asozialen Gestalten; eine permanente Sorge für die anständige Frau, die sich unablässig mühte, aus ihrem kleinen Reich eine Insel respektabler Ordnung zu machen.

Mit 16 quittierte Lea die Schule.

»Es war nur Rebellion. Ich wollte raus, selbständig werden, die Welt kennenlernen.«

Normal bei einem Mädchen wie Lea, in Aufbruchstimmung, handfest, hellwach, wild auf Leben und Erwachsenwerden.

Ihre Perspektive trübte sich mit der Arbeitssuche. Das Wörtchen »unmöglich« rückte ins Zentrum ihres Alltags. Daß es so schwierig sein würde, einen festen Stand zu finden in der Welt draußen, das hatte Lea sich nicht träumen lassen.

Dabei ging sie mit Elan und Sorgfalt an den Start. Sie prüfte alle Zeitungsanzeigen für Bürogehilfinnen. Sie schrieb Bewerbungsbriefe, säuberlich, schilderte ihre Fähigkeiten in Buchhaltung, Schreibmaschine, Steno. Einmal rief sie gleich an; es wurde ein langes, sehr freundliches Telefonat, keine Rede von der Hautfarbe, dafür verbindliche Zuversicht auf beiden Seiten. Der Job war ihr sicher, so betrat Lea das Büro und präsentierte sich.

»Kaum zu glauben, daß ich dieselbe Person wie am Telefon war«, sagt Lea, »du konntest sehen, wie sich ihre Gesichter veränderten, als ich sagte, ich bin diejenige, die sich für die Stelle beworben hat.«

Schon war Lea auf der Verliererstraße.

»Ich sah, wie sie verlegen nach einer Ausrede suchten wie ›tut uns leid, gerade bevor Sie kamen, haben wir den Job vergeben‹.«

Heute kann Lea mitleidig über die Leute den Kopf schütteln, die sie damals abservierten, peinlich berührt durch das arglose Auftreten dieses fidelen Mädchens. Aber sie haben die junge Lea derart gekränkt, daß noch der erwachsenen Frau dieses Gefühl schleichender Ernüchterung präsent ist.

»Selbst mit einem Spatzenhirn hast du jeden Job gekriegt, wenn du nur eine helle Haut hattest«, echauffiert sie sich plötzlich, »und erst die sexuelle Anmache. Manche weiße Männer dachten, nur weil ich couloured bin, bin ich leicht zu haben. Einer wollte Fotos von mir machen, ein anderer gleich mit mir ins Bett hopsen. Beim Sex wollten sie plötzlich von Rassentrennung nichts mehr wissen. Ekelhaft.«

Es hätte so einfach sein können: Lea nimmt den Weg in die weite Welt auf dem Regenbogen ihrer braven Träume. Statt dessen stolperte sie bei den ersten Schritten und erkannte: Die Welt war geteilt. Nichts da mit leichtfüßigem Abheben in ein aufregendes Erwachsenenleben. Nach der Rückkehr ihres vermeintlich desinteressierten Vaters war es das dritte Mal, daß Lea die Selbstbestätigung massiv versagt wurde. Ihre Zuversicht bröckelte.

Der Fehlstart machte sie hellsichtig für andere Zurückweisungen der Weißen: »Im Bahnhof durfte ich mich nicht auf ihre Bänke setzen, nicht mal, wenn die Bänke für Schwarze besetzt und ihre leer waren. Sie waren heiliges Territorium. Du konntest müde sein, die Füße brannten dir, aber nein, eine Bank der Weißen war tabu.«

Sie bemerkte, daß es Weißen auf der Straße unangenehm war, von ihr berührt zu werden, übertrieben wichen sie ihr aus.

»Das erlebe ich heute noch«, sagt Lea und erzählt von einem Ausflug nach Port Elizabeth, als die Strände noch getrennt waren. »Ich hatte nicht darauf geachtet, daß ich mich an einen Strand für Weiße verirrt hatte. Kaum Leute waren da, aber einer schrie von weitem ›Das ist ein weißer Strand! Der ist nicht für Leute eurer Art!‹ Der Mann war nicht mal im Wasser. Ich hab' ihm geantwortet, ›Keine Angst, ich färbe nicht ab!‹ und hab' mich nicht mehr um ihn gekümmert.« Heute hat Lea eine dickere Haut.

»Ich habe diese Gesetze nie verstanden«, sagt sie kopfschüttelnd, »ich bin hier geboren, ich bin Südafrikanerin, das hier ist mein Vaterland. Die Weißen haben sich jahrelang ›Europäer‹ genannt, und wir waren die ›Non-Europeans‹, jetzt sag mir, wer gehört nach Südafrika? Und nur, weil sich ein paar von ihren Leuten die komischen Regeln in den Kopf gesetzt haben, darf ich nicht leben, wo und wie ich will. Die haben mit uns Schöpfer gespielt, unser Leben vergiftet und vernichtet. So ein System kann ich doch nicht akzeptieren.«

In den Monaten der Jobsuche sprach ein Freund einmal beiläufig von einem Jugendklub. »Komm, geh doch mit«, sagte er, und Lea, neugierig wie immer, war zur Stelle. Und sie fand einen Kreis, in dem es freundlich, locker und interessant zuging. Um die 50 Leute waren immer da, in einem schmucklosen Raum in Long Street, im Zentrum von Kapstadt. Die Gruppe gefiel Lea. Man diskutierte auf eine erfrischend kluge Art, machte kleine Ausflüge oder saß zusammen in herrlich frechem Blödeln. Der Jugendklub wurde Leas ständige Freizeitadresse. Ohne es anfangs zu bemerken, hatte sie bei der ANC-Jugendliga Anschluß gefunden.

»Im Jugendklub kam ich wieder ins Gleichgewicht«, sagt Lea, »dort merkte ich, daß mich nicht alle Leute ablehnten. Ich lernte, mein Problem mit der Jobsuche anders zu sehen. Ich war glücklich und stolz, daß sich niemand um meine Hautfarbe kümmerte. Daß die meisten in der Gruppe Weiße waren, spielte für mich sowieso keine Rolle. Im Klub bekam ich meine politische Grundlage. Die anderen sprachen aus, was ich nicht zu denken wagte, instinktiv. Denn daß man schnell im Gefängnis landete für bloßes Reden, das wußte ich schon.«

Im Klub ging's vor allem um Politik. Wobei Lea noch gar nicht hätte sagen können, wann eine Angelegenheit privates Pech ist und wann politische Infamie. Was hinter ihrer vergeblichen Jobsuche steckte, darauf wäre sie jedenfalls nicht gekommen, wenn die Leute im Klub sie nicht darauf gestoßen hätten. Die hatten Ahnung, stellten historische Zusammenhänge her, klärten sie auf über die burische Hartnäckigkeit, die Hautfarben voneinander abzusondern, und über den Opportunismus der Briten, die immer im Mäntelchen des Liberalismus daherkamen, um in entscheidenden Momenten für die Apartheid zu votieren. Und Lea sah, daß ihre klugen neuen Freunde sich vor der Polizei verstecken mußten, nur weil sie das System nicht akzeptierten.

Lea näherte sich dem Durchblick.

Zu Mädchen ihres Alters hatte sie in dieser Zeit kaum Kontakt. Die interessierten sich nämlich nur für einen Ehemann und Kinder. Lea war taub auf diesem Ohr. Aber sie erfuhr, daß der Makel der Hautfarbe bis in Liebesbeziehungen hineinwirkte. Sie hörte manchmal in Gesprächen von der wahren Sehnsucht der Mädchen:
»Die probierten alles, um sich einen Weißen zu angeln. Sie schmierten sich Skin Lightener ins Gesicht, um helle Haut zu kriegen, sie benutzten Tinkturen, um die Krause aus den Haaren rauszumachen, alles in der Hoffnung, als Weiße umklassifiziert oder für einen weißen Mann attraktiv zu werden. Denn dann würden sie es besser haben, ihre Kinder könnten in bessere Schulen gehen, sie könnten in schöneren Häusern wohnen, bessere Jobs und eine bessere Krankenversorgung kriegen. Ein weißer Ehemann – und alle Türen stünden offen. Er war das Ticket zur geschlossenen Gesellschaft der Weißen, zum Platz an der Sonne.«
Leas Lebensplanung war von solchen Träumen nicht angekränkelt. Nie wünschte sie sich auch nur einen Flirt mit einem Weißen.
»Erstens hatte ich einen Heidenrespekt vor dem Immorality Act, der 1957 erlassen wurde; ich hatte keine Lust, für so was ins Gefängnis zu gehen. Zweitens wäre es nie eine Verbindung von gleich zu gleich gewesen, das hat mich abgeschreckt. Stell dir nur vor, du bist mit einem Baas verheiratet, der dich irgendwann doch spüren läßt, daß du weniger wert bist als er. Nein, bloß das nicht.«
Lea hatte noch keine Gedanken für die erste Liebe. Überhaupt einen Freund zu haben, das schien Lea wie der Start in ein langweiliges Leben. »Ich wollte nur allein sein, ein Buch lesen, auf den Berg gehen, mich mit einem Buch oben hinsetzen, ohne Kontrolle von irgendwem. Das war mir so wichtig, daß ich schon dachte, irgendwas stimmt nicht mit mir.«
Wenn Lea auch noch nichts mit Jungen und Heiraten im Sinn hatte, das weiße Schönheitsideal hatte sie doch verführt.
»Was habe ich alles gemacht, um mein Haar glatt zu kriegen«, sagt sie, »es hat nichts gebracht. Schau dir meine Haare an, schwarz und kraus.« Heute sind die pubertären Anstrengungen für Lea ein Grund zum Lachen.
Trotz ihrer Teenagersorgen beschäftigte Lea das Problem, eine gute Arbeit zu finden, am meisten. In einer Fabrik anfangen?
Ausgeschlossen!
»Ich wußte, das war das Niveau, das die weiße Regierung für uns

vorgesehen hatte. Freunde von mir arbeiteten in der Fabrik. Sie hatten keine Wahl, ihre Eltern waren arme Schlucker, die ihren Kindern höchstens vier Jahre Schule bezahlen konnten. Ich wollte mich nicht von Sirenen und Stechuhren kommandieren lassen. Ich wußte inzwischen, wir sind zwar unterdrückt, aber das laß ich nicht mit mir machen. Es war damals ein Privileg, nicht in der Fabrik arbeiten zu müssen.«

Diese Haltung war eine neue Runde in Leas kleiner Rebellion.

»Später habe ich es meinen Eltern zum Vorwurf gemacht, daß sie mich nicht über das System aufgeklärt haben, daß sie mich nicht gezwungen haben, weiter zur Schule zu gehen. Das Geld hätten sie gehabt. Aber die größte Sorge meiner Mutter war immer, daß ich Sauberkeit und Pünktlichkeit lerne, daß ich auf die Minute zum Vieruhrtee und zum Abendessen zu Hause bin. Fast wie in einer Fabrik.«

Schließlich fand Lea eine Stelle in einem Büro. Sie bekam weniger Lohn als ihre weißen Kolleginnen. Wieder ein Stück Ernst des Lebens, den sie dabei war zu entdecken. Sie zahlte ihren Tribut, indem sie sich fügte, frustriert bis in die Haarspitzen.

Und immer noch fühlte sich Lea nur zur Jugendliga hingezogen. »Die Jugendlichen wurden zur Avantgarde im ANC«, sagt sie.

So war's, denn Nelson Mandela hatte als Vorsitzender der ANC-Youth League in den letzten Jahren den Laden auf Vordermann gebracht. Und in diesem Umfeld erlebte Lea 1955 aufs neue, wie man mit Leuten ihrer Kategorie umging.

»Auf nach Johannesburg!« hieß es in der Jugendliga, »in Soweto wird die Freiheitscharta verabschiedet.«

Die Kapstädter ANC-Leute organisierten mehrere Lastwagen für den 25./26. Juni 1955. Es war noch halbe Nacht, als sie nach Norden aufbrachen ins 1400 Kilometer entfernte Johannesburg. Das Wetter war gut, die Stimmung auch.

»In Beaufort West stoppten sie uns, nicht mal ein Viertel der Strecke hatten wir hinter uns. Ich weiß nicht, wie viele wir waren, 100 vielleicht, aber wir alle wurden von der Polizei mitgenommen.«

Es schien harmlos abzugehen, die Polizei stellte auf dem Revier nur ihre Personalien fest und ließ sie wieder gehen.

Es war inzwischen Samstagmorgen, und die Gruppe war um so fröhlicher jetzt, denn die Polizeiaktion war ja gut überstanden. Aber man hatte Beaufort West noch nicht lange hinter sich gelassen, da blockierte Polizei erneut die Straße. Diesmal hieß es, alle müßten eine

Reiseerlaubnis vorlegen. Reiseerlaubnis? Keiner hatte so was. Also landeten sie im Gefängnis, alle, wieder in Beaufort West.

»Wir waren ja so blöd«, ärgert sich Lea jetzt noch, »wir kannten nicht mal unsere Rechte. Sie hätten uns gar nicht festnehmen dürfen, aber das wußten wir nicht.«

Lea selbst war die reine Unschuld, ohne Angst: »Ich dachte mir, wir haben nichts verbrochen, haben sie nicht mal mit Slogans gereizt. Ich fühlte mich sicher.«

Es wurde Leas erste und einzige Nacht im Gefängnis. Ihre Mutter weiß von dieser Nacht bis heute nichts.

Der Sonntagmorgen brachte allen wieder die Freiheit.

»Macht, daß ihr wegkommt«, sagten die Beamten generös.

Jetzt gab es für die Reisenden keinen Grund mehr zum Fröhlichsein, nur noch den leisen Weg zurück nach Kapstadt. Die historische Zusammenkunft von Südafrikas Apartheid-Opponenten in der Western Native Township von Johannesburg, heute Teil von Soweto, hatten sie verpaßt.

»Aber eine von uns kam doch durch«, lacht Lea, »eine Freundin von mir. Ich hab' vergessen, wie sie es bis Johannesburg schaffte. Ich sah am Montag ihr Bild in der Zeitung, wie sie dabei war, die Freedom Charter zu essen. Ein Polizist neben ihr sah hilflos zu, wie sie das Beweisstück zerkaute. Das war am Ende der Veranstaltung. Sie erzählte mir, daß die Genossen sie voller Überraschung auf der großen Wiese in Soweto begrüßt haben: ›Was machst du denn hier, die Delegation aus Kapstadt haben sie doch eingelocht?‹«

Über den Joke, einfach zu essen, was sie hätte ins Gefängnis bringen können, haben sie hinterher noch oft gelacht.

»Das war unsere Art. Du kannst nur mit Humor und quick thinking reagieren, wenn du nicht im Gefängnis landen willst.«

Durch die Montagszeitung erfuhr Lea auch, daß die Polizei die Zusammenkunft von fast 3000 Leuten am Samstag unter diskreter Belagerung hatte über die Bühne gehen lassen. Aber am Sonntagnachmittag gegen vier war sie mit leichten Maschinengewehren im Anschlag aufmarschiert. So zog einen Kordon um die Menge, und 15 Sicherheitspolizisten stiegen auf die Bühne, um zu verkünden, daß die Redner im Verdacht stünden, Hochverrat vorzubereiten. Namen und Adressen sämtlicher Delegierten wurden registriert, ein Heer von Beamten konfiszierte alle Dokumente, Flugblätter, Plakate, Filme, sogar die Adressen jener Firmen, die mit Stullen, Hühnchen und Getränken für die Verpflegung der Menge sorgten. Die Kongreßredner mußten die empörten Delegierten besänftigen. Sie stimmten die Hymne der Schwarzen »Nkosi Sikelel' i Africa – Gott schütze Afrika« an und diskutierten weiter über die Charta, als gäbe es die suchenden und schreibenden Polizisten gar nicht. Noch abends um acht waren die damit beschäftigt, die Adressen der Leute zu notieren, die allmählich den Platz verließen, um heimzufahren.

Dieser Sucheinsatz im Juni hatte ein folgenschweres Nachspiel. Im September landete die Polizei ihren wohlkoordinierten Coup: Sie durchsuchte die Wohnungen von mindestens 500 Aktivisten, beschlagnahmte alle Dokumente, die sich auf die Freiheitscharta bezogen und suchte nach allen nur möglichen Beweisen für ihren Verdacht des Hochverrats und der Volksverhetzung. Es war der Auftakt zu einem beispiellosen Durchgreifen gegen die außerparlamentarische Opposition. Die Charta wurde die Zielscheibe aller Unterdrückungsmaßnahmen des Regimes. Im Dezember 1956 schließlich hatten seine Schnüffler alles zusammengetragen. Ihre Arbeit von eineinhalb Jahren mündete im berühmt-berüchtigten »Treason Trial«, gegen die Phalanx von 156 Angeklagten, unter ihnen Mandela und Sisulu.

Da gab es die Jugendliga längst nicht mehr. Die Polizei hatte die paar Schränke in Long Street durchsucht, und zwar nichts gefunden, aber den Klub trotzdem geschlossen. Seitdem vermißte Lea einige von der Gruppe, sie waren still von der Bildfläche verschwunden. Alle wußten, wohin: ins Ausland, hauptsächlich nach England.

»Da wurde mir klar, daß unser System durch und durch unrecht ist, daß es nie irgendeine Änderung auf friedlichem Weg zulassen wird«, sagt Lea, »bis dahin war ich ja noch naiv gewesen, ein Schaf. Ich hatte gedacht, mit gewaltfreier politischer Arbeit könnten wir uns unsere Rechte erkämpfen.«

Aber immer noch hatte Lea zu wenig Phantasie oder politische Weitsicht, um zu wissen, daß der Arm des Regimes eines Tages noch viel massiver in ihr Privatleben eingreifen würde. Wie, das erlebte sie Jahre später, als ihr Leben per Regierungsdekret aus den Angeln gehoben wurde.

Lea lebte da immer noch bei ihren Eltern. Der Großvater war nun schon lange tot.

1960 hatte Lea geheiratet.

»Ich frage mich noch heute, warum eigentlich«, sagt Lea, »ich glaube, ich war nicht mal verliebt. Es war wohl nur eine neue Rebellion. Ich hatte so viel Unzufriedenheit in mir. Ich fühlte, daß ich meiner Mutter nicht recht war. Ich selber war mir nicht recht geheuer. Nie hatte ich etwas für einen Mann empfunden. Ich hatte keine Beziehung, keine Erfahrung. Daß einer mich in die Arme nimmt, ja, davon hab' ich geträumt, daß einer mich hält, aber mehr wollte ich nicht. Es gab viele Männer, die mir ihr Interesse gezeigt haben, aber ich wollte nichts mit ihnen anfangen. Vielleicht war ich zu verträumt. Ich wollte wohl jemand Besonderen, den Prinzen.«

Und der soll Johnny gewesen sein? Der Mann, der Lea das Leben schwer machte, so gut er nur konnte?

Lea ahnte es. Schon vor der Hochzeit wollte sie ihn nicht mehr. Aber das Kleid hing schon im Schrank, ihr Vater hatte es mit ihr ausgesucht. Lea hatte beim Einkaufen das Bedürfnis, mit ihm über ihre Beklemmung zu reden. Aber sie brachte nur Belangloses heraus.

Ihr Vater freute sich sichtlich über das vermeintliche Glück seiner Tochter. Und ohnehin trug Lea immer noch das Gefühl mit sich herum, daß ihr Vater sich sowieso nicht sonderlich für sie interessierte.

Tage vor der Hochzeit kam die Frau des Geistlichen zum üblichen Brautgespräch, antwortete auf Leas zaghaft artikulierte Bedenken, man könne nichts erzwingen, die Angst vor der Ehe werde sich legen.

Lea wagte es, der Mutter den Rückzieher anzudeuten. Die war entsetzt, ungerührt von Leas verweinten Augen, hielt ihr das Gerede der Leute vor, diese Schande. Und Lea gab nach, hatte das tröstliche Gefühl, der Mutter einen großen Gefallen zu tun.

»Jahre später bekam ich eine ungeheure Wut auf meine Mutter. Und als ich einmal mit meinem Vater darüber sprechen konnte, sagte er: ›Warum hast du mir nichts davon erzählt!‹ Er hätte mir geholfen, das weiß ich seitdem, bei ihm hätte ich mich anlehnen können.«

Also war Lea eine gute Tochter und heiratete Johnny wie geplant. Zwei Töchter kamen, Ruth und Charlene, und alle lebten sie mit Onkel und Tante und Leas Eltern in ihrem Häuschen in District Six.

Und dann begann der Countdown, 1966. Die Regierung beschloß, District Six auszulöschen. Sie wollte Raum schaffen für ein weißes Viertel.

Für die Sixer begann mit dieser Verfügung ein Unglück ungekannter Dimension. Sie betraf mehr als 3000 Hauseinheiten, 18 von ihnen in indischem Besitz, 26 im Besitz von Farbigen, der Rest gehörte Weißen und der Stadtverwaltung. Die Menschen, die in diesen Häusern lebten, waren zu einem Prozent Weiße, zu vier Prozent Inder und zu 94 Prozent Farbige.

»Ich seh' sie noch vor mir, die braunen Umschläge, wo ›Amptelik‹ draufstand. Da schrieb die Behörde, wir sollten alle persönlich in den Büros in Barrackstreet erscheinen, unsere Identität und unsere rassische Zugehörigkeit sollten überprüft werden. Jede Familie bekam diese Aufforderung.«

Leas erste Reaktion war Verblüffung.

»Ist das zu glauben«, sagte sie zu ihrer Mutter, »unser dreckiges Viertel wollen sich die Weißen unter den Nagel reißen?« Man hätte fast lachen können.

Spekulationen, was die Regierung wohl vorhatte mit einem, waren Tagesgespräch im Viertel. Inspektoren tauchten auf, stellten Fragen, füllten Formulare aus. Die Sixer waren mit einer Macht konfrontiert, die sie so erbarmungslos denn doch noch nie zu spüren bekommen hatten.

Die Stimmung schaltete auf kleinlaut. Mit der selbstbezogenen, insularen Umbekümmertheit war es vorbei. Alle sahen eine düstere Wolke aufziehen, von der noch nicht klar war, welches Gift sie entladen würde. Ein Grauschleier legte sich über das Viertel.

Keiner hatte je damit gerechnet, einmal nicht mehr im District leben zu dürfen. Selbst wer seine Miete nicht zahlte, wurde nicht gleich rausgesetzt. Umziehen hieß bis dahin immer nur, in den nächsten Block, in die nächste Straße wechseln. Aber das Viertel verlassen, nur wegen der Hautfarbe – das war zu absurd, um gedacht zu werden. Mochte es auch den Leuten im fernen Sophiatown bei Johannesburg Jahre vorher genauso ergangen sein – wer wußte das schon oder hätte es aufs eigene Dasein bezogen?

»Wohin sollen wir uns wenden?« war die Frage nach dem ersten Schock. »Wir hatten keine Ahnung, wo wir uns beschweren konnten, ob das überhaupt Sinn hatte. Wir waren wie ein Haufen aufgescheuchter Hühner.«

Lea weiß nicht mehr, wohin sie die Briefe adressierte, in denen sie um Aufschub bat für ihre Familie. Einmal ging sie in ein Büro, wurde weitergeschickt, man gab ihr schließlich grob Bescheid, die Regierung habe die Räumung beschlossen, Gesetz sei der Group Areas Act, seine Erfüllung längst überfällig, da er ja schon 1950 in Kraft getreten sei. Die Leute im Viertel hätten Zeit genug gehabt, sich auf die Räumung einzustellen.

»Keiner sagte mir, was unsere Rechte sind. Die Bürokraten hatten immer nur die Tour drauf: Du mit deiner dunklen Haut hast hier nichts zu melden.«

Die Sixer kämpften ein bißchen, bevor sie aufgaben. Allerdings – sosehr sie auf den Straßen ihres Viertels auch Kampfgeist geatmet hatten, Konfliktfähigkeit im Kampf mit dem System ging ihnen völlig ab. Sicher, auf ihren Versammlungen machten sie große Sprüche. Protestbriefe wurden verabschiedet mit der vollmundig formulierten Weigerung, jemals wegzugehen. Viele Gründe führten sie dafür an, zum Beispiel die nüchtern kalkulierten Kosten: Es sei Unsinn, Häuser zu zerstören, wo die Wohnungsnot so drückend sei.

Aber die Regierung nahm kein Jota zurück. Gnadenlos. Dafür überschüttete sie die Sixer mit toten Worten. Nie hatte sie sich um das Viertel gekümmert, jetzt nannte sie seine heruntergekommene Infrastruktur als Grund für die Räumung. Die Wohnbedingungen seien untragbar, das Viertel sei mit öffentlichen Einrichtungen, mit Schulen und Gesundheitseinrichtungen unterversorgt. Daß 60 Prozent der Häuser noch gute Bausubstanz hatten, war als Einwand unerheblich. Einem Außenstehenden mußte es scheinen, als wolle die Regierung den Bewohnern mit der Räumung nur einen Gefallen tun. Die Politiker nahmen sogar die Würde der Menschen in District Six als Alibi her: Sie hätten bessere Häuser einfach verdient. Die Vokabel Menschenwürde mißbrauchten die Sachwalter der Apartheid überhaupt fortgesetzt in jenen Jahren, der Leichenzug geschändeter Wörter wurde ziemlich lang.

Es ging ja auch gar nicht um die Erhaltung von angestammtem Lebensraum, es ging um die Säuberung der Stadt. Die Farbigen mehrerer Gebiete sollten zusammengefaßt werden. Und wie das unter »humanen« Gesichtspunkten zu bewerkstelligen sei, darüber machten sich die Politiker auch viele Gedanken. Sie setzten eine Kommission ein, die erarbeitete Vorschläge, wie die Ausbildungs- und Arbeitsmisere der farbigen Bevölkerung verbessert werden könne. Widersinnig? Nein, schlicht real.

Den Sixern blieb nur die Kapitulation, das sagten auch ihre Rechtsanwälte. Nicht einmal das Gesetz hatten sie auf ihrer Seite. Das Regime hatte die duldsame Gesetzesmasse längst nach seiner Ideologie geknetet und holte nun wie ein zufriedener Bäckermeister die gut geratenen Semmeln aus dem Ofen. So einfach ging das. District Six war schon so gut wie tot.

Und die Tragödie hatte ja auch ihre Nutznießer. Die Grundbesitzer hofften auf einen satten Reibach durch die höheren Bodenpreise, die die künftig weiße, wohlhabende Klientel zahlen würde.

Es waren auch nicht alle, die auf ihrem Heimatrecht beharrten. Die Sixer waren selbst in der Verzweiflung nicht unter einen Hut zu bringen. Es gab nicht wenige, die sich freuten, aus dem Dreckloch herauszukommen. Ihr Instinkt reagierte auf den Glockenton des Neuen, registrierte nur »die Häuschen frisch vom Reißbrett, mit Strom versorgt, in übersichtlichen, geteerten Straßen«. Wohnen im Neuen – das war ihnen eine prima Alternative zur jahrzehntealten abgewrackten Erbärmlichkeit von District Six.

»Aber für uns war es furchtbar, das kann ich dir sagen, zum Heulen«, sagt Lea, »eine irre Wut hab' ich in meinen Eingeweiden gespürt.«

Die folgenden Jahre lebte Lea auf schwankendem Boden, Jahre, in denen sich noch nicht viel veränderte, eine Wendung zum Guten jederzeit möglich schien. Keine Phantasie war ihr zu kühn, um nicht die Stunden manch schlafloser Nacht wunderbar zu polstern. Lea und die Familie in Wartestellung.

Dieses zehrende Gefühl des Ausgeliefertseins, Spielball der weißen Politiker zu sein, die sie niemals würde abwählen können, diese Bedrohung ohne absehbares Ende nährte in Lea den Zorn.

Ihre Wut und Verbitterung multipliziert mit der Wut von Hunderttausenden, ja Millionen von Nicht-Weißen, die sich alle in irgendeiner Form weißer Gängelei beugen mußten – nicht viel Verstand ist nötig, um sich auszurechnen, welches Aggressionspotential da gemästet wurde.

Auch Lea ließ ihn wachsen, ihren Widerwillen, ja Haß gegen alle Weißen, ohne privat irgendeinen Kontakt zu Weißen zu haben. Die Zeit im Klub lag schon ewig zurück. Ihre Gefühle waren Lea ein zusätzlicher Unruheherd: Sie war doch immer eine friedfertige Natur gewesen, weshalb bloß hatte sie auf einmal diese Gelüste nach großer, befreiender Gewalt? Ihre Gedanken kreisten überhaupt viel um die Weißen: »Sie sind Menschen wie wir, sie weinen dieselben Tränen wie wir, sie haben ein Herz wie wir, und sie haben alle Rechte, warum hilft uns keiner von ihnen in dieser himmelschreienden Ungerechtigkeit?«

Keine Gegenstimme erhob sich im Viertel, wenn jemand sagte: »Na und, was erwartest du anderes von ihnen? Die Buren setzen uns immer den Stiefel ins Kreuz. Und selbst wenn du meinst, du hast einen Freund gefunden, sie können es nicht ertragen, wenn du nicht zu ihnen aufschaust. Irgendwann enttäuschen sie dich, und wenn es erst nach Jahren ist. Sie werden dich immer im Stich lassen.« Ja, so war es wohl. Von Weißen konnte nichts Gutes kommen. Schwarzes Schicksal war es, von ihnen herumgestoßen zu werden wie unerwünschte Kinder. Respekt? Rücksichtnahme? Auf wen denn? Auf schwarze Menschen? Apartheid war ein Nimmersatt, dem nie der Appetit verging. »Nur ein toter Weißer ist ein guter Weißer«, gegen diesen damals oft gehörten Satz hatte Lea nichts einzuwenden.

Die Räumung begann.

»Das erste Haus, das sie sich vornahmen, war in Longmarketstreet«, sagt Lea. Ihr Onkel und seine Frau waren unter den ersten, die das Viertel verließen, freiwillig, in frohgemuter Aufbruchstimmung. Aufbruch wohin?

Die Regierung hatte sich nicht lumpen lassen. Mehrere Gebiete waren für die Vertriebenen entstanden, ausstaffiert nach bewährter Art. Mit hübschen Namen für die große Mogelpackung fing das an: Grassy Park, Lotus River, Lavender Hill – welcher Scherzbold mag sich wohl diese Stimmungsmacher ausgedacht haben für die Massensiedlungen? Sie waren auf Ödland gesetzt, in die sandigen Ebenen der bis dahin menschenleeren Cape Flats. Allmacht verteilt selten Wohltaten. Die Cape Flats, bis zu 40 Kilometer vom Zentrum Kapstadts entfernt, waren eine rauhe, windige Gegend, im 17. Jahrhundert abgeholzt von den Siedlern, um ihre Feuerstellen zu füttern. Seitdem waren die Cape Flats zu nichts mehr zu gebrauchen, bestehend nur aus Dünen, die der stetige Wind landeinwärts trieb. Nicht mal geteerte Straßen konnten die Wanderung der Dünen aufhalten, über kurz oder lang waren sie verschwunden unterm feinen, hellen Sand.

An diesem Ort also hatte die Regierung ebenerdige Matchboxhouses errichten lassen, identisch im Design, in Reih und Glied und tristen Häuserzeilen, die sich zu mehreren Townships, einem gigantischen Wohngebiet für Farbige, auswuchsen. Im Vergleich zu District Six war es dort klinisch sauber, leise wie auf einem unbelebten Behördenflur und so übersichtlich, daß keine Ratte sich verstecken konnte. Der Kontrast hätte nicht härter sein können. Auf die umtriebigen Sixer wartete eine moderne Wüste, hell, zweckmäßig, anonym, jedes Haus gleichsam eine Kontaktsperre, jede Familie abgeschottet in ihrer eigenen kleinen Diaspora. Aber hygienisch einwandfrei. Zweifellos, die neue Heimat hatte eine bessere Wohnqualität, aber in ihrer Lebensqualität hielt sie dem Vergleich mit District Six nicht stand.

Es war wirklich zum Weinen.

Wer wo hinkam, entschied die Verwaltung je nach Einkommenslage. Gefragt wurde keiner. Nur wer Geld hatte, mußte der Order der Regierung nicht folgen und suchte sich selbst was. Die wenigsten konnten das.

Lea macht die Rechnung auf, die Moderne hatte ihren Preis: »Wir waren hinterher ärmer als vorher, sogar unseren Umzug mußten wir selber zahlen. Unsere Löhne sind natürlich nicht gestiegen. Die Leute hatten plötzlich so wenig zum Leben, daß sie ihre Teebeutel zum Trocknen an die Wäscheleine hängten, um sie am nächsten Tag noch einmal zu benutzen.«

In District Six hatte man vielleicht nur zehn Rand Miete gezahlt, in den neuen Vierteln waren es durchschnittlich 30 Rand. Da alle Häuser mit Strom versorgt waren, kamen die Stromkosten hinzu. Die Leute hatten zu ihren Arbeitsplätzen nur Fußwege zurücklegen müssen, Fahrgeld war kein Haushaltsposten. Jetzt wurde auch das zur monatlichen Last. Die Township Mitchells Plain war 29 Kilometer vom Zentrum weg, Hanover Park und Lavender Hill, wo Lea landete, an die 15 Kilometer. Der Vorortzug ging an den Townships vorbei, und das Sammeltaxi war teuer. Zu all den Verlusten kam noch ein technischer Nachteil: Für Beschwerden war nun kein Grundbesitzer mehr zuständig, den man gekannt hatte, dem man sogar dauernd begegnet war. Jetzt wurde der Staat Ansprechpartner. Das bedeutete wiederum: nach Kapstadt hineinfahren, sich durchfragen, Stunden verlieren. Also überlegte man sich Beschwerden zweimal.

Weit weg von der Arbeit, weit weg von den großen Geschäften, weit weg vom Tafelberg, das war für die Sixer das Ende vom Lied.

»Immerhin haben wir's nah zum Strand«, witzelte Lea damals, der einzige Trost, den sie zur Hand hatte.

Selbstmorde waren die Vorboten des neuen Lebens in Mitchells Plain.

»Nie vorher hatte es so viele Beerdigungen von alten Leuten gegeben. Sie haben den Schrecken, diesen Trennungsschmerz und die Verwirrung nicht verkraftet«, davon ist Lea überzeugt, »ein Glück nur, daß meine Großeltern schon tot waren.«

Das große Aufräumen ging zügig voran. Wenn ein Haus in den Cape Flats fertig war, wurde die betreffende Familie abgeholt. Der Bulldozer wartete schon, während ein Haus geräumt wurde. Er hatte es eilig. Keiner sollte die Chance haben, sich in einem leerstehenden Haus einzunisten.

Lea erinnert sich an die Schneisen, die allmählich das Viertel lichteten, in Java Street, Buitenkant, Springfield Street. Ihr erschrecktes Staunen machte sie philosophisch: »Wie schnell so ein Haus doch zusammenfällt! Da haben Generationen gelebt, kleine Geschichte gemacht, und in Stunden ist nichts mehr davon übrig...«

Vielen dieser Exekutionen konnte sie beiwohnen. Jede erinnerte sie daran, daß sie eines Tages selbst an der Reihe sein würde.

»Manchmal war die Luft voller Staubschwaden, wenn ich nach Hause kam, so hatten die Bulldozer gearbeitet.« Allabendlich hatten die Heimkommenden neuen Grund zur Fassungslosigkeit. Die Kulissenschieber arbeiteten verdammt schnell.

Wer hoffte, Ignorieren sei ein Rettungsring, fand vielleicht beim Heimkommen seine Siebensachen vor dem Haus. Oder das Kommando kam und begann seine Räumarbeit unter den bangen Augen der Bewohner.

Auf den Straßen entstand ein neues Spiel: Kinder konnten auf ausrangierten Möbelstücken herumhopsen, Sessel verschieben und durchprügeln, ohne daß es Schimpfe gab.

Und allmählich verstummte District Six, wurde altersgrau, kahl, ein Skelett.

Wie ist das, wenn man zusehen muß, wie ein Baum in vollem Saft entlaubt wird?

Lea stellte aber fest, daß sich der Schmerz noch steigern ließ. Sie wurde mit ihrer Familie einem der vielen Wohnblocks in Lavender Hill zugeteilt. Ihre Eltern dagegen zogen alleine in ein Haus. Man würde also nicht mal mehr unter einem Dach sein! Ein neuer Schock für die Großfamilie.

»Ich war daran gewöhnt, mit meinen Eltern zu leben, wir wollten nicht auseinandergehen. Es war klar, daß ich meine Eltern im Alter pflegen würde, so war das üblich bei uns. Aber nicht mal darauf hat die Regierung Rücksicht genommen.«

Wieder versuchte Lea, dieses Drama abzubiegen. Aber was sollte ihr Bitten auf dem Amt? Hunderte anderer Familien hatte das gleiche Schicksal längst akzeptiert. Alle Einwände waren x-mal gehört und durchgekaut. Papperlapapp Familiensinn und christliche Pflicht, die Familie zu schützen.

»Meine Eltern sind über 60, was passiert mit ihnen, wenn sie mal krank werden an diesem fremden Ort?« hielt sie den Beamten vor. Und irgendwann hatten Leas Einwände einen kleinen Erfolg: Sie bekam eine Wohnung in derselben Gegend wie ihre Eltern zugewiesen, in Lavender Hill.

Die nahende Räumung war für Lea die Zeit maximaler Anspannung. Sie hatte nicht mal Zeit zu weinen, so beschäftigt war sie damit, sich zur Wehr zu setzen. Ihre Mutter konterte Sentimentalitäten meist mit Spott. Oder sie sagte gar nichts, zog ihren Kopf zwischen die Schultern, als wolle sie dem Unheil ausweichen, das dabei war, ihre vier Wände zu erreichen.

Aber noch war Leas Familie nur Zeugin beim großen Kehraus, der zunächst nur die anderen erwischt hatte. In den letzten Wochen hauste Leas Familie in einem Ruinenfeld. Trümmerspiel war da die aktuelle Beschäftigung der übriggebliebenen Kinder. Sie wenigstens fanden noch Vergnügen in den Gebeinen des Viertels, dem Abraum von Kirchen und Moscheen und dem infrastrukturellen Überbleibsel von fast 11 000 Familien. Nur eine Kirche und ein paar Häuser am Rand des Viertels sollten verschont bleiben, Häuser von Weißen.

1973 war Leas Haus dran. Im Mai, kurz vor dem anberaumten Termin, bezog sie die neue Wohnung, die Kinder ließ sie noch bei den Eltern.

»Ich sagte mir, ich zieh' nicht um, wann sie wollen, sondern wann ich will. Mit solch einem sinnlosen Trotz reagierst du, wenn dein ganzes Leben unter der Fuchtel eines Regimes steht. Wenigstens dürfen wir sterben, wann wir es wollen.«

Im Juni war es für die Eltern soweit. Das Häuschen war nur noch ein einsames Gebäude auf dem städtischen Schlachtfeld der Apartheid. Leas Eltern waren fast die letzten.

Am frühen Morgen kamen die Männer. Sie klopften an die Wohnungstür: »Maak oop! – Aufmachen!«

Unabhängig davon, wie sachte ihr Pochen gewesen sein mag, Lea durchfuhr es dröhnend:

»Ich höre es immer noch, dieses bumbumbum«, und einen Moment ist Lea in Erinnerung versunken, braucht länger als sonst, um sich eine Zigarette anzuzünden.

»Meine Mutter sagte ›Mijnheer‹ zu dem ersten, der reinkam und der Minuten später sagte: ›Wenn Sie nicht voranmachen, werden die

Bulldozer Sie hopsnehmen, wir werden das Haus kleinmachen, mit Ihnen drin!‹ So machten sie den alten Leuten immer noch mehr Angst. Wir schleppten unser Zeug auf den Lastwagen, und dann standen wir auf der Straße und sahen zu, wie der Bulldozer das Haus zerstörte.«

Ein Graffito an einer entfernten Hauswand war ihr wie ein letztes Attest über den jahrelang durchlittenen Kummer:

»The Group is killing my people – Der Group Areas Act tötet mein Volk.«

Das war es auch, was Lea spürte: Ein Teil von ihr starb. Nie hat sie das Gebiet wieder betreten.

»Und als das Haus in Trümmer fiel, fing meine Mutter an zu singen: ›I can see clearly now‹, damals ein populärer Schlager, sie sang: ›Jetzt sehe ich klar, der Regen hat sich verzogen, und ich sehe alle Hindernisse.‹ Sie hat gelacht dabei, wie ich sie nie hab' lachen hören, voller Schmerz und Trauer.«

45 Jahre hatten ihre Eltern in District Six miteinander gelebt.

Als Lea sich vom Tafelberg verabschiedete, war das Viertel noch immer nicht leer. Erst Jahre später wurden die letzten 32 Familien aus District Six evakuiert. Sein Name steht stellvertretend für zahlreiche andere Exzesse der Apartheid. Die Regierung versuchte vergeblich, ihn auszulöschen: 1978 taufte sie die öde Fläche um, in »Zonnebloom«.

Irgend jemand prägte einmal dieses Bild: Die Sixer wurden in alle Richtungen verstreut, wie die Speichen eines Rades.

Es war für alle ein Neuanfang. Das Haus von Leas Eltern hatte die halbe Grundfläche des alten Hauses, zwei kleine Zimmer, eine winzige Küche und ein Bad. Die Elektrizität war den Eltern kein Trost. Das Liliputhaus von knapp 45 Quadratmeter Grundfläche war die moderne Version der ersten Matchboxhouses in älteren Townships. Die Familie hatte manches Möbel zurücklassen müssen, das ihr nicht nur lieb, sondern auch teuer gewesen war.

»Wir hatten große, hohe Räume. Für das neue Haus waren unsere alten Möbel viel zu groß. Das meiste mußte mein Vater für wenig Geld verkaufen.«

Angefangen mit dem Küchentisch, diesem uralten Inventar, an dem sich allabendlich Familienleben abgespielt hatte. Er paßte nicht in die neue, knapp Neun-Quadratmeter-Küche.

»So viele sentimentale Gedanken hingen an diesem Tisch«, sagt Lea, »zwei Schränke und ein Büfett kamen zu einem Trödler.«

Lea konnte nur ein einziges der vertrauten Möbel in ihrer neuen Wohnung unterbringen: ihr Bett aus Mädchenzeiten, das ihr Ehebett geworden war.

Objektiv verbesserte sich ihre Lage: Die Familie hatte jetzt drei Zimmer, Küche und sogar ein Bad, ganz für sich alleine!

Aber das zählte ja nicht. Lavender Hill war toter Asphalt. In District Six hatte man im Laden um die Ecke sein Telefon. In Lavender Hill gab es keine Postämter, kein privates und kein öffentliches Telefon, keine Straßenbeleuchtung, keine Busse. Kein Taxi fuhr zur Bahnstation. Eine halbe Stunde Fußweg hatte Lea zum Bahnhof. Viele Leute in Lavender Hill hatten vorher in Elendshütten und Zelten gelebt und waren nun in kleine Wohnungen gepfercht. Verbrechen brachten sie mit. Das also war Leas neue Heimat, sie war umgeben von fremden Gesichtern, neuen Nachbarn. Und die wenigen Läden, weit weg, hatten auch nicht wie gewohnt rund um die Uhr geöffnet. Gemeinschaftssinn gab's nicht mehr, Anonymität und Desinteresse bestimmten das Klima, zwischen den Häuschen brütete Argwohn.

So startete das Leben vom Reißbrett.

Und Lea schwor sich am ersten Tag: Hier komme ich wieder raus, in ein eigenes Haus, so bald wie möglich.

In der Enge des Mietshauses ergriff sie ihre alte Angst vor Menschenmengen: »Ich hatte das Gefühl, die Leute laufen mir auf dem Kopf herum. Über mir waren Nachbarn, unter mir Nachbarn, ich kannte keinen. Kamst du durchs Treppenhaus, und eine Tür ging auf, konntest du den Nachbarn in den Kochtopf gucken. Es war furchtbar.«

Kaum hatte sie die Wohnung bezogen, ging sie zum Wohnungsamt, sagte, sie werde verrückt in diesem anonymen Massenquartier, verlangte, sofort in ein Haus umzuziehen. Aber sie mußte bleiben, wo sie war, sonst wäre ihr Anspruch auf ein Haus erloschen. Und man beschwichtigte sie. Lavender Hill werde nicht so trist bleiben, das Viertel werde sich entwickeln und eines Tages eine attraktive Adresse sein.

»Stimmt«, sagte Lea, »heute ist Lavender Hill noch viel größer, aber schön – schön ist es dort immer noch nicht.«

Sie fing an, jeden Rand zu prüfen, bevor sie ihn ausgab, ob er nicht besser in eines der Matchboxhouses investiert wäre. Aber es blieb einfach kein Geld übrig.

»Ich konnte nichts sparen, Johnny war ja kein Mann, der mir Geld nach Hause brachte. Zwischen uns gab es keinerlei Zusammenarbeit. Unsere Ehe bestand nur auf dem Papier. Nie war Geld im Haus. Und ich hab' geschuftet.« Seitdem ihre Töchter aus dem Gröbsten raus waren, hatte sie sie tagsüber ihrer Mutter überlassen und wieder als Bürokraft gearbeitet.

Es war die Zeit, als Lea immer wieder in Tränen ausbrach. Auch das eine neue Selbsterfahrung, solcherlei Anfälle hatte sie bis dahin nicht gekannt.

»Die ganze Woche über war ich stark, ganz auf meine Arbeit konzentriert. Aber samstags war's aus, der Samstag war der ›cry day‹, der Tag zum Heulen.« Regelmäßig am späten Nachmittag verließ sie ihre Disziplin, wenn die Töchter sich in ihr Zimmer verzogen hatten und Stille sich um Lea in der Küche ausbreitete, eine Atempause, in der sie sich ihrer Misere bewußt wurde. Da machten sich ihre Tränen selbständig. Dazu reichte allein die Tatsache, daß die Kinder in ihren Zimmern hockten und nicht wie früher jede freie Minute draußen verbrachten. In Lavender Hill gab es keinen Platz, der zum Spielen einlud. Außerdem kannten sie keinen, und weil sie von den robusten Nachbarskindern gehänselt und durch den Kakao gezogen wurden, war ihnen die Lust auf Kennenlernen vergangen. Daß ihre Töchter keinen Anschluß fanden, war für Lea ein neues Kümmernis, das all die anderen, größeren, nur bestätigte.

Woher nahm sie da bloß die Energie für den kühnen Traum vom eigenen Haus, gerade frisch gelandet an diesem Außenposten?

»Ich habe mir immer wieder gesagt ›Kopf hoch!‹. Einen anderen Weg wußte ich nicht. Sonst hätte ich mich gleich aufhängen können. Ich hatte keine andere Chance, als mir selber Dampf zu machen.« Und damit hatte sie Rückenwind, der gab ihr Antriebskraft, für eine Weile. Die Seele von District Six hatte sich nicht verpflanzen lassen, aber die Gewalt war mit übergesiedelt; sie eskalierte jetzt vor allem unter den Jugendlichen. Auch in ihnen hatten die ganzen Ungewißheiten der letzten Jahre Wunden geschlagen. Und nun waren sie in der großen Langeweile angekommen. Kein Baum, kein Strauch, kein eigener Platz war Hort für spielerisches Austoben.

Immerhin schaffte es Lea, Ruth und Charlene zur High-School zu schicken. Damit waren sie der Schulmisere von Lavender Hill entronnen, wo Schüler sich Schreibhefte teilen mußten und manche gar kein Schulmaterial hatten.

Allmählich beschlich Lea massive Angst vor der Zukunft. Was war bloß aus ihrer Unternehmungslust, ihrer Neugierde, ihrer Geselligkeit geworden? Die Gemeinschaft mit den Eltern gab es nicht mehr, die Kinder forderten sie. Wo sollte Lea ihr Lachen suchen? Unglück auf der ganzen Linie.

Leas Strohhalm wurde ihr alter Trotz. Aus den Prügeln, die sie vom Leben bezogen hatte, zog sie die Lehre: akzeptieren, was unvermeidlich ist, aber nie aufgeben. Lea mauserte sich zu ihrem eigenen Kraftspender, zäh und wacker aufwärts, Richtung Gipfel.

In all diesen Jahren hatte Lea ja fast nebenbei noch ihr ganz persönliches Drama durchzustehen. Ihr wurde klar, daß sie sich eine Ehe aufgehalst hatte, die ihr außer den beiden Töchtern kein bißchen Glück brachte. Johnny entpuppte sich als meist betrunkener Taugenichts. Nicht einmal jetzt war er ihr eine Stütze. Bat sie ihn nur, einen Nagel in die Wand zu schlagen, um ein Bild aufzuhängen, war es ein Kampf über Wochen, bis er sich endlich dazu bequemte. Weil er sich um nichts kümmerte, lernte Lea Anstreichen. Das war besser, als ihn vergebens zu bitten. Hatte er Lust zu einer Sache, dann machte er sie perfekt, immerhin war er Elektriker. Den Kindern tat er manchen Gefallen, isolierte ein Zimmer mit Styropor, installierte einen Boiler für heißes Wasser. Lea war die Managerin der Familie, mit dem großmäuligen Mann im Schlepptau. Deshalb räumt Lea ihm in ihrem Lebensrückblick auch nur eine Marginalexistenz ein.

»Als ich drei Jahre mit ihm verheiratet war, sagte ich immer noch dauernd ›danke‹ zu ihm. Er war immer nur dann nett zu mir, wenn nichts falsch lief.« Für alles mußte sie Dankbarkeit zeigen. Durch die Umsiedlung wurde ihr die Ehemisere nur noch deutlicher. »Aber ich merkte, daß ich unbedingt überleben wollte. Und ich sagte mir, nein, keiner kriegt mich klein, und du schon gar nicht.«

Johnny tat sich bei ihrer Selbstrettung als eifriger Bremser hervor. Ihm muß seine Untauglichkeit um so deutlicher geworden sein, je mehr seine tatkräftige Frau alle Mißstände meisterte. Er verbot ihr die sozialen Nebenbeschäftigungen, schlug sie, wenn er betrunken heimkam. Lea im Zweifrontenkrieg.

Ihr Trotz gab ihr den Mumm für die künftigen Klimmzüge. Sie besann sich endgültig auf ihre neue und einzig zuverlässige Orientierung: auf sich selbst.

Und sie hätschelte außer den Gedanken an ein Haus noch einen anderen Traum: Schon lange hatte sie bereut, daß sie als junges Ding nicht weiter zur Schule gegangen war. Jetzt wäre sie gerne Lehrerin gewesen. Sie wollte sich vorwärtsbringen, per Bildung in ein helleres Leben. Und »die Mädchen sollen es mal besser haben als ich«, dieses Ziel wurde ihre zweite Rückenstärkung, immer, wenn sie glaubte, schlappzumachen.

Also rang Lea ein Jahr nach dem Umzug ihrem Johnny ein Ja ab. 1974 gab sie die Arbeit auf und ging für zwei Jahre zu einer Tagesschule. Als sie das Diplom in der Hand hielt, mit dem sie Lehrerin für die Vorschule geworden war, hatte sie das großartige Gefühl, als hätte sie die Uhr zurückdrehen dürfen und nachgeholt, was sie sich als Teenie selbst verdorben hatte.

Lea schwenkte ein auf die Gewinnerstraße.

Und sie stürzte sich in die Arbeit vor Ort. Es war eine Menge los in Lavender Hill. »Kill me quick« – das Motto war inzwischen stadtbekanntes Synonym für die Progression der Gewalt in der Township. Bandenkämpfe verbreiteten größeren Schrecken als je in District Six. Gaunerehre zählte hier nicht mehr.

Jeden Samstagvormittag saß Lea ehrenamtlich im Bürgerberatungsbüro des Viertels und lernte das Elend der anderen kennen.

»Ich bekam voll mit, wie schlimm es in anderen Familien zuging. Manchmal wollte ich aufgeben, so anstrengend war all das Unglück. Die Situation für uns Farbige war ja auch ziemlich aussichtslos. Da machten Schüler ihr Abitur, und dann kriegten sie keinen Job. Ist doch klar, daß ihnen nur Dummheiten blieben. Kinder hingen rum, und die Eltern schufteten. Und das nur wegen der unfairen Job-Reservierung. Uns Farbigen gab man doch nicht die guten Arbeitsplätze. Oft kam es vor, daß junge Leute heirateten, obwohl sie noch nie gearbeitet hatten. Tausende Farbige hatten keine Arbeit. Schlimme Zustände.«

Die Gärung entlud sich 1976, im Gefolge des Massakers in Soweto.

Als die Unruhen losgingen, arbeitete Lea in einer Vorschule in Lavender Hill. Sie hatte Freude an der Arbeit unter ihresgleichen, sie fühlte sich getragen durch ihren lukrativeren Broterwerb, der ihr eine gewisse Unabhängigkeit von Johnny schenkte.

1976 gingen auch in Lavender Hill Schulen in Flammen auf, die Proteste richteten sich zwar nicht gegen Afrikaans, das war sowieso die Muttersprache der »Farbigen«. Die Jugendlichen protestierten gegen die schlechte Ausstattung ihrer Schulen und gegen die Apartheid überhaupt.

Lea sah Kinder zu Steinen greifen. Und obwohl sie wußte, daß das kein guter Weg war, fühlte sie doch, daß die Kinder ihre, Leas, eigene Unzufriedenheit artikulierten. Und Ruth, die ältere Tochter Leas, machte mit bei alledem. Obwohl sie noch in der Schule war, hatte sie schon ihr Interesse am politischen Unrecht entdeckt.

Lea hielt zu den Kindern, wenn Lehrer sich über sie beschwerten. »Die wollten sich nur aus der Affäre ziehen, machten auf Hinhaltetaktik. Das waren Jasager, die oben auf dem Zaun saßen und abwarteten, um sich dann auf die Gewinnerseite zu schlagen.«

In diesen Monaten war Lea umgeben von eskalierender Gewalt. Im Beratungsbüro lagen die Telefonnummern von Anwälten, die sich bei willkürlichen Verhaftungen einschalteten, Mißtrauen war überall. Keiner nahm die Polizei als Ordnungsmacht noch ernst. Eine Freundin, Krankenschwester im Groote-Schuur-Hospital, erzählte ihr, daß eine schwarze Frau hochschwanger eingeliefert worden war, zerschossen, mit einem toten Baby im Bauch. Sie war nicht mehr zu retten gewesen.

Lea lud Eltern zu Versammlungen in die Wohnung ein, damit etwas Positives in Gang käme: »Wir mußten den Kids was Sinnvolles zu tun geben. Wir mußten ihnen zeigen, daß sie auf sich stolz sein, sich wie Menschen fühlen können. Lavender Hill sollte sauber werden, ein Platz zum Leben, ohne Banden, die unsere Kinder bedrohten.«

Allmählich erschöpfte sich die Gewalt von 1976. Die Eltern organisierten einen Kirchenraum, wo die Jugendlichen sich treffen konnten, ein Jugendklub entstand, der auch für Leas Töchter eine Heimat wurde. Er arbeitete so erfolgreich, mit ehrenamtlichen Betreuern, daß er noch heute existiert. Damals kamen vor allem Kinder, die Schattenexistenzen führten, deren Eltern verzweifelt, mut- und antriebslos waren, oft Alkoholiker, unfähig, ihren Kindern Halt zu sein. Viele kamen frisch aus den Bretter- und Plastikverschlägen der Elendsviertel von Kapstadt. Ihre Motivation zur Anständigkeit war gleich Null.

Der neuentdeckte Zusammenhalt der Eltern war für Lea wie eine Lokomotive. Ihre ehrenamtlichen Verpflichtungen brachten ihr neuen Schwung. Sie machte mit bei Ausflügen, sammelte Geld, half, Sportveranstaltungen zu organisieren, Gesprächskreise. Lea wurde zur Spezialistin für ausgemergelte Kinderseelen.

Im April 1980 markiert Lea den nächsten Gipfel in ihrer Lebenskurve. Nicht nur, daß sie es schaffte, Ruth zur Universität gehen zu lassen, wo sie Sozialwissenschaften studierte. Das größte Ereignis war: Andrew wurde geboren, ungeplant, ungewollt, Ergebnis einer zufälligen sexuellen Begegnung mit Johnny, die sich nicht hatte vermeiden lassen.

Die erste Reaktion Leas auf die Schwangerschaft war Depression. Noch ein Kind, wo sie drauf und dran war, sich von diesem Mann freizumachen. Die Scheidung war nur eine Frage der Zeit. Abtreibung kam nicht in Frage. »Dazu bin ich zu religiös«, sagt Lea.

In den Schwangerschaftsmonaten mißlang ihr alles, so schien es Lea. Dieses Kind manövrierte sie in die Sackgasse, ihr Leben würde im Nichts enden, das war Leas einzige Gewißheit. War bei diesem Schlamassel das Jenseits nicht lebenswerter?

Seit Jahren stand sie auf der Warteliste für ein Haus. Immer hatte sie an dieser Hoffnung festgehalten. Es war nur eine Frage von Geld und Geduld, und nun war ein neuer Esser unterwegs. Sie wollte ihn nicht.

Und als er da war, Söhnchen Andrew, und Lea vor die Wegscheide stellte, entschied sie sich für die positive Abzweigung: »Ich nahm Andrew einfach an, als Geschenk Gottes, als Chance, ihn zu einem rücksichtsvollen und warmherzigen Mann zu erziehen, der die Frauen nicht benutzt; der fähig ist zu Mitgefühl, der auch mal weinen kann und sich dessen nicht schämt. Andrew sollte anders werden als sein Vater. Und nie sollte er das Gefühl haben, unerwünscht zu sein. Auf einmal war ich überglücklich, daß ich ihn hatte.«

Und ausgerechnet Andrew wurde für Lea zu einer Quelle ungekannter Gelassenheit, ja ungekannter Glücksgefühle. Viel später, als er neun Jahre alt ist, wird sie einmal über ihn sagen: Andrew war das Beste, was mir je passierte.

»Andrew hat mir neue Sicherheit gegeben. Wie der Kleine mich liebt, das ist wunderbar. Manchmal sagt er zu mir: ›Mam, weißt du, daß ich dich liebhabe?‹, das macht mir so ein warmes Gefühl hier«, und Lea legt die Hand auf ihr Herz, »von Johnny hab' ich so was nie gehört. ›Ich liebe dich‹, das hat er mir nicht ein einziges Mal gesagt. Aber Andrew hat mir Weichheit gegeben. Ein Wunder, wie der Knirps das geschafft hab. Jetzt weiß ich, es hatte einen Sinn, daß er kam.«

Lea, jetzt Mutter von drei Kindern, schuftete weiter, kümmerte sich immer noch ehrenamtlich im Beratungsbüro um Kindesmißhandlungen, Ehestreitigkeiten, Rentnerprobleme, zweimal die Woche. Sie half, Formulare auszufüllen, gab Müttern Ratschläge in Erziehungsfragen und für Behördengänge.

Den Traum vom eigenen Haus gab sie nicht auf, auch nicht, als sie sah, wie andere Leute bevorzugt wurden, weil sie ein Bestechungssümmchen zahlen konnten oder mit dem Beamten befreundet waren. Viele zogen an Lea vorbei, und sie hatte nicht mal Geld zum Sparen.

Der Kollaps kam 1982. Die Überforderung schlug Lea auf den Magen. Eine schwere Operation zwang sie zur Verschnaufpause. Über vier Stunden lang hatten die Ärzte im Groote-Schuur-Hospital an ihrem Magen herumgeschnitten. Mit negativem Befund, Lea hatte keinen Krebs.

»Da lag ich im Bett, noch schwach von der Operation, und ich hätte fliegen können vor Erleichterung.«

Dieses überschwengliche Gefühl von Glück, nachdem Todesangst sie gestreift hatte, setzte in Lea neue Überlebens-Gedanken in Gang: Was wäre, wenn – ich mich von Johnny trennen würde? Ich allein mit den Kids – wird mein Geld reichen? Abwägen. Kräftemessen. Gewißheit.

»Andrew sollte nicht durchmachen müssen, was Ruth und Charlene mit diesem Vater erleben mußten. Das sagte mir plötzlich mein Instinkt. Und ich wollte endlich ein Haus bekommen. Also mußte ich was tun.«

Kaum auf den Beinen, wurde Leas Zukunftsplanung konkret. Sie verschwand aus Johnnys Leben, von einem Tag auf den anderen. Sie wußte, es würde keinen Sinn haben, mit ihm darüber zu reden. Das hatte sich wieder und wieder gezeigt in all den Jahren.

An einem Wochenende nahm sie Andrew und ein paar Kleider, zog zu ihren Eltern und reichte die Scheidung ein. Sie schwor sich, solange Johnny noch dort sein würde, nie wieder die Wohnung zu betreten, wo er sie mehrmals grün und blau geschlagen hatte.

Johnny akzeptierte die neue Sachlage nicht. Hin und wieder kam er, um seinen Sohn zu besuchen. Gelegenheiten für häßliche Wortgefechte zwischen den verfeindeten Eltern, denn Johnny wollte die Scheidung nicht.

Die beiden Töchter lebten noch bei ihm, in gutem Einvernehmen. Einmal mußte Lea ihren Schwur brechen, nicht mehr nach Haus zu gehen. Ruth wurde krank, bekam unerklärliche Fieberschübe.

»Ich bin sicher, das hatte mit der Scheidung zu tun, es ging ihr sehr schlecht damals. Obwohl sie schon 23 war, hing sie immer noch sehr an ihrem Vater und hätte es am liebsten gesehen, wenn wir wieder eine komplette Familie gewesen wären«, sagt Lea.

Im Februar 1983 wurde die Scheidung schließlich doch rechtskräftig. Aber Johnny weigerte sich, der Auflage im Urteil zu folgen und die Wohnung zu räumen. Im April machte er noch immer keine Anstalten auszuziehen. Da rief Lea die Polizei, und Johnny blieb nichts anderes übrig, als sich eine eigene Bleibe zu suchen. Ein Jahr lang zahlte er monatlich 50 Rand Unterhalt für Andrew.

»Dafür konnte ich ihm nicht mal ein Paar Schuhe kaufen«, sagt Lea. Aber sie ließ die Sache auf sich beruhen, auch als Johnny nichts mehr zahlte.

Und dann hörte Lea, daß ein neues Viertel gebaut werden sollte. Sie war wie elektrisiert. Sie wurde wieder beim Wohnungsamt vorstellig, mit nichts in der Hand. Vor Jahren war das einzusetzende Grundkapital 130 Rand gewesen. Jetzt lag es bei 400 Rand, ein Vermögen, das Lea nie würde zusammenkratzen können. Sie verdiente nicht einmal 400 Rand im Monat.

»Okay, muß ich halt den Gürtel noch enger schnallen«, sagte sie sich, »wenn ich weniger esse, bleibt etwas übrig.« Dabei lebten sie ohnehin von der Hand in den Mund.

Und trotzdem hatte Lea den Mut oder die Chuzpe, sich für ein Haus anzumelden. Das erste Haus, das der Beamte ihr in Aussicht stellte, lehnte sie ab. Es gefiel ihr nicht. Punktum. Dem verblüfften Beamten sagte sie: »Ich treffe hier die Wahl, das ist mein Recht. Denn wenn ihr mich nicht aus District Six rausgesetzt hättet, wäre ich jetzt nicht als Bittstellerin hier.«

Der Beamte akzeptierte.

Fast ein Jahr später konnte sie sich die Riesenbaustelle in Steenberg ansehen. Die Reihen der Häuschen, die da entstanden, schienen endlos. Und als sie das halbfertige Haus sah, das man ihr jetzt anbot, gefiel es ihr sofort.

»Ich habe ihnen nicht gesagt, daß ich die 400 Rand noch nicht zusammen hatte. Ich dachte mir, das werde ich schon irgendwie überbrücken.«

Sie konnte, irgendwie. Einen Monat nach der Besichtigung war das Haus fertig. Lea verließ das Wohnungsamt mit dem Kaufvertrag und den Hausschlüsseln. Die legte sie stolz auf den Küchentisch.

Lea, die große Ausdauer.

»Mit 400 Rand habe ich ein Haus gekauft«, teilte sie den Kindern mit – was für ein Augenblick, »mir wird es niemals gehören, bis zu einem eigenen Haus ist es ein langer Weg. Aber irgendwann wird es euer Haus sein.« Es war ein feierlicher Moment, und Lea schwenkte stolz die Schlüssel.

Außerhalb dieses privaten Aufwärtstrends war schon seit über einem Jahr neue Gewalt überall im Land spürbar. Staatspräsident Botha hatte mit seinem Reformtrick wenig Erfolg. Die Schwarzen lehnten die weiße Verfassungsänderung über die Einführung des Drei-Kammer-Parlaments ab. Und auch Lea hatte die Weitsicht, nach Woher und Warum zu fragen. Für sie war die neue Konstruktion nur ein Obolus, den die Regierung an Farbige und Inder verteilte, um Dampf abzulassen vor der Weiterfahrt auf der Apartheidschiene.

»Lächerlich«, sagt Lea, »wir Coloureds und die Inder sollten wählen dürfen für zwei neue Kammern, die sowieso nichts zu melden hatten. Und die Schwarzen blieben draußen. War doch eine Farce. Die Weißen haben wahrscheinlich gedacht, wir seien voller Ehrfurcht und Dankbarkeit, überhaupt einen Fuß in ihr Parlament setzen zu dürfen.«

Die Farce führte zum Aufruhr, als 1984 gewählt wurde. Am 22. August waren die Farbigen dran, am 28. August die Inder.

Aber die Farbigen reagierten mit einem Schulboykott, und nur 30 Prozent beteiligten sich an der Wahl. Wieder gab es Tote in den Townships. Am 20. Juli 1985 verhängte das Regime den Ausnahmezustand über 36 Gebiete und am 26. Oktober über acht Gebiete in und um Kapstadt, das bis dahin noch relativ ruhig geblieben war.

Das war neues Öl ins Feuer. Wenige Tage später gab Reverend Allan Boesak bekannt, er werde zum Gefängnis nach Pollsmoor marschieren und die Freilassung Mandelas fordern. Die Polizei erstickte die Aktion im Keim, setzte Boesak fest und sperrte das Stadion in Athlone-Township, wo der Marsch starten sollte. Trotzdem machten sich einige Leute auf den Weg, die Polizei schlug sie auseinander, sogar Nonnen bekamen die Peitschen zu spüren. In den nächsten beiden Tagen brannten schwarze und farbige Gebiete in und um Kapstadt, 30 Tote und rund 300 Verletzte wurden gezählt. In dem Versuch, die Proteste zu stoppen, schloß die Regierung fast die Hälfte der Farbigen-Colleges und Schulen in der westlichen Kapprovinz. Einige Monate später geschah in Athlone ein Massaker, das zufällig von einem Kamerateam gefilmt wurde: Ein Laster fuhr vor, Kinder bewarfen ihn mit Steinen. Plötzlich erschienen Polizisten aus einem versteckten Verschlag auf der Ladefläche und eröffneten das Feuer auf die Kinder. Drei starben bei dieser »Trojan Horse Attack«. Und die Gewalt nahm noch kein Ende und forderte immer mehr Opfer, und der Haß wurde ständig neu genährt. Die Townships im ganzen Land wurden nahezu unregierbar. Es war die Zeit der »necklacings«, der Halskrausenmorde, bei denen dem Opfer ein mit Benzin gefüllter Autoreifen um den Hals gelegt und angezündet wurde, die Zeit der Brandstiftungen, der Polizeieinsätze, neuer Folterungen. Am Jahresende gab die Polizei bekannt, daß fast 7000 Personen unter den Ausnahmegesetzen verhaftet worden seien.

Und im Dezember 1985 waren die Schwarzen fast an demselben Punkt, an dem sie schon 1960 gewesen waren: Sie drohten, ihre Pässe zu verbrennen, wenn die Paßgesetze nicht abgeschafft würden. Und nicht einmal bei den Löhnen ging es gerecht zu: Weiße verdienten durchschnittlich 1500 Rand im Monat, Inder 850 und Coloureds 550 Rand, Schwarze noch weniger.

Der Aufruhr hatte das Land im Griff.

Lea hatte in diesem Dezember nur Antennen für den Umzug.

Am 9. Dezember 1985 saß sie auf gepackten Kisten, Ruth half beim letzten Räumen. Lea war am Ziel und glücklich wie lange nicht. Da klopfte es an der Tür. Zwei Polizisten kamen herein, in Zivil, Special Branch.

»Bist du Ruth?« fragten die zwei.

Ruth sagte: »Nein, ich bin Charlene.«

Sie fragten Lea: »Wo ist Ihre Tochter?«

»Keine Ahnung, warum?«

»Nur für ein paar Fragen.«

»Was hat sie getan? Wenn sie kommt, kann ich's ihr ja sagen. Was wollen Sie wissen?«

Aber die Beamten hatten nur noch Augen für das Gepäck.

»Sie ziehen um, wohin?«

»Das geht Sie nichts an«, sagte Lea.

Dann sagten die zwei nur noch: »Wenn Sie Ruth sehen, sagen Sie ihr, sie soll zum Polizeirevier kommen. Es sind ein paar Fragen zu klären.«

Dann zogen sie tatsächlich wieder ab.

»Leben hat auch seine schönen Seiten«, fanden Ruth und Lea und lachten.

Seit August war Ruth nicht mehr in der Uni gewesen. Sie war »on the run«, hatte immer woanders geschlafen, weil sie wußte, daß die Polizei sie als Aktivistin suchte. Polizisten waren immer mal wieder aufgetaucht. Wer war wohl der Informant, der Ruths Stippvisiten zu Hause der Polizei meldete? Jetzt war sie zum erstenmal nach Monaten gekommen, um ihrer Mutter beim Umzug zu helfen.

Am nächsten Tag zogen alle vier – Lea, Ruth, Charlene und der kleine Andrew, in das Haus nach Steenberg, einem anderen Farbigenviertel. Das Haus war winzig, wie üblich, aber das trübte die Freude kein bißchen. Es war mehr als eine Etagenwohnung, und es war etwas Eigenes.

Am nächsten Tag, als Lea vom Einkaufen heimkam, waren die beiden Polizisten wieder da.

»Wir passen aufs Haus auf«, sagten sie grinsend, »es ist nämlich niemand drin.«

Durch nachbarschaftliche Auskünfte hatten sie es ausfindig gemacht. Sie blieben, bis Ruth heimkam.

»Fang nicht wieder mit dem Scheiß von gestern an«, sagte der eine zu Ruth, »du bist Ruth, und Charlene ist Krankenschwester und hat gerade Dienst.«

Die beiden Polizisten sagten Lea weder warum sie Ruth mitnahmen noch wohin, Ruth, 24, aktive Gewerkschafterin und Anhängerin der Vereinigten Demokratischen Front UDF, dem Bündnis vieler Anti-Apartheid-Organisationen. Sie stand unter »Section 29«. Der Paragraph macht es möglich, einen Häftling zu Verhören auf unbegrenzte Zeit festzuhalten. Ein 29-Gefangener in der Einzelzelle hat keinen Kontakt mit Anwälten, Freunden, Familienmitgliedern, nur mit den Verhörenden. Der Ausnahmezustand gab der Polizei das Recht, jeden zu verhaften, der auch nur verdächtigt wurde, zur Gewalt aufzufordern.

Später erfuhr Lea, was sie jetzt nur vermuten konnte: Ruth kam sofort in Einzelhaft.

»Ich hoffte nur, daß die Polizisten sie nicht kleinkriegen würden, Ruth war stark, das wußte ich.«

Der 10. Dezember stürzte Lea in eine Phase neuer Angst.

»An den nächsten Tagen habe ich morgens vor der Arbeit den Zug um halb sieben genommen und bin zur Polizei, entweder nach Wynberg oder in der Stadt drin, Buitenkantstraat, um zu fragen, wo sie sie hingebracht haben. Die Antwort des Beamten war immer gleich: ›Ich weiß es nicht.‹«

Lea zählte die Tage, zählte die Abfuhren.

Dann geriet sie an eine weiße Beamtin, nicht unsympathisch, sie kannte Lea inzwischen. Die fragte sie: »Bitte, sind Sie nicht auch eine Mutter? Dann müssen Sie mich doch verstehen. Was würden Sie tun, wenn Ihr Kind verschwunden wäre? Sagen Sie mir, wo meine Tochter ist!«

Die Eindringlichkeit wirkte. Die Beamtin sagte: »Versuchen Sie's in Pollsmoor.«

Nach der Arbeit machte Lea sich sogleich auf den Weg zum Pollsmoor-Gefängnis südlich von Kapstadt, mit Zug und Bus; es dauerte lange. Ungewiß, ob sie Ruth dort wirklich finden würde.

»Pollsmoor hatte ich nie vorher gesehen«, sagt Lea und erinnert sich an die beeindruckende Kälte und Sauberkeit des weitläufigen Gebäudes aus braunem Klinker.

»Aber dort gab man mir keine Auskunft. Nichts. Kein bißchen ließen die Beamten raus. Sie sagten nur, sie könnten mir nicht weiterhelfen. Aber Kleidung durfte ich dalassen, und so konnte ich ziemlich sicher sein, daß sie dort war.«

Eine Beruhigung, immerhin, aber Leas Unruhe war damit nicht besänftigt. Sie wendete sich an einen Anwalt. Der sagte, es sei zwecklos. Wer unter Section 29 festgenommen worden war, durfte keinen Besuch bekommen.

»Manche Eltern hatten keine Ahnung, wie und wohin ihre Kinder verschwunden waren«, erinnert sich Lea an diese Zeit, »dagegen ging es mir ja noch gut.«

Ein relatives Wohlergehen.

»Noch heute fühle ich diese Angst«, sagt Lea, »ich konnte kaum schlafen.« Sie war nicht in der Lage, ihre Gedanken zu zügeln, die um gräßliche Foltermethoden kreisten. Alle Welt wußte, daß die Gefängnisse in Südafrika Folterkeller waren.

»Ich fühlte mich wie amputiert, verkrüppelt, gelähmt. Kennst du so ein Gefühl der Angst um dein Kind? Ich wußte nicht, wie ich die Tage rumkriegen sollte, bis ich am Abend wieder in Pollsmoor sein konnte, wo man mich vielleicht doch zu ihr lassen würde. Was konnte ich tun? Oh, diese Ohnmacht. Meine Seele war wie eine Wüste.«

Lea lebte von ihren Energiereserven, rund um die Uhr in innerem Alarmzustand.

»Ich mußte ja außerdem damit rechnen, daß sie das Haus in die Luft jagen würden, das passierte doch dauernd in dieser Zeit. Ich hatte Angst, wenn ich zu Hause war, und Angst, wenn ich das Haus allein ließ. Angst um Ruth, um Charlene und Andrew und um mich. Das war die schwerste Zeit meines Lebens.«

Niemand in der Familie freute sich auf Weihnachten. Lea tat nichts für das Fest. Nicht mal für ihre Eltern kaufte sie Geschenke.

»Für mich gibt es kein Weihnachten«, verkündete sie der Familie, »ich werde Heiligabend nach Pollsmoor gehen, vielleicht lassen sie mich dann zu ihr.«

Es kam der 24. Dezember. Ein neuer, heißer, trauriger Sommertag würde es werden.

Es war frühmorgens, erst halb sieben. Da ging die Tür auf. Ruth erschien. Barfuß, so stand sie da und schaute Lea in die Augen. Die weiße Polizeibeamtin, die Lea den Tip mit Pollsmoor gegeben hatte, stand hinter ihr.

»Hier ist sie«, sagte sie zu Lea, »Sie sehen, nicht alle Weißen sind schlecht.«

Und in ihrer Freude gab Lea ihr recht. Diese Frau tut ihren Job so gut wie möglich, sagte sie sich, andere dagegen sind nur geboren, um uns den Stiefel in den Nacken zu stellen.

»Meine Freude kann ich dir nicht schildern. Ich wollte zerspringen, lachen, weinen – nicht zu fassen, ich bin fast explodiert.«

Tatsächlich war Ruth zuletzt in Pollsmoor gewesen. Die Einzelhaft hatte nur Tage gedauert, dann konnte sie die Zelle mit einer anderen Frau teilen. Und nach anfänglichen Drohungen hatten die Polizisten sie in Ruhe gelassen.

Der Freude erster Teil dauerte für Lea den ganzen Vormittag. Der Tag war wirklich wie Weihnachten, heiß drinnen und draußen, die Überraschung war perfekt. Jetzt ging die ganze Familie einkaufen.

»Und beim Tütentragen war ich stark wie 1000 Mann«, lacht Lea.

Freunde kamen und brachten Champagner.

»Auch wenn ich nie trinke«, verkündete Lea, »jetzt kann ich ein Glas vertragen.«

Danach ging sie in die Küche und kümmerte sich um das Hühnchen. Und sie stand singend vor dem Kochtopf und hörte Ruth mit den Freunden im Wohnzimmer reden und lachen. Und sie wurde müde und schwindlig von dem einen Glas Champagner und registrierte verblüfft, daß sie auf einmal drauf und dran war, das feinstens zubereitete Hühnchen in den Mülleimer zu bugsieren.

Ruths entsetzte Frage, »Hey, was machst du denn da?« war alles, was Lea noch hörte. Sie schlief durch bis zum nächsten Mittag.

Und als Ruth dann das Christmas Dinner kochte, spazierte Lea meilenweit nach Lavender Hill, um den Eltern und Freunden fröhliche Weihnachten zu wünschen mit der Nachricht: »Ruth ist wieder da, und sie ist wohlauf.«

Darüber lacht Lea noch heute: »Alle dachten, die Frau muß besoffen sein.«

War sie ja auch, vor Glück.

Der Rausch verflog. Kaum war der Weihnachtstrubel vorbei, kam Lea zur Besinnung.

»Ich spürte meine Grenzen. So was wollte ich nicht noch einmal erleben. Aber ich wußte auch, daß es richtig war, was Ruth tat. Ich hätte nie versucht, es ihr auszureden.«

Lea litt unter Spätfolgen von Ruths vierzehntägiger Haft. Jetzt, als die Spannung sie losließ, machte neue Angst sich in ihr breit. Immer wenn nachts ein Auto am Haus vorbeifuhr, schreckte sie auf, lauschte, ob es sich auch wieder entfernte. Lea las in der Zeitung, daß fast 1000 Personen seit Juli ermordet und 20000 verletzt worden waren. Schwarze Führer starben unter mysteriösen Umständen.

»Jeder wußte, daß die Polizei dahintersteckte, wenn ein Auto in die Luft flog.«

Und Ruth gab ihren Job auf, um noch mehr Zeit für die politische Arbeit zu haben.

In dieser spannungsgeladenen Atmosphäre wartete eine andere Entscheidung auf Lea, für die sie eigentlich ihre ganze Ruhe gebraucht hätte. Ein neuer privater Höhepunkt kündigte sich an.

Sie hatte geglaubt, von Männern ein für allemal genug zu haben. Außerdem war ihr Leben randvoll. Aber da war einer, den sie schon ewig kannte: Patrick, Witwer, vor langer Zeit Freund ihres Mannes. Vor 27 Jahren hatte sie ihn kennengelernt. Er war damals noch unverheiratet gewesen. Als Johnny ihn eines Abends mit nach Hause brachte, dachte Lea nur: »Aha, noch ein Trinker.«

Weit gefehlt.

»Ich fiel fast vom Stuhl, als mein Mann sagte: ›Mach uns Tee.‹«

Es stellte sich heraus, daß dieser Patrick grundsolide war und der einzige Freund, vor dem ihr Mann Respekt hatte. Sie lernte ihn schätzen. Dazu gehörte, daß sie mit Johnny zu seiner Hochzeit ging und seine Frau besuchte, als sie die beiden Kinder bekam. Aber dann schlief der Kontakt ein. Jeder hatte seine Familie, und ihre Wege kreuzten sich nicht mehr, 14 Jahre lang. Erst als seine Frau 1980 plötzlich starb, machten Johnny und Lea einen Besuch bei Patrick. Es ging ihm nicht gut. Bei der Beerdigung sah sie ihn wieder für lange Zeit zum letztenmal.

Und dann ergriff Patrick die Initiative. An jenem denkwürdigen Weihnachtsfest 1985 tauchte er auf, als Lea alle Welt angerufen und zum Feiern eingeladen hatte. Patricks Sohn war früher als Ruth im Gefängnis gewesen. So war die Nachricht vom Freudenfest auch zu ihm gedrungen, und er kam, um Lea zu gratulieren.

Er kam dann häufiger, was Lea zuerst überraschte und dann belustigte. Irgendwann sagte er ihr, daß er sie schon damals sehr gemocht hätte. Und jetzt wollte er sie heiraten. Lea lachte, zunächst.

»Patrick? Der ist doch viel zu zart für mich. Wenn ich meine Sprüche loslasse, kippt er aus den Schuhen. Außerdem denke ich nicht im Traum dran, mich wieder von einem Mann abhängig zu machen.«

Patrick ließ nicht locker. Er hatte so eine beständige, leise Art, die Lea anrührte. Er kam und saß da bei ihr. Lea wollte immer noch nicht mit ihm ausgehen. Sie war nicht interessiert, wollte nur noch ein ruhiges Leben haben. Keine Lust auf Mann. Einen zum Anlehnen, der sie einfach im Arm gehalten hätte, ja, so einen hätte sie gewollt. Aber solche gab es ja nicht. Alle wollten doch nur Sex, und den wollte sie nicht.

Patrick spielte jeden Sonntag in der anglikanischen Kirche die Orgel. Mit dem Priester sprach er über seine Pläne mit Lea; der wollte sie kennenlernen. Da sie geschieden war, ging Patrick sogar vorsorglich zum Bischof. Patrick meinte es ernst mit Lea, das war offensichtlich.

Und bald genoß Lea sein Werben. Er gab ihr ein gutes Gefühl, drängte sich nicht auf und wollte doch nicht weichen.

Sie haderte lange mit sich, meinte: »Ich schaff' das nicht, eine andere Beziehung, neue Aufregung in meinem Leben. Ich will Ruhe haben.«

Heute sagt Lea: »Patrick hat mir für vieles die Augen geöffnet«, und bei allem Ernst strahlen ihre Augen, »ich bin sehr impulsiv, ungerecht, ich fahr' ihn an wegen Kleinigkeiten, und er redet ganz ruhig mit mir. Er bringt mich auf den Teppich.«

Als Lea damals immer noch nein sagte, fragte er ihre Kinder. Die sagten ja. Und als Patrick beide Familien für ein Meinungsbild zusammentrommelte, stimmten alle für die Hochzeit, sogar seine eigenen Kinder, die anfänglich nichts davon wissen wollten.

Und Lea ließ ihre Angst Angst sein. Im Oktober 1986 war die Hochzeit, diesmal mit einem guten Vorgefühl.

Zu acht lebten sie zuerst in Leas Haus. Nach und nach zogen die Großen aus, um in der Stadt zu wohnen. Patricks Jüngster und Andrew sind jetzt ihre einzigen Kinder.

Und seit der Hochzeit verläuft Leas Leben zum erstenmal in wirklich ruhigem Fahrwasser.

»Ich bin okay«, sagt sie, und dieser Satz hat keine träg-satte Färbung, sondern ist einfach erfüllt von bewußt genossenem Glück. »Jetzt weiß ich, wer ich bin, wo ich bin. Ich bin in einem Hafen angekommen.«

Der Mann hat ihr das letzte Wegstück ihrer Selbstfindung geebnet. »Patrick dominiert mich kein bißchen«, sagt Lea, »nicht mal im Bett. Durch ihn lerne ich Dinge kennen, von denen ich nicht mal geträumt habe. Es ist schön, daß er sich so freut, wenn ich nach Hause komme. Er ist so rücksichtsvoll, unterstützt mich, wo es nur geht, er kocht oder spült, wenn ich müde bin. Das habe ich bei Johnny nie gehabt. Wenn ich Patrick um etwas bitte, schlägt er es mir nicht ab. Manchmal denke ich, ich darf mein Schicksal nicht herausfordern und zu glücklich sein.«

Daß ihr Privatleben geordnet ist, gibt ihr Kraft für ihr Engagement draußen. Auch da redet ihr Patrick nicht rein.

Zu Leas neuem Glück gehört ihr neuer Job: »An der Basis etwas für ein friedliches, tolerantes Südafrika tun«, sagt Lea einmal über ihr Berufsziel. Das tut sie, als Leiterin einer Vorschule mit 25 Kindern.

»Das ist eine nichtrassistische, nichtsexistische Vorschule«, sagt Lea, so stolz, als trüge sie ein Banner. Kinder von den schwarzen Elendsvierteln kommen hin, aus den Farbigen-Townships, aus dem weißen Stadtzentrum.

Eltern haben die Vorschule in eigener Regie auf die Beine gestellt. In einem Komitee kümmern sie sich um die Finanzierung. Eine von Leas Aufgaben ist das Formulieren von Bettelbriefen, in denen sie Geschäftsleute um Geld, Spielzeug und Lebensmittel bittet.

»Es ist ein Jammer, daß wir den Kindern kaum was bieten können. Die Regierung kümmert das einen Dreck. Und das macht mich so wütend. 1988 hat sie für ein weißes Schulkind fast doppelt so viel Geld ausgegeben wie für ein farbiges. Für weiße Kinder wird der rote Teppich ausgerollt. Die lernen so nie zu teilen. Wie soll sich da was verändern in Südafrika?«

Verändern kann sich etwas, indem Kinder sich kennenlernen, ohne Rassenschranken, das weiß Lea. Und dabei mithelfen zu können, erfüllt sie mit ungeheurer Arbeitsfreude.

»Was ich ihnen zeigen will? Daß wir nicht hassen müssen. Daß wir Gräben überwinden können. Daß der ganze Apartheidsmüll von uns Erwachsenen in ihrem Leben keine Rolle mehr spielen muß. Daß wir allen Menschen gegenüber aufgeschlossen sein können.«

Den Glauben an die Zukunft hat Lea sich bewahrt, trotz vieler Zeichen, die die Aussichten trüben.

»Auf die Regierung dürfen wir mit solchen Initiativen nicht warten«, sagt sie denn auch, die gelernt hat, Dinge selbst in die Hand zu nehmen, damit sie geschehen.

Natürlich arbeitet sie immer noch viel zuviel. An jedem Freitag der Woche ist sie erschöpft, freut sich nur noch auf ein ruhiges Wochenende und hofft, daß Patrick, der als Busfahrer arbeitet, eine günstige Schicht hat. Sonntags gehen sie mit den Kindern zur Kirche, wo Patrick immer noch die Orgel spielt. Und wenn Lea danach nicht in der Zufluchtsstätte für obdachlose Kinder in Kapstadt aushelfen muß, besuchen sie ihre Eltern. Das sind die Wochenenden.

Wo ist Lea angekommen?

Steenberg ist mit dem Vorortzug 35 Minuten vom Hauptbahnhof entfernt. Steenberg ist eine Township für »Farbige«, erkennbar schon daran, daß sich im Vorortzug die überfüllten Abteile zweiter Klasse in Steenberg leeren. Scharen von »Farbigen« steigen aus, schieben sich über die schmale Plattform der Eisentreppe zu, kein weißes Gesicht unter ihnen. Auf der anderen Seite warten die Sammeltaxis. Denn der Bahnhof liegt in einer Einöde, die Siedlungen beginnen erst hinter dem Stück Brachland.

Gute fünf Minuten Taxifahrt, dann bin ich an der großen Straßenkreuzung, die Lea mir als Haltepunkt beschrieben hat. Da liegt die Siedlung, umgeben von einer Mauer, mannshoch. Nur die Dächer schauen herüber, auch mal eine zerzauste Baumkrone. Abgeschottet ist die Siedlung – nur gegen den Sand, der vom scharfen Wind überall hingeweht wird? Oder gegen andersfarbige Menschen, die nicht hierhergehören?

Ich gehe ein paar Schritte die Hauptstraße hinunter und sehe den Durchlaß in der Mauer. Sand überall. Wer zu Lea geht, kriegt immer Sand in die Schuhe. Du watest durch Sand, möchtest alle paar Schritte die Schuhe ausleeren, so sehr stören die Körner deine Füße.

Durch den Auflaß in der Mauer gehe ich ein paar Stufen runter. Jugendliche hängen rum, denn hier, am Checkpoint, lassen sich am ehesten Kontakte knüpfen. Ich schaue mich um, nehme die Straßen vor mir in Augenschein. Wo den Schritt hinlenken, um zu Leas Haus zu kommen? Die Straßen sehen alle gleich aus, die Häuschen auch.

Welch eine Einöde, stelle ich fest. Vereinzelte dünne Bäumchen täuschen Natur vor. Der Wind kriegt dich an jeder Straßenecke, treibt Tristesse in jede Ritze dieser Einförmigkeit. Ein paar Kinder spielen auf der Straße, zwei Jungen fahren mit dem Rad. Jedem Auto müssen sie ausweichen.

Wo ist Leas Häuschen?

Du siehst auf immer gleichen Verputz, allenfalls die Farbnuance variiert, manche haben ein Stückchen Rasen vor der Tür, wenn nicht ein Auto den Platz braucht, aus Sicherheitsgründen innerhalb der Hausmauer statt auf der Straße.

Ein kleiner Zaun oder eine Mauer umfriedet jedes Fleckchen Erde, kleiner als ein Schrebergartengrund.

Das hier ist ein Ort mit müdem Gesicht, hohlwangig.

Erst nach vielmaligem Fragen finde ich Leas Grundstück. Von ihrem Eiland grüßt zaghaft Farbe, das Gärtlein müht sich redlich zwischen Hausmauer und Zaun. Dem mageren Boden haben Lea und Patrick blassen Rasen abgerungen. Ein Rosenstock und ein Mini-Bäumchen halten sich, gepäppelt unter Einsatz von Dünger, gekaufter Erde und unzähligen Eimern Wasser.

Das Haus ist eine Nußschale. Es hat kaum mehr Fläche als ein Wohnwagen.

Von der Haustür kommst du gleich ins Wohnzimmer, und dann bist du auch schon in der Küche, nach vier Schritten geradeaus, und stehst am Küchentisch. Dort ist Lea zugange. Reis dampft in einer Schüssel. Ein Hähnchen wartet tranchiert im Ofen. Das Bohnengemüse ist gleich fertig.

Eine Kunst, in dieser Kombüse die Lust am Kochen nicht zu verlieren. Bei jeder Wendung vom Herd stößt Lea an einen Stuhl oder an den Tisch. Sie holt Geschirr aus dem schmächtigen Küchenschrank, wir warten auf Patrick, der jeden Moment von der Schicht kommen muß. Schon mit zwei Leuten hast du das Gefühl, die Küche ist voll. Nachher sitzen wir zu fünft um den Tisch. Zarte Naturen bekämen jetzt Anflüge von Klaustrophobie. Essen mit angelegten Ellbogen ist hier keine Frage des Lernens von Etikette, sondern von Gewöhnung an die Enge des Raumes.

Aber das alles sind müßige Gedanken der Besucherin aus einer anderen Welt. Für Lea sind diese Wände Königreich, Refugium, Zuflucht, das große Glück. Dort ist sie angekommen, Überlebende innen und außen, eine, die sich ins Ziel gerettet hat, arg gebeutelt, doch ungebrochen. Gewachsen ist Lea, zur Selbstdenkerin, zu einer Frau mit Herz und wachen Sinnen. Und sinnlich noch dazu, das weiß sie erst durch Patrick, der ganz andere Saiten in ihr zum Klingen brachte, als Johnny es je versucht, geschweige denn gekonnt hätte.

Patrick räumt den Tisch ab, als Lea das sagt, es macht ihn glatt verlegen. Zu einem anderen Thema mag er sich eher äußern. Wir reden darüber, was »Farbigsein« denn überhaupt bedeutet in der südafrikanischen Farbenlehre.

»Schwarze meinen, sie sind am meisten benachteiligt. Aber wir Coloureds sitzen doch zwischen allen Stühlen«, sagt Patrick, »wir haben keine eigene Sprache, sondern reden Afrikaans, wie unsere Unterdrücker, und Englisch ist unsere erste Fremdsprache. Schwarze haben wenigstens eine eigene Sprache, haben eigene Traditionen, Vergangenheit, Riten, die sie bis heute lebendig halten können. Aber wir Farbigen? Wir sind ganz unten, Bastards, so werden wir behandelt, im 20. Jahrhundert. Keiner will uns haben. Wir können nicht wie die Schwarzen Selbstbewußtsein entwickeln. Viele Schwarze schauen auf uns runter, die Inder auch, die Weißen sowieso. Was wird aus uns, wenn die Schwarzen in der Regierung sind? Vielleicht machen sie uns nieder, weil Leute von uns im Parlament sitzen und Handlanger des Systems sind.«

Patrick hat sich ein bißchen in Rage geredet. Lea sieht die Sache anders.

»Sobald du von deiner Rasse sprichst, ziehst du dir doch den Schuh an, den das System dir hinhält. Du denkst in ihrem Schema und bist ihnen damit schon auf den Leim gegangen. Coloured – ich weiß nicht, was das heißen soll. Sieh mich an, ich bin braun. Sieh dich an, du bist so schwarz, schwärzer geht's nicht, aber du bist auch als Coloured klassifiziert. Also was soll das Ganze? Ich laß mich von keinem mehr vereinnahmen, weder von einem Mann noch von einem Staat. Ich bin ich, eine Person. Die Regierung kann mich klassifizieren, wie sie will, ich bin und bleibe schwarz, und ich stehe auf der Seite der Schwarzen. Und wenn ich in Formularen die Rubrik ›Rasse‹ lese, dann fülle ich sie einfach nicht aus, denn meine Farbe hat nichts zu sagen.«

In dieser Schlußfolgerung sind sich beide wieder einig.

Nach langem Reden fragen wir uns, ob Weiße sich jemals Gedanken über solche Dinge machen.

»Ach, die Weißen«, wirft Lea lachend ein, »die Weißen haben doch keine Ahnung, wie es uns geht.«

Sie erzählt von einer Busreise, die ihre Kirchengemeinde im letzten Jahr organisiert hat, mit Picknick im Naturreservat von Stellenbosch. Mit 30 weißen Frauen war Lea unterwegs in einen freundlichen Nachmittag. Es kamen noch drei Busse mit Frauen aus den Townships Langa und Gugulethu, sie mußten ihre Picknickkörbe woanders auspacken, dort, wo es Schwarzen erlaubt war. Lea erklärte das der netten alten Lady mit grau getöntem Haar und Fistelstimme neben ihr.

»Oh, haben sie immer noch diese Apartheid hier? Ich kann mich gut erinnern, 1948 ging das los. Fangen sie jetzt etwa wieder damit an?« fragte die Dame.

Oder auf der Tour nach Johannesburg, da schlenderte Lea durch die Stadt, und eine sehr freundliche, weiße Mitreisende raunte ihr zu: »Schrecklich, so viele Kaffern laufen hier rum. Wenn das so weitergeht, dann gehe ich wieder zurück nach England.«

Das sagte sie ausgerechnet zu Lea! Die war zuerst sprachlos, aber dann fiel ihr ein zu sagen: »Es hat keinen Zweck, nach England zurückzugehen, dort gibt es mehr Inder und Schwarze auf einem Haufen als hier in Südafrika.«

»So wie sie sind viele«, sagt Lea, »die Weißen haben ihren Job, sie kommen abends heim und setzen sich vor den Fernseher, bewacht von Hund und Alarmanlage, und so verbringen sie ihr ganzes Leben. Sie nehmen einfach nicht wahr, was mit uns passiert. Es interessiert sie nicht.«

Lea erinnert sich an einen Ausspruch und zitiert ihn lachend: »Wenn ich geboren werde, bin ich schwarz. Wenn ich aufwachse, bin ich schwarz. Wenn ich sterbe, bin ich schwarz. Aber die Weißen, wenn die geboren werden, sind sie rosa. Wenn sie in die Sonne gehen, werden sie rot. Wenn sie krank werden, sind sie grün, und wenn sie sterben, sind sie blau. Aber sie haben den Nerv, uns Farbige zu nennen!«

Wir reden über die Regierung, die Freilassung Mandelas, die Reformen. Wie sehen die beiden die Perspektive?

»Im Prinzip ist unsere Situation unverändert«, sagt Lea, »wir sind immer noch nicht gleichberechtigt. Und die Homelands wird es auch noch eine Weile geben. In der Vergangenheit war das Gerede von Reform immer nur Lug und Trug. Auf der einen Seite haben sie uns etwas gegeben, auf der anderen Seite haben sie es wieder genommen. Da haben sie ein paar Strände geöffnet, aber sie verlangen Eintritt, weil sie wissen, daß wir das nicht zahlen können. So läuft die Rassentrennung übers Geld statt über die Gesetze.«

Ein bißchen Hoffnung auf die Ehrlichkeit des Regimes hat Lea erst seit der Freilassung Mandelas. Lea hat geweint, als sie im Fernseher Mandela aus dem Gefängnis kommen sah. In die Stadt hat sie sich nicht getraut, aus Angst vor Menschenmassen und vor möglicher Gewalt; man weiß nie, wann die Polizei dreinschlägt. Und tatsächlich hat es ja Tote gegeben.

»Daß Mandela draußen ist und von Verhandlungen geredet wird, ist aufregend. Wir werden sehen, wie weit die Weißen wirklich gehen wollen.«

Patrick erinnert sie an Häftlinge, die sterben, an die tägliche Gewalt in den Townships, an die unverändert harte Haltung der Polizei, die immer noch in friedliche Demonstrationen schießt, die nicht genug tut, um Gewalt in den Townships zu verhindern. Er erinnert an Zwangsräumungen von Wohngebieten bei Kapstadt, die selbst jetzt noch, 1990, weitergehen, allem Reformgerede zum Trotz.

»Das ist doch, was zählt«, sagt er.

Lea nickt, und sie sorgt sich auch um mehr:

»Gott hat uns unser Hirn gegeben, das sollten wir benutzen, anstatt zum Messer zu greifen. Mir macht die Zukunft angst, weil so viele nach Gewalt rufen. Die sind nicht gewöhnt, mit ihrer Verbitterung umzugehen. Ich mußte es auch erst lernen. Und ich fürchte, irgendwann werden Weiße getötet, weil sie weiß sind, selbst wenn sie auf unserer Seite stehen. Das macht mir eine Heidenangst. Wir könnten Jahre Krieg haben, wenn de Klerk es nicht ehrlich meint mit seinen Reformen. Daran will ich gar nicht denken.«

Big talks – no action, das fürchtet Lea als Taktik de Klerks.

Patrick und Lea debattieren noch eine Weile, bis Patrick sich aufs Ohr hauen muß.

Lea – was sind deine glücklichsten Momente, in denen du Südafrika total vergißt? Gibt es solche Momente überhaupt?

Und Lea lacht wieder; natürlich, sie hat sogleich welche parat: »Ich liebe klassische Musik, genau wie Patrick. Mozart, Vivaldi, Händel und Haydn. Leider sind Schallplatten sehr teuer, viele haben wir nicht. Aber es ist wunderbar, wenn ich manchmal mit Patrick im Wohnzimmer sitze, und wir hören zusammen Musik. Dann sind wir beide glücklich. Wir können vieles miteinander teilen, das ist schön.«

Und Träume? Die hat Lea natürlich immer noch. Die kleinen erfüllt sie sich hin und wieder. Dann macht sie eine Busreise, ein, zwei Tage, ein Wochenende höchstens. So hat sie Johannesburg kennengelernt, die romantische Straße an der Küste nach Westen hin, das reizvolle Umland von Kapstadt. Das ist Leas Luxus. Sie genießt ihn grenzenlos.

Ihr größter Traum – der kann doch nur eine Reise nach Europa sein. »Einmal möchte ich Deutschland sehen. Frag mich nicht, warum gerade Deutschland, ich weiß es nicht. Ich will einfach mal erleben, wie das ist, sich in einem Land zu bewegen, wo es keine Apartheid gibt. Das muß doch ungeheuer relaxing sein. Und ich weiß, daß ich es eines Tages schaffen werde.«

Lea, die Frau mit einem Händchen für Utopien.

Dafür spart sie schon wieder.

Ja, auch dort, bei unzähmbarem Optimismus ist Lea angekommen. Lea, das Kraftpaket, stark wie ein Pferd. Stärker noch. Deshalb brauchen sie alle im Haus. Sie ist der Flugzeugträger der Familie, regelmäßig Landeplatz für Ruth und Charlene, für ein Abendessen, für einen anrührend geschilderten Liebeskummer oder auch nur für ein kurzes Allerleigespräch. Geburtstage feiern sie bei Lea, die sich für einen Überraschungskuchen bis nachts in die Küche stellt. Ihr Haus ist offen, das wissen auch die Freunde ihrer Kinder. Die Jungen brauchen Lea mindestens zur Korrektur der Hausaufgaben. Ja, zu mehr noch, das wird sichtbar auf dem Heimweg von der Arbeit, wenn die beiden sie von der Taxi-Ecke abholen und sich bei ihr einhängen.

Und Patrick, der ruhige, liebe Patrick, ein Baum von einem Mann, auch er braucht Lea, viel mehr als sie ihn. Manchmal nur deutet er an, er hätte gerne mehr von ihr, aber nie würde er fordern, sie solle ihre Ehrenämter aufgeben.

Und wenn Lea selbst was für sich zu sortieren hat, dann tut sie das in Gesprächen in einer Frauengruppe. Lea weiß, was ihr not- und wohltut, da scheut sie auch keine familiäre Konfrontation, dann redet sie auch mal Tacheles mit »ihren Männern«. Auch eine Frucht ihrer Lebenskämpfe.

Lea ist eine Frau zum Festhalten und Anlehnen, die Seele der Familie. Alle tanken bei ihr auf. Fürsorge und Zuneigung hat sie zu vergeben, Aufgeschlossenheit und gute Ratschläge. Immer noch ist sie neugierig auf alles Fremde, eine blitzgescheite Frau und wohl deshalb kein bißchen umwölkt von Bitterkeit.

»Ich habe lange nicht gelebt, immer auf andere Rücksicht genommen, auf meine Mutter, die mich nie unterstützt hat, auf Johnny. Jetzt endlich mag ich mich, jetzt weiß ich, daß ich für mich selbst verantwortlich bin und nicht für das Glück der anderen. Leben ist aufregend – findest du nicht?«

Freies Fühlen in einem unfreien Land, welche Bandbreite steckt in dieser Frau!

Und Lea will weiter wachsen, durch ihre Frauengruppe, durch den Computerkurs, den sie gerade besucht, in der Vorschule, wo sie mitarbeiten kann an einem neuen Südafrika.

Wirklich – kein bißchen Bitterkeit? Auch nicht, wenn sie an die Weißen denkt?

»Heute erst weiß ich, daß es verschiedene Typen gibt. Viele sympathisieren mit uns, beteiligen sich an allen möglichen Aktionen, engagieren sich ganz und gar gegen Apartheid. Nur – privat haben sie kein Interesse an mir. Weiße Freunde habe ich nicht, das tut ein bißchen weh, manchmal. Vielleicht glauben sie immer noch, daß wir andere Menschen sind als sie.«

Aber der Erinnerung an alte Wunden gibt sie keinen Raum, allenfalls den manchmal wiederkehrenden Phantomschmerzen. Die sind der einzige Folgeschaden ihrer Vertreibung, den sie gelten läßt. Souverän hat sie auch diese, die erste Katastrophe ihres Lebens gemeistert:

»Ich konnte mich doch nicht ewig auf District Six rausreden, irgendwann mußte ich mein Leben wieder in die Hand nehmen.«

Das ist das Stichwort für das neue District Six.

Heute ist das Gebiet eine verwahrloste Fläche. Holzplanken liegen herum, Reste von Bauschutt. Gras wächst hüfthoch, durch den brüchigen Asphalt bricht gelbes Unkraut. Ein weißes Kirchlein ist unversehrt, die Moravian Chapel. Ödland inmitten einer freundlichen Weltstadt, ein Mahnmal, zu weit weg vom Erlebnishunger der Touristen. Kaum ein Besucher nimmt es wahr, dieses Niemandsland, dem die Stadtverwaltung längst den hellen Namen Zonnebloom gegeben hat.

»Ich fahre oft dran vorbei«, sagt Lea, »und dann spüre ich dieses Heimweh, mir gibt es immer noch einen Stich. Einmal über den Platz schlendern – nein, das brächte ich nicht übers Herz.«

Manchmal kriegt sie den ganz eigenen Geruch der Straßen dort in die Nase, zufällig ausgelöst durch irgendeine Assoziation. Aber sie sagt: »Ich habe eine neue Heimat gefunden, jetzt wär' mir die alte fremd.«

Vor einigen Monaten hat die Stadtverwaltung den alten Plänen der weißen Besiedlung endgültig abgeschworen und District Six zum offenen Gebiet erklärt, wie eine verschämte späte Abbitte für ihre Untat. Halbherzig, findet Lea: »Das ist doch die Augenwischerei der Reformen. Sie erklären ein Viertel als offen für alle Rassen, es ist nicht schwarz, nicht weiß, sondern ›grau‹. Auch Johannesburg ist jetzt offen für alle. Aber der Group Areas Act bleibt in Kraft. Bis auf die paar Ausnahmen ändert sich nichts. Du siehst, so halten sie immer noch an der Apartheid fest.«

Wo wird in diesen Monaten nicht über de Klerk und seine Reformversprechen spekuliert – auch wir werfen dies und jenes in die Waagschalen. Das allein füllt einen langen Abend.

Und wenn es denn stimmte, sagen wir dann, und wenn es denn stimmte, daß all die Apartheidgesetze fallen würden, selbst »der Group« – was dann?

Reden über Südafrikas Zukunft kann sehr spannend sein, weil die Perspektive ungeheuerlich ist, nach allen Seiten.

Lea sieht dem Rauch ihrer Zigarette nach und sagt lapidar: »Hoffentlich müssen die Weißen dann nicht entdecken, daß sie 300 Jahre zu spät dran sind.«

Und dann:

»Das Verrückte ist ja, die Weißen sind eigentlich nur Angstbeißer. Du brauchst dir nur anzuhören, wie sie sich gegen die schwarze Regierungsbeteiligung wehren, von weißem Überleben reden, oder denk dran, wie sie in Demonstrationen reingeschossen und jede Opposition abgetötet haben. Angst regiert in Südafrika, das mußt du dir mal vorstellen.«

Sie hat die Buren zu gut kennengelernt, um sich einlullen zu lassen, weder vom eigenen Wunschdenken noch vom Reformgerede.

»Erzähl mir nichts«, lacht Lea und winkt ab, »de Klerk kann in Amerika ruhig sagen, an der nächsten Wahl nehmen auch die Schwarzen teil. Wir haben schon zu oft gehört, daß die Apartheid tot ist. Aber ich sage dir, die alte Hackordnung lebt immer noch, auf dem Papier, und in den Herzen sowieso.«

Mandelas Genossen

20 Jahre Gefangenschaft auf Robben Island

Unwiederbringlich.

Hey man, weißt du, was das heißt?

Als sie mich verhaftet haben, war ich 28, jetzt bin ich 50. Versuch mal, dir das vorzustellen: über 20 Jahre lang unter Verschluß. Locked up. Aus dem Verkehr gezogen, bevor du deine beste Zeit erreicht hast. Weg von allem, was dir wichtig ist. Allein 20 Jahre haben sie mich auf Robben Island festgehalten. Wenn die Buren 20 Jahre sagen, dann meinen sie das auch. Mit Begnadigung kannst du rechnen – na, optimistisch geschätzt, einen Monat vor Ablauf deiner Strafe.

Ich wurde nicht begnadigt. Keinen Tag haben sie mir erlassen.

Hey man, was hast du in diesen 20 Jahren alles getrieben? Warst du überhaupt schon geboren, als sie mich eingebuchtet haben? Hast du Freundschaften geschlossen? Karriere gemacht? Geheiratet und Kinder gezeugt? Bist du in Urlaub gefahren, hast die Sonne genossen? Bist du viel in Kneipen gewesen, auf Fußballplätzen? Wichtig alles das. In 20 Jahren kommt eine Menge Leben zusammen.

Mein Spielraum war 20 Jahre lang die Insel, das »maksimum-sekuriteitsgevangenis op Robbeneiland«, Südafrikas Teufelsinsel. Meine Welt waren Mauern, verschlossene Türen, Vorschriften. Eine Ewigkeit im Abseits, I tell you.

Dabei war ich noch erleichtert, als ich mein Urteil hörte, am 26. März 1969. Wir waren zwölf auf der Anklagebank. Wie immer machten sie das in einem Aufwasch. Im Rivonia-Prozeß waren es acht, Mandela und Sisulu und Andrew Mlangeni unter ihnen. Einmal hatten sie sogar 156 auf einen Schlag angeklagt, Hochverrat. Über vier Jahre zog sich der Prozeß hin, bis 1961. Stell dir nur diese Zeitverschwendung vor. Hängst jeden Tag im Gericht rum, kannst nicht arbeiten, und nichts geht voran. Für 156 Leute! Am Ende mußten sie alle freisprechen. Auch da war Mandela dabei.

Wer sind die Verbrecher – wir oder sie?

Also wir waren zwölf, einen sprachen sie frei. Ich kriegte 20 Jahre. Sechs von uns bekamen 18, einer 15, zwei zehn Jahre und einer kam mit fünfen davon.

Ich hatte die ganzen Monate in der Untersuchungshaft damit gerechnet, den Strang zu kriegen. Das war eine Zeit! Oh god, du weißt nicht, sollst du dich noch ans Leben klammern oder schon mit allem abschließen?

Okay, ich hatte also nur 20 Jahre. Und in meiner Erleichterung dachte ich, nothing wrong, ich akzeptiere. Keine Berufung. Alles okay.

Die Verhandlung gegen uns war ein großes Ding. Terrorismus natürlich. Dafür hatten sie ja 1967 den Terrorism Act erlassen. Und 1962 den Sabotage Act. Und 1950 den Communism Act. »Schuldig, gewaltsam den Sturz der Regierung betrieben zu haben – recruiting guerrillas with the intention of violently overthrowing the state«, hat der Richter gesagt.

Gewaltsam!

Hey man, das ist lächerlich.

Du mußt dir vorstellen, was das für Zeiten waren, damals in den Sechzigern, hier in Apartheid-South Africa. High noon fürs Afrikaanertum, booming years; und sie glaubten schon, ihr Traum vom weißen Südafrika sei Wirklichkeit. Seit 1948 hatten die von der Nationalpartei ein Gesetz nach dem anderen ausgeklügelt, über 200, um ihren Rassismus zu legalisieren. Sie haben der schwarzen Opposition die Luft abgedrückt, ja, die Garotte immer weiter zugedreht, genauso. Abgemurkst. Zuletzt hattest du keinen Millimeter Freiraum mehr, Tatsache. Nicht mal für passiven Protest. Die Buren unter Premier Verwoerd waren wie Granit. Und unter Vorster, ab 1966, wurde es nicht besser. Die Fünfziger waren das bedeutendste Jahrzehnt für den ANC, da fand er zu seinem Profil. Die Sechziger wurden dann die Zeit schlimmster Unterdrückung. Und nur deswegen hat der ANC beschlossen, zu anderen Mitteln zu greifen, zu Sabotage. Ohne Menschenleben zu gefährden. Welche Alternative hatten wir denn auch? Und da werfen sie uns Gewalt vor, uns, den Opfern, die sie in die Enge getrieben haben! Lächerlich! Aber schlau, findest du nicht?

In den siebziger Jahren soll es ja auch nicht besser gewesen sein als zu meiner Zeit. Aber da war ich ja schon aus dem Verkehr gezogen.

Hey, du konntest auf die Insel kommen für nichts, nur weil du ein Freiheitslied gesungen oder ein verbotenes Buch zu Hause hattest. Oder sie haben dich mit einer englischsprachigen Zeitung unterm

Arm erwischt; das konnte doch nur bedeuten, daß du mit Politik zu tun hast. Üblich, daß sie dich dann durch den Kakao gezogen haben: »Tust wohl so, als könntest du lesen? Affen können doch nur Bilder gucken.«

Es war ja schon riskant, einen Becher mit ANC-Symbol zu haben oder nur die ANC-Farben schwarz, gold und grün zu tragen. Das allein brachte dir fünf Jahre ein. Schon warst du Kommunist und Terrorist, Kandidat für die Insel.

Die reine Hysterie.

Wie ich auf die Insel gekommen bin?

Ich war Krankenpfleger. In Welkom, Orange Free State.

Wußte früh, was Entbehrungen sind. Das kriegst du schon als Kind mit: Zu Hause ist nie Geld da – warum nicht? Deine Leute finden keine Arbeit – warum nicht? Unsere Väter landen für nichts im Gefängnis – warum?

Bei uns in der Gegend lebten viele Farmer, die typischen verbohrten Burenköppe. Einer sagte mir mal, als ich sein Söhnchen bei seinem Namen Johannes rief, nenn ihn nicht Johannes, sag »kleen baas – kleiner Herr« zu ihn. Stell dir vor, ich mit meinen 15 Jahren sollte zu diesem Knirps baas sagen! Lächerlich. Ich hab's nicht über mich gebracht.

Hey, das geht dir immens gegen den Strich, so was. Geht an deinen natürlichen Stolz oder das, was noch davon übrig ist. Aber viele von den alten Leutchen haben das brav gemacht, sagten »kleen baas« zu jedem Schnösel.

Ich hab' schon früh angefangen zu rebellieren, instinktiv. Innerlich zuerst nur.

Mein Zorn auf die Weißen wuchs in der Schule. Da hatten wir noch schwarze Lehrer, und die erzählten uns Kids, daß die Buren uns das Land weggenommen haben, ja, gesetzlich geklaut. Sie sind mit der Bibel und mit dem Gewehr gekommen, und weil sie uns überlegen waren, haben sie dann auch noch Gesetze gegen uns erlassen. Bis uns Schwarzen nichts anderes übrigblieb, als für sie zu arbeiten. Zu ihren Bedingungen. In so einer Schulstunde konntest du uns manchmal fluchen hören: »Diese weißen Hunde!«

Klar, wir hatten keinen persönlichen Kontakt mit Weißen. Durften wir ja nicht. Und sie wollten den Kontakt nicht. Wir lebten für uns, mit dem Gefühl, nur als Diener der weißen Alleskönner zu was nutze zu sein. Diese verdammten Weißen: Sie haben alles, was sie wollen.

Sie tun alles, was sie wollen. Sie kriegen alles, was sie wollen. Sie haben immer mehr als du.

Und du?

Lern da mal ein anständiges Selbstbewußtsein. Nein, was du lernst, ist Haß.

So ging das auch bei mir.

Da gab es eine Zeit, wo ich davon träumte, eine Atombombe zu haben und sie alle damit auszulöschen, damit wir endlich Ruhe haben.

Ruhe? Ach Mann, Ruhe haben wir erst, wenn man für uns ein Loch gräbt.

Auf der Oberschule hatte ich dann nur noch weiße Lehrer. Einer sagte mir mal – ich hab' vergessen, was ich verbrochen hatte, aber in Südafrika hast du als Schwarzer schnell was auf dem Kerbholz –, also der Badenhorst, so war sein Name, sagte mir, er zischte es regelrecht: »Am liebsten würde ich ein Gewehr nehmen und dich abknallen, Kaffer.«

Er war so einer, der uns einreden wollte, wir stünden auf einer niedrigeren Stufe als die Weißen.

Hey, was sollst du denken, wenn du dauernd mit diesen Verhältnissen von Herr und Knecht konfrontiert bist?

O Mann, das waren Zeiten. Wenn du mal bei einem Farmer mitfahren durftest, dann nur hinten auf der Ladefläche.

»Schwarze stinken«, sagten sie. Unverblümt sagten sie so was. Da konnte es in Strömen gießen und vorne war Platz – du mußtest hinten sitzen und frieren.

Ich hab's noch erlebt, daß wir beim Einkaufen nur draußen am Fenster stehen durften. Die Ladenbesitzer waren ja immer weiß. Reinkommen gab's nicht für uns. Ihren Laden hüteten sie wie ein Heiligtum. Nur unser Geld, das wollten sie haben. Manche Läden hatten zwei Eingangstüren. Du, Schwarzer, durftest nur die Türe für Schwarze benutzen. Der Raum selbst war durch eine spanische Wand getrennt, oft so, daß wir die Weißen und die Weißen uns nicht sehen konnten, nur hören. Hey, da muß ich lachen. So einen Blödsinn haben die sich ausgedacht, ist das nicht Krampf? Aber wir haben's gemacht, Mann, mußten es machen. Ich kann mich nicht erinnern, daß jemals einer gegen diese Regeln verstoßen hätte. Auch ich nicht.

Dazu kam ja noch die Separierung in den Schulen, den Krankenhäusern, Zügen, einfach überall. Und weißt du, welche Ausrede sie für alles das hatten? Sie wollten unsere Kultur vor westlichen Einflüssen schützen. Schützen! Dabei hatten sie unsere Kultur, unsere Traditionen des Wirtschaftens, unsere Familien längst zerstört, uns von allem enteignet. Ich sage dir, vor nichts hatten sie Respekt, nichts war ihnen tabu, nichts zu heilig, um es nicht für ihre scheinheiligen Ausreden zu benutzen. Sogar mit Gottes Wort haben sie unsere Unterdrückung gerechtfertigt.

Das Schlimme an Apartheid ist, es schleicht sich ein Gefühl ein, vor dem du dich nicht retten kannst: Wenn du als Abschaum behandelt wirst, muß du doch Abschaum sein, oder? Du fängst an, dich zu schämen, ohne genau zu wissen weshalb. Teuflisch.

Und dann habe ich es gehaßt, diese Steuer zu zahlen, die Kopfsteuer für Schwarze, »poll tax«, eingeführt 1905 für die Männer über 18. Heute weiß ich, wozu. Die Regierung kalkulierte damals genau richtig, daß wir das eine Pfund nur zusammenkriegen, wenn wir auf den Farmen Arbeit suchen oder in den Minen, wo sie dringend Leute brauchten. Zuerst hat es bewaffneten Widerstand gegen die »poll tax« gegeben, den letzten bis in die sechziger Jahre hinein. Aber außer Toten hat er uns nichts eingebracht. Da ist doch klar, daß ich zum ANC kam, mit 19. Gar kein Überlegen.

»Das ist meine Organisation, meine Heimat«, das wußte ich. Und ich weiß es bis heute. Der ANC hatte schon damals die Antworten auf unser Problem. Und du kannst dir nicht nur Freiheit wünschen, du mußt bereit sein, für sie zu kämpfen.

ANC-Leute gab es in den Townships in jeder Straße. Jeder kannte die Namen von Mandela, Sisulu und all den anderen. Wir hatten gute Leute, viele kluge Köpfe.

Aber 1960 haben sie den ANC verboten. Das war die Kriegserklärung an uns. Mandela gründete den militärischen Flügel des ANC. Und wir machten weiter, under cover, mit Diskussionen, ideologischer Schulung, Mitgliederwerbung. Das war meine Aufgabe. Ach Mann, war ich jung damals, energiegeladen. Sogar am Krankenbett habe ich die Leute über uns informiert, klar doch.

Unsere Arbeit mußten wir nie großartig planen. Jederzeit waren wir bereit für ein Treffen irgendwo. Und immer ging's um Strategien und Perspektiven. Stundenlang haben wir zusammengehockt und uns die Köpfe heißgeredet, halbe Nächte damit zugebracht.

Dann ging ich für zwei Jahre nach Tansania, Botswana, Sambia.

Ohne Paß natürlich. Hatte keinen und hätte auch keinen gekriegt. Dort bin ich vom ANC geschult worden. Und im Januar 1968 kam ich zurück, über den Zaun, von Rhodesien, um hier mit meiner politischen Arbeit weiterzumachen.

Schon damals hab' ich mich wie in einem Gefängnis gefühlt. Im Widerstand rechnest du ständig damit, abgeholt zu werden. Jederzeit konnten sie kommen. Und dann kamen sie ja auch, im September 1968.

Ich war gerade bei meiner Mutter in Umtata, Transkei. Mein Vater war lange tot. Wir wohnten in einer dieser typischen Township-Baracken, Größe Schuhschachtel, mit drei Räumen, du weißt schon, wo über 20 Leute drin wohnen, wenn's sein muß. Die Polizei kam am frühen Morgen. Ha, wenn ich mich dran erinnere – jetzt kann ich darüber lachen, aber es war kein Witz. Sie traten dermaßen gegen die Tür, daß sie aus den Angeln fiel. 13 Polizisten stürmten ins Haus und stürzten sich auf mich. Ohne Vollmacht. Ich hätte das Land unerlaubt verlassen, sagten sie. Schon war ich verhaftet. 1968.

Hey, ich hab' erfahren, daß damals bei euch in Europa politisch eine Menge los war. Hier in Südafrika war Totenstille. Unsere Leader waren im Knast oder im Exil; es sah so aus, als hätten wir Schwarzen aufgegeben, nach all den Kampagnen und Demonstrationen mit den vielen Toten.

Und jetzt hatten sie mich.

In der Untersuchungshaft gab es das Übliche, stundenlange Verhöre im Stehen, Elektroschocks, Isolationshaft. Mein Freund, ich sag dir, du weißt nicht, was Schlafentzug bedeutet. Sie verhören dich im Stehen, immer noch und immer noch. Sie haben längst Schichtwechsel, und du muß immer noch vor ihnen strammstehen.

Ich war in einer Zelle in Umtata. Weiße Polizisten haben mich verhört. Den schwarzen haben sie damals noch nicht getraut. Einem sagten sie mal: »Geh uns was zu essen holen.« Kaum war er weg, fingen sie mit dem Strom an, Drähte in die Steckdose, zum Transformator und dann zu mir. Ich bin aus dem Schwitzen nicht mehr rausgekommen, wurde ein paarmal ohnmächtig. Tagelang hatten sie mich in der Mangel.

Die drei Monate des Prozesses waren die besten. Da war die Folter vorbei, und meine Leute hatten wieder Zugang zu mir, konnten mir was zu Essen bringen. Nach dem Urteil steckten sie mich noch ein paar Monate ins Pretoria Maximum Prison. Wieder eine harte Zeit,

I tell you, die ersten Weihnachten im Knast, isoliert in der Einzelzelle, kaum was zu essen.

Und dann die Insel.

Die Fahrt in einem Polizeilaster muß um die 30 Stunden gedauert haben. Wir elf waren an den Füßen aneinandergekettet; jeder trug Handschellen. Wir kamen an mit nichts. Unsere Privatsachen waren heimgeschickt worden. Sie hatten uns nicht mal gesagt, wohin die Reise ging.

Die Fähre brachte uns rüber, gut zehn Kilometer Atlantik liegen zwischen Kapstadt und der Insel. Es war ein sonniger Februartag, ideales Wetter für einen Bootsausflug. Hätte mir vom Wasser aus die Stadt und den Tafelberg gerne mal angesehen, aber wir wurden unter Deck verfrachtet.

Lebewohl, Afrika.

Was jetzt kam, war kein Hörensagen mehr, keine der schauerlichen Geschichten von der Insel, die du dir angehört hast wie ein Gerücht, das mit dir selber nichts zu tun hat. Das war Wirklichkeit.

Du betrittst den Knast und läßt die Welt hinter dir. Du kommst in Kälte, Stille, Düsternis. Nichts ist freundlich, nicht die Wärter, nicht die Räume, die jetzt dein Zuhause sein werden. Da gibt es keine Vorhänge, keine Teppiche, nichts Buntes, nur Zweckmäßigkeit. Willkommen im Knast.

Nur das Klirren unserer Ketten war zu hören, als unser armseliges Grüppchen das Gefängnis betrat. »Dis die Eiland – das ist die Insel«, so begrüßte uns einer der Wärter.

Die Taufe nach Knastmanier: Ich war jetzt der »Gevangene 4/70«.

Wir elf kamen in eine Zelle. Nein, nicht in den Prominentenbau, wo die Topleute von ANC, PAC, Black Consciousness und SWAPO ihre Einzelzellen hatten, Sektion B. Sieben Sektionen gab es auf dem Terrain, mit lauter einstöckigen Gebäuden aus grob gehauenem Stein und dicken Mauern, wie dick, das konntest du an den Fenstern sehen. Dazu die Küche und ein Gesundheitsbau.

Wir Neulinge kamen in Sektion D. Zwei Monate hausten wir in diesem dreckigen Teil, so lange brauchten sie, um zu entscheiden, wo wir danach hinsollten, in die Sektion der Radikalen oder in G für »general« – allgemein. Mancher von uns sollte später immer mal wieder in D landen, wenn er zu Essensentzug und Einzelhaft verdonnert wurde. Ich hab' in den 20 Jahren alle Sektionen durchgemacht.

Also Sektion D, wo du zu meiner Zeit nur alle sechs Monate Anspruch auf Besuch und einen Brief hattest, der Brief nicht länger als 500 Wörter. Auch der Brief, den du einmal im halben Jahr schreiben durftest, war auf 500 Wörter beschränkt. Und dann konntest du nicht mal sicher sein, daß er ankommt oder daß alle Briefe dich erreichen. Du bekamst Briefe, in denen Sätze geschwärzt waren oder ausgeschnitten. Oder der Zensurbeamte hatte an den Rand geschrieben »Pas op! – Sei vorsichtig, der Brief enthält 534 Wörter. Nächstes Mal wird er gekürzt.«

Stell dir bloß vor, da sitzt ein Beamter und zählt Wörter! Kein Wunder, daß die Briefe oft ewig unterwegs waren. Und dann hast du sie wie einen Schatz gehütet. Ich hab' sie alle noch.

Aber du kannst Karriere machen, kannst dich aus D hocharbeiten, durch »kooperatives Verhalten«, bis Kategorie A. Da darfst du dreimal im Monat Besuch und Post kriegen und Lebensmittel in der Kantine kaufen, einmal im Monat.

Ich hab' neun Jahre gebraucht, um nach A zu kommen.

Gefängnisalltag.

Wir in einer Zelle mit Zementboden und Wellblechdach, heiß im Sommer, eisig im Winter. Wir schliefen jeder auf einer fingerdicken Sisal- und einer Filzmatte auf dem Boden, Betten gab's nicht. Die Matten wurden am Morgen zusammengerollt. Klo hatten wir in der Zelle. Ja, Mann, den Luxus hattest du zu Hause nicht, da mußtest du für dein Geschäft immer in den Hof aufs Häuschen gehen. Aber im Knast hatten wir die Kloschüssel in Reichweite, so nah, daß du reinspucken konntest. Scham? Die verliert sich. Wenn du Durchfall hast, und selbst wenn die Comrades gerade ihr Essen vor sich haben, spielen Feinheiten keine Rolle. Du mußt aufs Klo, also gehst du.

Eine Brause hatten wir auch, direkt neben dem Klo. Heiß duschen? Wo denkst du hin, wir waren doch kein Fünf-Sterne-Hotel. Wie oft habe ich diesen Satz auf der Insel gehört. Seife kriegten wir gestellt. Aber die brachte nicht viel, denn bis 1975 konnten wir nur mit Seewasser duschen. Das ist komisch, Mann, du seifst dich ein, aber es kommt kein Schaum. Ein Scheißgefühl, du spürst die Seife, kriegst sie nicht mehr aus den Haaren raus, von der Haut runter, am ganzen Körper fühlst du dich schmierig.

Anfangs mußten wir auch unsere Klamotten in Seewasser waschen. 1975 konnten wir Brackwasser dafür nehmen, als es nicht mehr zum Trinken reserviert war. Ja, Mann, Brackwasser zum Trinken! Und das war noch Mangelware, denn die Insel hat kein Süßwasser. Das muß jeden Tag von Kapstadt rübergeschafft werden. Das machten sie anfangs natürlich nur fürs Personal und nicht für uns Gefangene. Für uns kam Wasser von einem Brunnen per Leitung zum Wasserhahn, brackig eben. Probier's mal, und du hast die längste Zeit Durst gehabt, am Anfang. Dann lernst du.

Einkleiden, ein Kapitel für sich. Hey, selbst in unserem Knast, wo es keinen einzigen weißen Gefangenen gab, haben die Buren noch für Unterschiede gesorgt. Mit ihrer Kleiderordnung. Ich sag' dir, sie denken viel über uns nach und lassen sich für ihre Apartheid eine Menge einfallen. Das war ihre Hierarchie: Die, die sie als Mischlinge einstuften, haben im Winter lange warme Hosen gekriegt, einen Pullover, Schuhe, Socken. Socken! Nicht schlecht für die Kälte. Und wir Schwarzen? Wir bekamen nur Hemden mit kurzen Ärmeln, einen Pullover, Sandalen, keine Socken, kurze Hosen und eine Leinenjacke ohne Futter. Mann, haben wir oft gezittert im Winter, wenn der eiskalte Südostwind uns um die Ohren blies, wenn die Nebelschwaden auf die Insel zogen und du das Gefühl hattest, du atmest nur noch Feuchtigkeit. Trübe Zeiten. Selbst die Wärter froren dann in ihren Uniformen, trotz schwerer Stiefel und Umhänge.

Aber wir haben gemacht, was sie nicht erwartet haben: Wo es nur ging, haben wir unsere Kleider ausgetauscht. Wer was brauchte, kriegte was. Gefiel ihnen nicht, wenn wir uns halfen. Aber wir haben's gemacht, mit den Klamotten, mit dem Essen, mit allem.

Hey, du rätst nicht, was für mich in all den Jahren das Wertvollste wurde: Brot, simples Brot. Klar war das Essen schlecht und immer zu wenig. Nenn mir ein Gefängnis, wo das anders ist. Uns gaben sie »Pap«. Pap, Maisbrei, gehört für uns Schwarze fast zu jeder Mahlzeit dazu, aber auf der Insel gab's zuwenig, und das bißchen hat nicht mal geschmeckt. Am Morgen also gab's einen Schlag Pap und dünnen Kaffee, mittags gekochte Maiskörner mit Phuzamandla, einem Getränk aus Milch, geröstetem Mais und gemahlenen Erdnüssen. Roch und schmeckte scheußlich, gab aber Kraft, »bringt verbrauchte Energie sofort zurück«, sagten wir, mußten wir also trinken. Gewohnheitssache. Manchmal gab es Bohnen. Abends wieder Maisbrei, ein bißchen Gemüse, Fisch oder Fleisch und wieder die Brühe, die sie Kaffee nannten. Ja, wir waren kein Fünf-Sterne-Hotel.

Die Speisekarte war unser Kalender, konntest dir die Tage ausrechnen nach Fleisch (sonntags), Eiern (montags), Fisch (dienstags) und wieder Eiern (donnerstags).

Wenn sie mal die Reihenfolge nicht einhielten, weil das Fleisch nicht rechtzeitig geliefert worden war, gab's Irritation bei uns. Als Ersatz haben sie dann wieder Eier genommen. Und obwohl es ein Fraß war, den man uns vorsetzte – wir haben uns immer über das Essen hergemacht wie hungrige Wölfe. Was blieb uns übrig? Komisch nur: Obwohl es nie viel zu essen gab, haben fast alle von uns die typischen Gefängnisbäuche angesetzt.

Du wunderst dich, daß ich über so was Unwichtiges wie unser Essen rede? Ach, mein Freund, hast du eine Ahnung, wie dein Horizont im Knast schrumpft? Was sonst brachte Abwechslung in diese Eintönigkeit?

Also Brot – das hatte ich in den ersten Jahren nicht, war ja noch lange nicht in Kategorie A. Mal ein Stück zu erwischen, my goodness, das war ein Glück. Erst in den letzten drei Jahren gab es Brot für alle. Kannst du dir vorstellen, wie man sich nach einem Kanten Brot sehnt, Mann?

Kürzlich hab' ich mit einem Ehemaligen vom Pretoria Maximum Prison gesprochen. Da sitzen die weißen Politischen. Sie haben irgendwann mal eine Eingabe gemacht, mit uns Schwarzen zusammengelegt zu werden. Abgelehnt. Der also sagte mir: »Uns Weißen ging es schlechter als euch, obwohl wir wärmere Klamotten und besseres Essen hatten als ihr. Aber ihr seid an Not gewöhnt, wir nicht.« Hat er gesagt.

Klingt bescheuert, ich wollte auch nicht mit ihm streiten, aber da ist was dran. Die Weißen haben die Freiheit gepachtet. Unsere Welt besteht nur aus Verboten. Weiße reisen überallhin, gehen in jedes Hotel. Die Weißen essen, was sie wollen, können jedes Haus kaufen. Alles das gibt's nicht für uns. Ironie, Mann, aber manchen Schwarzen ging's im Gefängnis wirklich besser als zu Hause. Im Homeland konntest du verhungern, im Knast nicht. Rasanter sozialer Aufstieg, findest du nicht? Wir mußten uns im Knast wirklich weniger einschränken als die Weißen. Wir waren doch nie frei in South Africa, so what?

Nimm allein die aufregenden Reisen, die unsere Familien machen mußten – oder konnten –, um uns zu besuchen. Die meisten waren noch nie aus ihrem Nest rausgekommen. Jetzt kriegten sie Gegenden zu sehen, von denen sie nicht mal geträumt hatten. Meine Brüder sahen das Meer, kamen zum erstenmal nach Kapstadt. Andere saßen zum erstenmal in einem Flugzeug.

Na ja, wenigstens dazu war unsere Haft gut.

Trotzdem, der Knast hat uns eine Menge abverlangt. Ich hatte zum Glück schon während meiner Untersuchungshaft gelernt, mich zusammenzureißen. Auf der Insel mußte ich nicht mehr rauchen. Ein Glück. Aber die meisten von uns konnten es einfach nicht lassen, 90 Prozent, schätze ich. Erlaubt war es aber nur für die in Kategorie A. Also haben die anderen geschmuggelt, über die Wärter und über die Kriminellen, mit denen wir anfangs noch zusammen waren. Die vor allem haben gedealt, was das Zeug hielt. Mit Zucker, Öl, Fleisch. Alles mögliche ließen sie verschwinden, ohne Hemmungen. Die ANC-Gruppe hat dann beschlossen, sich nicht mehr an den Geschäften zu beteiligen, weil alle drunter leiden, wenn was auf die Seite geschafft wird. Aber die vom PAC haben weitergemacht. Es hieß, deren Führer seien selbst dick drin im Geschäft.

Es gab natürlich immer Jungen, die reingelegt wurden, ließen sich im Düstern getrocknetes Gras andrehen und dachten, es sei Tabak.

Wenige haben es geschafft, vom Rauchen loszukommen. Wir Nichtraucher haben versucht, die anderen von den Vorteilen zu überzeugen. »Es ist zu teuer«, haben wir gesagt, »es gibt Ärger, wenn einer unbedingt eine Zigarette braucht und sie nicht kriegt.«

Hey man, kannst du dir vorstellen, was in einer Gemeinschaft wie der unseren passiert, wo Menschen so aufeinanderhocken? Im jahrelangen permanenten Ausnahmezustand? Was ist, wenn dir einer sagt: »Nein, Bruder, ich rauch' meine Zigarette selber«? Und wir haben weiter argumentiert: »Hier wirst du nie genug Tabak kriegen. Kannst es also gleich ganz bleibenlassen.«

Besonders die Newcomer haben wir uns vorgenommen. Für die waren Rauchen und Essen noch das wichtigste. Wir haben uns zu ihnen gesetzt und mit Engelszungen geredet. »Es schwächt eure Ausdauer«, haben wir ihnen gesagt, »gewöhnt es euch ab, das macht euch stärker.«

Hey man, ich sage dir, Disziplin ist nicht einfach.

Ich hab' bei vielen Comrades gesehen, wie abhängig sie vom Tabak waren. Gab ja sonst nichts, was du genießen konntest. Aber die Abhängigkeit macht dich anfällig für den Deal, den die Wärter mit dir machen wollen, auch mit Dagga – Marihuana oder auch mit Alkohol. Jeden Neuen haben sie studiert, was ist der für einer, wovon ist er abhängig, was braucht er? Sie haben immer versucht, unter uns Informanten zu rekrutieren. Raffiniert machten sie das. Heute gaben sie dir was zu rauchen, taten freundlich, und morgen war es wieder aus damit. Erpressung. Tabak war das absolute Luxusgut, hochbegehrt wie eine Unze Gold.

Zu meiner Zeit hatten sie kaum noch Chancen bei uns. Wir hatten die Sache im Griff. Gegen unsere Disziplin kamen sie nicht mehr an. Aber weil ich das Feeling von Leuten kenne, die verrückt sind nach Zigaretten, habe ich mir oft auf meinem monatlichen Weg zum Kiosk gesagt: Tabak nicht vergessen! Ich habe mehr Geld für den Tabak der Comrades ausgegeben als für alles andere. Denn bei uns war keiner ein Bettler, auch wenn er keinen Cent von seiner Familie bekam. Wir haben zusammengelegt. Wenn einer mit seiner Liste einkaufen ging, dann nicht ohne zu fragen, wem er was mitbringen soll. Teilen haben wir auf der Insel gelernt. Dagegen konnte die Gefängnisleitung nichts ausrichten. Das haben sie wohl nie kapiert, daß wir um so enger zusammenwachsen, je mehr sie uns piesacken.

Ja, Mann, das war das Besondere an Robben Island: Wir waren eine verschworene Gemeinschaft, absolut diszipliniert und solidarisch. Diszipliniert, nur so haben wir auf der Insel was fürs Leben gelernt.

Nimm Ficks. Mußte zehn Jahre absitzen. Die richtige Einstellung zum Knast hat er gleich zu Anfang gekriegt. »Die Insel hat mich von meinem Selbstmitleid geheilt«, sagte er mal. »Als ich mein Urteil hörte, zehn Jahre, war ich geschockt. Warum ausgerechnet ich, hab' ich mich gefragt und gerechnet: Zehn Jahre, das macht ja mehr als 3000 Tage! Berufung! Sofort! Oh god, das halte ich nicht durch. Also, ich habe eine tolle Übung in Selbstmitleid hingelegt. Aber dann, auf der Insel, traf ich Leute, die 20 Jahre vor sich hatten. Ein junger Typ hatte sage und schreibe 36 Jahre. Gar nicht zu reden von den Lebenslänglichen. Da schrumpften meine zehn Jährchen zusammen auf eine lächerlich kurze Zeit. Ich schämte mich für mein Jammern, von meinem Selbstmitleid war ich kuriert.«

Hervorragende Anpassung an die Realität, was?

Und genau das mußtest du schaffen, wenn du die Insel innerlich überleben wolltest. Durftest dich nicht mehr im Zentrum allen Unglücks sehen, mußtest deine Seele panzern gegen deine Sentimentalitäten, sonst wärst du dran zerbrochen. Hey, das ist Schwerstarbeit, so was.

Nimm Weihnachten. In den ersten Jahren Tage wie alle anderen. Okay. Aber auch später, wenn wir Musik und eine kleine Show im Speisesaal gemacht haben: Ich hab' mich immer gezwungen, auf dem

Teppich zu bleiben. Bloß nichts Besonderes draus machen, sonst hängst du drin in den verdammten Gedanken, die sofort zu deiner Familie wandern. Ich hätte mich eingelullt in rosa Phantasien, was wohl bei ihnen los ist. Ob sie gutgelaunt beisammensitzen. Wie es Mum wohl geht. Ob sie wieder ihren Weihnachtskuchen gebacken hat. Wenn ich jetzt bei ihnen sein könnte, dann – No, stop it! Denn da gibt's außer Weihnachten ja noch Hochzeiten, Taufen, Geburtstagsfeiern. Feiern! Und sobald du dir diese Phantasien erlaubst, hat dich dieses »draußen« im Griff. No, man, stop it! Den Luxus kannst du dir nicht leisten. Träumereien machen dich fertig. Allein wenn du wieder auftauchst, diesen Kontrast hältst du kaum aus. Du fühlst dich elend, und das nimmt dir deine Kraft.

Oh Mann, ich sag' dir, Heimweh quält – kennst du das?

Also, besinn dich auf deinen Willen, trainier ihn, denn im Knast ist er alles, was du hast. Und das bedeutet ständiger Kampf, nicht nur mit dem System, mit den Wärtern, den Verboten, all der Langeweile, sondern auch mit dir selbst.

Halte dich an das, was du vor deiner Nase hast. Das wurde mein Prinzip. Konsequent. Kümmere dich um die Leute in deiner Zelle, und denk nicht an die daheim. Nicht an den Brief, der morgen kommen könnte. Nicht an den Besuch, den du vielleicht übers Jahr mal kriegst. Es ging mir nur darum, mein Denken einzuteilen, den Teil, der mich nach draußen lockte, lahmzulegen, auszuhungern, mein Hirn einzugrenzen auf den Horizont dieser Jahre: »Du bist auf der Insel, kapier das, Mann!«

Ich hab' nie die Tage, Wochen und Monate gezählt, die ich schon hinter mir und noch vor mir hatte. Keine Erinnerung an den Anfang, solange du nicht Aussichten auf das Ende hast, hab' ich mir gesagt. Denn die Zeit vergeht langsamer, wenn du auf was wartest, wenn du reglos auf den einen Punkt in der Zukunft starrst. Und du versäumst, was sich um dich herum abspielt. Akzeptier dein Schicksal. Und das mußt du trainieren, täglich. Erst das macht stabil. Dann lassen dich auch die Dummheiten der Wärter kalt. Du wirst Profi, »rocksolid in your heart«, unerschütterlich, eisern. Kannst nur hoffen, daß du dabei nicht ganz zu Stein wirst.

Natürlich haben mich Briefe immer wieder an draußen erinnert. Aber auch das nur unter einem bestimmten Blickwinkel: Ermutige die da draußen. Jammere deinen Leuten nicht Gott weiß was vor. Und ich hab' Antworten gekriegt, da hat man mir geschrieben: »Ich wünschte, Du hättest mir einen längeren Brief zurückgeschickt, er hat mich so getröstet.« Wir hatten Leute auf der Insel, deren Familien haben ihre Probleme lieber mit dem Sohn oder Mann im Knast diskutiert als mit jemandem draußen.

»Sohn, Du gibst uns gute Ratschläge«, so schrieben Angehörige, »das Gefängnis hat Dich verändert, Deine Ansichten helfen uns.«

Aber ich sage dir, nicht das Gefängnis hat uns verändert, sondern die Gemeinschaft, die wir geformt haben. Die hat uns zu anderen Menschen gemacht, hat uns reifen lassen. Weil wir zusammengehalten haben. Bei uns war keiner Einzelkämpfer. Das hat Robben Island von allen anderen Gefängnissen im Land unterschieden.

Diesen Geist hat jeder sofort gespürt, wenn er neu dazukam. »Cool down«, haben wir zu den Newcomern gesagt, »sei stark, besinn dich auf deine Kräfte. Schau dich um, du bist hier nicht alleine. Wir sind eine große Familie. Familie ist nicht nur dein Bruder, deine Mutter oder deine Frau, sondern wir alle, die wir am Kampf beteiligt sind. Wir sind jetzt deine große Familie. Das hast du gewonnen, als du hergekommen bist.«

Wir haben darauf geachtet, daß sich Neulinge nicht ausgeschlossen fühlen. Wir hatten zum Beispiel die Angewohnheit, in der Freizeit im Gefängnishof auf und ab zu gehen, erinner dich an Tiere im Käfig. Wir gingen in Gruppen, die nannten wir »Bus«. Unsere Regel war, daß in einem Bus vertrauliche Gespräche nicht erlaubt sind. Damit nie jemand abgewiesen werden mußte, wenn er in den Bus einsteigen wollte. Wenn du privat oder vertraulich mit jemandem reden willst, dann mach das im »Taxi«, also in der Zelle.

Das Größte überhaupt: Wir, die Gefangenen, allen voran die »alten Männer«, so haben wir sie genannt, die Mandelas, Sisulus, wir haben diese Regeln selbst aufgestellt. Wir haben eine sinnvolle Ordnung in unseren Alltag gebracht. Er trug unseren Stempel, nicht den der Wärter oder der Gefängnisleitung. Wir hatten die Fäden in der Hand, nicht sie. Wir hatten kaum Rechte, aber wir haben uns auch nicht endlos schikanieren lassen. Wir haben uns Freiräume erkämpft, ja, Mann, sogar im Knast. Wir haben unser Leben in die Hand genommen, den Rest Leben, den wir noch hatten.

Wenn du jahrelang aufeinander angewiesen bist, aneinandergekettet, wie das mit uns war, dann kannst du Menschlichkeit und Anstand nur über Kooperation retten. Keine Alternative. Wenn da Leute auf stur schalten, Quertreiber sind, geht die Gemeinschaft den Bach runter. Kooperation ist die Basis, die dich trägt, die alle trägt. Und deswegen haben wir uns organisiert. In Gefängniskomitees. Da haben wir unser Verhalten gegenüber der Gefängnisleitung beraten, haben kalkuliert, abgewogen – und meistens gehandelt. Wir hatten ein Essenskomitee, eins für Rechtsfragen, unsere Behandlung betreffend. Das Freizeitkomitee kümmerte sich zum Beispiel um das wöchentliche Musikprogramm, das per Lautsprecher in unsere Zellen kam. Jeder konnte seinen Wunsch ans Komitee geben. Und ein Nachrichtenkomitee sollte uns mit Nachrichten von draußen versorgen und die Kommunikation untereinander regeln.

Die Komitees waren der Kern unserer Struktur. Ungeheuer wichtig als Ausdruck unseres Willens. Und es ging nicht nur darum, daß wir jedes Jahr aus unserem Kreis Leute wählten. Die Gewählten hatten damit eine Aufgabe, sie konnten sich wichtig fühlen. Die Funktion hat ihr Selbstbewußtsein gestärkt, sie angespornt. Du merktest, wie die Verantwortung sie aufgebaut hat. Mir selber ging das ja genauso. Natürlich ist das nicht anders als in jedem Berufsalltag, aber im Knast ist es noch viel wichtiger, da wird es wieder zu einer Krücke fürs Überleben.

Außerdem konnten wir mit den Komitees dem Regiment der Gefängnisleitung was entgegensetzen, Paroli bieten. Großartig: Du bist nicht wehrlos, selbst im Knast nicht. Wir haben Beschwerden geschrieben an die Gefängnisleitung, und ganz selten kam eine sogar bis Pretoria zum Minister durch. Da ging's ums schlechte Essen, um die Drohungen der Wärter, ihre Quälereien und Beleidigungen. Daß sie uns »Kaffern« oder die Inder »Koelie« nannten, war da noch harmlos.

Hey, ich erzähl' dir was aus den sechziger Jahren, Geschichten, die bei allen späteren Islandern die Runde machten. Unsere Comrades mußten die Wärter damals noch mit Baas anreden. Gummiknüppel und Gartenschläuche saßen locker. Die Comrades wurden wie Tiere rumgescheucht, bombardiert mit Schimpfworten: Ihr Schweine! Kaffern! Das ging morgens schon los, beim Wecken. Da gab's die ersten Backpfeifen. Das war wie auf der Treibjagd. Reden natürlich verboten.

Damals gab es auch noch keine Klos in den Zellen. Am Morgen mußten die Jungen die Scheißeimer raustragen, jedesmal voll zum Überschwappen. Klopapier? Wo denkst du hin.

Und dann mußtest du nur noch im falschen Moment den Weg eines Wärters kreuzen, schon hatte er dich im Visier. Ein beliebtes Spiel unter ihnen: Sie schlugen den Comrades den Eßnapf aus der Hand, den sie gerade in Empfang genommen hatten. Ist doch urkomisch, wie die Schüssel dir in hohem Bogen aus der Hand fliegt, findest du nicht, du Trottel? Kleiner Scherz am Rande, muß doch erlaubt sein, domkop – Dummkopf.

Bei so was kommst du dir doch unweigerlich blöd vor.

Oder einer sah, daß du bei der Arbeit mal den Rücken gestreckt und Luft geholt hast, dann konnte es passieren, daß du seine Faust im Gesicht hattest. Und wenn ein Wärter fand, daß du nicht richtig arbeitest, hast du eben am Sonntag kein Essen gekriegt. So einfach ging das damals. Für alles mögliche wurdest du bestraft: weil du dich hingesetzt hattest, weil du geschlafen hattest, weil du wo rumstandest, weil du nicht standest – für alles eben. Sie machten die Musik, und du mußtest tanzen.

Schwarze sind doch nur eine Horde nutzloser Kaffern, weißt du das nicht? Demütigungen sind das, die sich in deine Seele fressen. Sie hatten immer Lust auf Streit mit den Jungen.

Kleynhans hieß der Wärter, der ein Teufel war. Einer der Politischen soll sich bei ihm mal über die Schinderei im Steinbruch beschwert haben, aber das war auch noch vor meiner Zeit. Da war er bei diesem Kleynhans an der richtigen Adresse. Zwei Kriminelle mußten ein Loch graben, immer noch tiefer. Der Gefangene mußte sich reinstellen, und das Loch wurde wieder zugeschaufelt. Nur sein rasierter Schädel schaute raus. Es wurde erzählt, es sah aus, als sei der Kopf wie zufällig da hingerollt und liegengeblieben, wie der letzte Rest eines Gehenkten. Die Wärter amüsierten sich köstlich. Das Dollste aber war für sie, als sich Kleynhans bei seinem Opfer nach dem Durst erkundigte. Ich geb' dir kein Wasser, du kriegst besten Whisky, soll er gesagt haben, bevor er seine Hose aufknöpfte und dem Mann ins Gesicht schiffte. Die Wärter lachten sich halbtot, und die Comrades – na, was sollten die schon machen – standen stumm dabei. Sie durften ihn dann wieder ausgraben. Damals hat sich noch keiner getraut, eine Lippe zu riskieren.

Ob der Mann seinem Peiniger jemals begegnet ist, draußen?

Nicht mal nachts waren die Comrades sicher. Es hat dir auch nichts genützt, dich unauffällig zu bewegen. Ficks hat mal von einer Razzia in seiner Zelle erzählt. Das ging zackig, ohne Pardon. Die Jungs mußten in einer Reihe an die Wand. Ein Informant zeigt auf einige von ihnen. »Diese Geste«, sagte Ficks, »wie der Typ den Finger auf die

Comrades richtet, werde ich nie vergessen, dieses ›der, und der, und der da‹. Er wußte genau, was ihnen blühte.« Und die Comrades wußten es auch. Sie mußten den Jungen beim Spießrutenlaufen, nackt, durch zwei Reihen Gummiknüppel, zusehen, bis einer ohnmächtig wurde. »Schlappschwanz«, sagte ein Wärter da, und die Vorstellung war beendet.

Solche Gemeinheiten hat Ficks noch oft mitgemacht. Einmal wäre er fast durchgedreht. Es war eine kalte Nacht im Winter, als eine Meute von Wärtern in die Zelle stürmte und mit Gebrüll die Comrades hochscheuchte. Alle mußten wieder an die Wand, mit erhobenen Händen. »Und unser Alter, Govan Mbeki, hat das nicht gepackt, er klappte zusammen, fiel einfach um. Die Wärter machten ungestört weiter, durchsuchten uns gründlich und kümmerten sich nicht um Govan. Und in mir stieg die Wut hoch. Ich wollte schreien, mich auf sie stürzen. Ich fühlte, wenn ich jetzt nichts tu’, laß’ ich Govan im Stich, ich elender Feigling. Less stand neben mir. Wir sahen uns an, er checkte sofort, was in mir vorging. Und er schüttelte nur seinen Kopf, ganz langsam. In mir war alles auf Angriff gepolt, ich zitterte, aber ich rührte mich nicht von der Stelle. Hinterher habe ich geheult. Was hab’ ich mich beschissen gefühlt. Ich war finished, aber heilfroh, daß Less mich vor einer Dummheit bewahrt hat. Er war mein Schutzengel gewesen.«

Der Knast ist gnadenlos, mein Freund. Für Entwürdigungen gibt’s kein Limit.

Ach, mein Freund, du hast nie in dem Bewußtsein gelebt, verwundbar zu sein, jeder Boshaftigkeit ausgeliefert, nackt bis auf die Haut, die schwarze Haut. Jeden Moment kann einer kommen, und er ist stärker als du. Kann sich an dir sein Mütchen kühlen. Früher oder später bist du dran. Unbeschützt.

Die Comrades haben damals in ihren Eingaben argumentiert, daß wir keine Verbrecher sind, sondern kompetente Leute, mit Disziplin. Deshalb müßten sich die Wärter ihnen gegenüber genauso diszipliniert und korrekt verhalten. Hat die Leitung zuerst natürlich ignoriert. Dachte wohl, die geben auf. Aber dann kamen die Hungerstreiks, ungefähr ab Mitte der sechziger Jahre. Mandela machte mit, sobald er auf Schleichwegen davon erfuhr. Beim erstenmal mußten sie sechs Tage hungern, bis die Leitung endlich mit sich reden ließ. Dramatisch, Mann, ausgemergelte Figuren, die sich zur Arbeit schleppen und kein Essen anrühren. Und das muß auf einmal so lecker serviert worden sein wie nie zuvor. Der Sieg: Die Comrades wählten eine Abordnung von sechs Mann, die alles bei der Leitung vorbrachten, was den Knast unerträglich machte.

Hey man, das war eine Zäsur. Von da an war die Lage für die Gefangenen nie mehr so desolat wie vorher. Sie hatten eine Ahnung von ihrer Stärke bekommen. Auch wenn die »Rädelsführer« später zu sechs Monaten extra verurteilt wurden und das Essen bald wieder so schlecht war wie immer. Der erste Hungerstreik war das Signal zum Weitermachen, und unsere Gefangenenkomitees wurden zur ständigen Einrichtung.

Und auf einmal kamen Delegationen vom Internationalen Roten Kreuz zu Besuch. Hey man, ein Wunder, die Welt erinnert sich an uns! Und diese Leute schauten hin, ließen sich von der Leitung nicht verkohlen. Immer wenn die Wärter kotzfreundlich wurden, wenn das Essen besser schmeckte, wenn wir neue Klamotten kriegten und das Gelände auf Vordermann bringen sollten, wußten wir, die vom IRK sind im Anmarsch, einmal im Jahr. Sie spendeten hin und wieder Milchpulver und Obst, und sie schrieben Berichte über die schlimmen Haftbedingungen auf der Insel, die in den Zeitungen erschienen. Und auf Öffentlichkeit reagieren die Buren immer empfindlich. Wir erfuhren dann auch, daß amnesty-Gruppen sich für uns engagierten und Gewerkschaften in der ganzen Welt. Mann, das alles bringt dich zwar nicht raus aus dem Knast, aber es haucht dir neues Leben ein, mobilisiert ungeahnte Energien in dir.

Damals in den Sechzigern war's auch mit der Einigkeit von ANC und PAC noch nicht weit her. Lag ja erst wenige Jahre zurück, daß sie sich vom ANC abgespalten hatten, im politischen Kampf draußen, 1959. Beim ersten Hungerstreik waren Leute aus der PAC-Führung diejenigen, die beim Essen zulangten, vor aller Augen. Sie warfen dem ANC vor, kommunistisch gesteuert zu sein, und beteiligten sich deshalb nicht. Auch mit dem ersten Komitee wollten sie nichts zu tun haben. Machten wir es eben ohne sie.

Es dauerte Jahre, bis wir zu einer Mannschaft wurden. Die Alten sprachen oft von dieser schwersten Zeit auf der Insel. Wir haben von ihrem Mut profitiert. Wir kriegten Rechte, die es in keinem Gefängnis auf dem Festland gab. Leben auf Robben Island wurde fast relaxed, wenn's denn so einfach gewesen wäre. Es blieb ein ständiger Kampf.

Damit jeder von uns eine sinnvolle Aufgabe hatte, verteilten die Komitees Pflichten. Einer war für Zeitungen zuständig. Ein anderer kontrollierte das Putzen in seiner Sektion; wer mit Putzen dran war, bestimmte das Komitee und nicht die Wärter. Einer war mal fürs monatliche Einkaufen im Kiosk zuständig, mal für die Küchenarbeit, ich zum Beispiel. Wir hatten einen Verbindungsmann zur Gefängnisleitung, wenn es ums Studieren ging oder um Krankmeldungen. Jede Sektion hatte ihre »Studienverwaltung«, ein Comrade registrierte Ein- und Ausgang von Studienpost. Jeden Brief, den wir rausschickten, und wenn es nur ein Antrag war, trug unser Verantwortlicher in ein Heft ein zum Beweis, daß die Post den Wärtern weitergegeben worden war, denn die mußten sie ja noch zensieren und rausschicken. Wir hatten sogar ein »Genfer Komitee«, so genannt nach der Genfer Konvention über die Behandlung von politischen Gefangenen.

Hey man, das klingt nicht nur großartig, das war großartig. Stell dir bloß vor, was wir noch geschafft haben: Wenn ein Wärter mit uns nicht kooperiert hat, dann haben wir uns geweigert, ihm Büro und Lokus zu putzen. Boykott. Ja, Mann, das funktionierte!

Hey man, I tell you, Robben Island war einzigartig.

Und die Alten waren immer mit von der Partie. Wir haben gesagt, sie sollten nicht mitmachen, beim Putzen oder bei Hungerstreiks. Aber Sisulu zum Beispiel hat immer drauf bestanden. Anfang der achtziger Jahre gab es mal einen wochenlangen Hungerstreik. Einige von uns, noch ziemlich jung, machten schlapp. Sisulu, Mandela und die anderen Alten hielten durch.

Klar, am Rassismus konnten wir nichts ändern. Die Insel war und ist noch heute der Knast für die schwarzen Politischen. Das macht die Insel ja so kurios, ohne Beispiel in der Welt: Ein Gefängnis, in dem die Gefangenen schwarz und die Wärter weiß sind. Ha, fällt dir ein passenderes Bild für die Situation in ganz Südafrika ein? O Mann, verrückt das Ganze. Südafrika, Wächter von Frieden und Freiheit, den noblen Werten des freien Westens verbunden – mit dem kleinen Schönheitsfehler, daß du für Frieden und Freiheit hinter Gittern landest.

Sie haben dann auch irgendwann unserer Forderung nachgegeben, uns von den Kriminellen getrennt und mit den sogenannten Mischlingen und Indern zusammengelegt.

Wir waren zuerst ziemlich reserviert zueinander. Da kannst du erleben, wie teuflisch Apartheid selbst bei uns, den Opfern, funktioniert: Wir hatten ja in unseren Townships nie miteinander leben dürfen.

Also kannten wir uns nicht. Inder und Mischlinge waren wie Menschen von einem anderen Stern. Natürlich waren wir mißtrauisch: Wie sollten wir sie einschätzen? Welches waren ihre politischen Ziele? Waren sie der Befreiung aller Schwarzen verpflichtet, oder wollten sie nur ihr separates Mischlings- oder Inder-Süppchen kochen?

Aber bald gab es überhaupt keine Barrieren mehr. So wie es vorher auch keine Stammesbarrieren zwischen uns gegeben hatte. Wir waren Zulus, Xhosas, Suthu, Pedi, von allen Stämmen eben, die es in Südafrika gibt. Und wir dachten immer in einer Nation, Südafrika, zu der wir alle gehörten. Stammesunterschiede wären doch auch im Land nie ein Thema geworden, wenn die Regierung nicht dauernd Differenzen angeheizt hätte.

Es wäre ihnen zupaß gekommen, wenn wir uns gegenseitig die Kehle durchgeschnitten hätten. Dann hätten sie wieder sagen können, daß wir politisch zurückgeblieben sind, sogar im Knast wie die Wilden. »Typisch, Gewalt von Schwarzen gegen Schwarze.« Damit hätten wir ihnen eine Menge Arbeit abgenommen. Mal dir die Folgen aus. Es wäre politischer Selbstmord gewesen, Vorbereitung zum Bürgerkrieg.

Die Voraussetzungen fürs Schlachtfest auf der Insel waren günstig. Aus dem ganzen Land – war ja auch überall was los – hatten sie uns zusammengepfercht, manchmal 60 Leute in einer Zelle. Und jeder brachte nicht nur seine persönliche Geschichte mit, sondern seine Sprache, seine Tradition. Unter uns waren Leute aus der Stadt und vom »Platteland«, Gebildete, Ungebildete, Ärzte, Anwälte, ich als Krankenpfleger, dazu kamen Arbeiter und Leute, die nicht mal lesen konnten. Oder später, nach 1976, kamen Jungen, frisch vom Abitur, wie Chris, ein zartes Kerlchen von 21, als er 1979 zu uns kam, und wir hatten viele, die militärisch im Ausland trainiert worden waren. Wir waren Hunderte, zusammengepfercht.

Ich hab' kürzlich Zahlen der Regierung vom Mai 1985 gelesen: 509 Personen auf der Insel in Haft, wegen Vergehen gegen die Sicherheit des Staates, 39 Lebenslängliche, 17 aus Namibia, 14 Jahre alt der Jüngste auf der Insel, verurteilt wegen Sabotage, 1978. So viele Charaktere, Mann, der eine ist ungehobelt, der andere ist die Höflichkeit in Person, da entstehen doch zwangsläufig Aggressionen. Leg nur mal deine ausgerollten Matten mit den Decken – das waren bis 1977 unsere Betten in den Gemeinschaftszellen – schräg auf dem Boden aus, schon kann's passieren, daß dein Nachbar sich auf den Schlips getreten fühlt. In dieser Enge im Knast stehst du doch dauernd unter Strom. Reiß du dich mal ununterbrochen zusammen, zumal wenn du weißt, daß du überhaupt nicht in den Knast gehörst, sondern nach draußen, wo dein Volk dich braucht, jeden von uns. Aber du bist zum Absitzen deiner Jahre verdammt, obwohl du nichts anderes verbrochen hast, als schwarz und stolz zu sein. Aber du bist nicht schuldig, Mann, kein Grund zur Sühne!

Und doch halten sie dich fest.

Sie taten natürlich eine Menge, um unseren Frust zu füttern. Subtil. Sie konnten uns körperlich nicht mehr rannehmen wie früher? Haben sie es also auf andere Art gemacht. Nach wie vor haben sie uns von oben herab behandelt, aber okay, du erwartest nichts anderes. So würde es dir selbst in einem Fünf-Sterne-Hotel ergehen. Nein, sie wollten uns nun geistig knebeln.

Und damit trafen sie unseren wunden Punkt.

Denn wie konnten wir den Jahren auf der Insel noch irgendeinen höheren Sinn geben? Es macht dich wahnsinnig, hinter verschlossenen Türen zu sitzen, während du draußen bei den Kämpfenden sein müßtest. Also wollten wir die Zeit nutzen, indem wir uns weiterbildeten. Wir wollten nicht stehenbleiben, nicht schlaff werden, uns nicht hängenlassen. Wir wollten unseren Kopf trainieren, für später. Und da haben sie uns alles entzogen, was du brauchst, um geistig fit zu bleiben. Klar, wir waren ja nur Schwarze.

Haben wir etwa Grips?

Also waren Zeitungen verboten. Du mußtest dich splitternackt ausziehen, wenn sie nach Zeitungen gesucht haben. Wer Zeitung liest, ist ein »grootkop«, sagten die Wärter. Und »grootkop«, das kam schon gefährlich nahe an einen politischen Führer. Verfielen die Kaffern auch noch dem Größenwahn?

Ja, sie hätten uns gerne jeden Ehrgeiz ausgetrieben.

Einmal wurde Kwedie ihr Opfer, gleich als er reinkam, noch ahnungslos, ein grüner Junge. Kwedie war 25, verurteilt werden Mitgliedschaft bei PAC und wegen Sabotage.

»Ich habe eine Bombe weder berührt noch gesehen«, hat er mir mal erzählt, »aber weil ich einer der Führer war, hat man mich einfach für alles mögliche verantwortlich gemacht.«

Kwedie kam 1965. Blöderweise hatte er einen Readers-Digest-Aufsatz bei sich, »Hiroshima, a preview of peace«, ein paar von den kleinen Seiten in seiner Jacke. Da fackelten sie nicht lange, er kriegte eine Strafe wegen Besitzes eines illegalen Artikels, Verstoß gegen die Gefängnisordnung. Verdonnert wurde er zusammen mit einem anderen. Der hatte eine Sonnenbrille getragen, weiß der Himmel, wie er an die gekommen war, für seine empfindlichen Augen. Mit dem haben sie auch kurzen Prozeß gemacht: Wenn die Brille nicht vom Arzt verordnet ist, dann braucht er auch keine. Basta. Sechs Tage Hungerration und Einzelhaft. Sie machten ihm dann das Angebot, wenn er kooperativ ist, wird ihm die Strafe erlassen, und er kann im Büro arbeiten. Aber die Strafe war ihm lieber.

I tell you, sie waren immer auf dem Sprung, uns zu korrumpieren. Kwedie brummten sie für seine Readers-Digest-Blätter 18 Tage Einzelzelle und verschärfte Diät auf: drei Tage Maiswasser, das beim Kochen abfällt, dann einen Tag normales Essen und wieder drei Tage Diät. Von da an vom normalen Essen die halbe Portion. Auf die Art wirst du herrlich schlank.

So gefährlich kann Lektüre sein.

Hey, weißt du, wie das ist, von den Nachrichten der Welt abgeschnitten zu sein? Eine harte Lektion, I tell you. Die Zeit steht still. Du bist wie auf ewig in eine Gummizelle gesperrt. Du gehst ein, Mann, ohne ein Zeichen von außen, das dir das Gefühl gibt, da existiert noch eine Welt außerhalb der Insel, in der geht was vor sich.

Kwedie hatte seit seinem Spezialerlebnis ein Faible für Zeitungen. Für ihn war der Entzug von Information psychische Folter. Und das machte ihn zum besten Mann fürs Nachrichtenkomitee. Er wurde unser Experte im Zeitungklauen, oberster Zeitungsbeschaffer. Er hätte nie gedacht, daß er mal irgendwas stehlen würde. Ja, Mann, das sind Knastkarrieren. Anfangs hatte er Skrupel, stell dir vor, sogar hier im Burenknast hatte er Skrupel, Zeitungen zu organisieren. Aber er wußte, er klaut für uns alle, wußte, daß wir Informationen brauchten wie die Luft zum Atmen. Wie sonst sollten wir unsere Situation auf der Insel und die Lage draußen abschätzen?

Kwedie schaffte es dann, Zeitungen zu sehen, wo immer es sie gab. Er war geeicht, immer bereit zuzugreifen, egal, was es für ein Blättchen war, afrikaans oder englisch, egal wie schmierig, von Butter und Marmelade oder Cola oder gar Scheiße, wenn sie wo im Freien lag, egal wie zerfleddert. Wenn Kwedie rumstromerte, dann brachte er oft was mit. Von der Arbeit am Strand zum Beispiel. Die waren oft Wochen alt, ausgebleicht, aber unzensiert. Sensation. Jubel.

Einmal war Kwedie ein Fang richtig peinlich. »Sorry«, hat er gesagt, und wir haben ihn ausgelacht, »hier im Knast tu' ich halt Sachen, die ich draußen nie tun würde.« Das war im September 1971. Einer unserer Priester kam zur Messe. Die hielten wir immer am Sonntag im Speisesaal ab, jedesmal mit einem Priester von einer anderen Konfession. Dieser hier stellte also seine Tasche offen hin, und Meßdiener Kwedie konnte gar nicht anders, als die Zeitung in der Tasche zu sehen. Es war die »Sunday Times«. Das machte sofort die Runde, und du kannst dir nicht vorstellen, wie aufgeregt wir waren. Wir saßen da wie die Engel, mit geschlossenen Augen, und haben der Predigt zugehört, in Gedanken an die bevorstehende Lektüre. Wir waren selig: Die Zeitung ist unter uns. Und dann kam Kwedies Moment der langen Finger. Mission erfüllt. Hinterher hatte er Schiß, daß sie den Priester auch beim Rausgehen kontrollieren würden, was manchmal vorkam. Wir haben nichts dergleichen gehört, aber Kwedie bestand darauf, sobald er aus dem Knast raus ist, wird er's dem Priester sagen. Aber der starb dann, bevor Kwedie rauskam.

Was meinst du wohl, was das für ein großes Ereignis war, wenn einer mal nach Kapstadt ins Krankenhaus mußte, zum Beispiel für Röntgenaufnahmen bei Verdacht auf Tuberkulose, der populärsten Krankheit auf der Insel. Die Wärter taten immer freundlich, sobald Schwestern dabei waren. Unsere Jungen fühlten sich dann wie in einer Schatzkammer. Zeitungen überall. So erfuhren sie von der Mondlandung und Neuigkeiten über Vietnam. Die Schwestern waren auch noch so toll, den Gefangenen Zeitschriften zu bringen, und die Wärter haben sich unter ihren Augen jedes Verbot verkniffen. Hey, das war ein Fiebern, wenn die Comrades zurückkamen und von ihrer großen Reise in die Welt erzählten. Ein Gesprächsthema für Tage.

Sie haben Zeitungen erst ziemlich spät zugelassen, 1980. Das Internationale Rote Kreuz hat dafür gesorgt. Aber denk ja nicht, sie hätten uns einfach gegeben, was wir abonniert hatten, den »Star« und die »Weekly Mail« von Johannesburg, »Argus« und »Cape Times« von Kapstadt. Die wurden zensiert, mein lieber Freund, du hast manchmal nur noch das Gerippe einer Zeitung gekriegt. Was machst du mit einem Fetzen, der fast leer ist, auseinanderfällt, wenn du ihn unvorsichtig anfaßt? Alles, was uns wichtig war, haben sie rausgeschnitten. Mordfälle blieben drin, Vergewaltigungen, der übliche Sex-and-Crime-Mist, unwichtige Gerichtsfälle, Anzeigen, Wetterbericht, Naturkatastrophen. Alles Politische war säuberlich rausgeschnitten.

Und so machen sie das bis heute. Trotzdem war alles für uns ein Diskussionsthema, die trivialsten Sachen. Selbst die Heirat von Lady Di mit Prinz Charles haben wir durchgekaut.

Es gab Leseräume auf der Insel, Zellen, die nicht belegt waren. Die Zeitungen lagen auf dem Bett und in den Regalen, und während des Tages waren die Zellen fast überfüllt mit Leuten, die nicht arbeiten mußten. Manchmal nahm einer eine Zeitung mit auf den Hof und las was vor, das wurde dann in der Gruppe diskutiert. Auch von denen, die keine »Leselizenz« hatten, weil sie die Kategorie noch nicht erreicht hatten oder das Privileg ihnen entzogen worden war. Die standen dann wie gelangweilt rum, hörten in Wirklichkeit aber zu. Die Wärter merkten nichts. Letzten Endes hat die Gefängnisleitung da die Zügel lockergelassen, weil sie davon ausging, wenn die Häftlinge nicht lesen dürfen, machen sie Ärger.

Mancher nahm seine Zeitung am Abend mit in die Zelle. War sie ausgelesen, band er sie zusammen und reichte sie am langen Faden durchs Fenster an den nächsten weiter.

Hin und wieder machte ein Wärter den Fehler und ließ seine Zeitung im Office liegen. Wenn du vorbeikamst, hattest du die Chance, von der zusammengefalteten Zeitung die Schlagzeile zu entziffern. Oft haben wir uns dann stundenlang mit wilden Spekulationen beschäftigt.

Als wir noch keine Radios haben durften, haben die Kriminellen uns mal eins organisiert. Und einmal hatten wir einem Wärter ein kleines Transistorgerät geklaut. War ein junger, schmalbrüstiger Typ mit Milchgesicht und ohne Mitleid. Der hat gleich Spektakel gemacht, den Diebstahl gemeldet. Wir haben argumentiert, es sei unser moralisches Recht, ein Radio zu haben. Aber sie haben nicht lockergelassen. Der Commander sagte, wenn das Gerät nicht wieder auftaucht, gibt's eine Durchsuchung, überall. Da ist es wieder aufgetaucht.

So gar nichts zu wissen vom Kampf draußen – wie schlimm das ist, haben wir 1976 gemerkt, als Soweto brannte. Was am 16. Juni und danach passiert war, was Polizisten und Soldaten mit unseren Kindern gemacht haben, davon hatten wir null Ahnung, bis im Oktober Neulinge zu uns kamen. Die erzählten uns von den Massakern im ganzen Land. Es war schrecklich. Sie haben natürlich in ihrer Erinnerung noch ein bißchen übertrieben. Aber das konnten wir zuerst nicht abschätzen. Wir hatten nur diese grauenhaften Nachrichten und wußten nicht, was nun alles in Gang kommen würde. O Mann, wir waren aufgeregt und niedergeschlagen in einem. Kamen aus dem Spekulieren und Analysieren gar nicht mehr raus: Wenn der Feind sogar schießt, dann ist er enorm unter Druck, sonst würde er weniger harte Mittel wählen. Das hat uns Hoffnung gemacht: Hey, es geht los draußen, der Sieg ist nah. O Mann, hat das vibriert.

Aber da war auch diese Ohnmacht, als wir von den »necklacings«, den Halskrausemorden in den Townships, erfuhren. Schrecklich, die reine Lynchjustiz, wo Leute umgebracht wurden, die man für Informanten hielt. Für uns der Horror. Unsere Jugend macht die Townships unregierbar, desavouiert unseren sauberen Kampf für ein freies Südafrika. Um Gottes willen, da draußen zerfleischen unsere Leute sich gegenseitig, alles läuft aus dem Ruder, versinkt in Gewalt und Mord und führt zu nichts. Welch ein Rückschlag, es darf nicht wahr sein! Was ist mit unseren Idealen von einem demokratischen Kampf? Verfluchte Apartheid, die unsere Jungen verroht, zum wilden Mob macht, ohne Achtung vor den mahnenden Alten, vor Menschen überhaupt. Da hörten wir, daß Jugendliche Frauen gezwungen hatten, Seife zu essen und Öl zu trinken, weil sie es trotz eines Boykottaufrufs in der Stadt eingekauft hatten. Grauenhaft! Aber sag selbst, wenn du in Unrecht und Elend aufwachsen würdest, ist doch klar, daß für dich ein Menschenleben immer billiger werden würde, oder? Nur – wo wird das enden?

Es war eine furchtbare Zeit, diese Konfrontation mit unserer Tatenlosigkeit. Wir, die wir hätten mäßigen und führen können, konnten nichts tun.

Gibt es eine schlimmere Strafe für Aktivisten?

Zeitungen – das war übrigens das einzige, was geklaut wurde. Diebstähle gab es nicht mehr, seitdem wir von den Kriminellen getrennt waren. Wieder so ein wichtiger Erfolg. Wir konnten alles liegenlassen, unsere Spinde blieben offen. Da konntest du sogar deine Zigarette irgendwo vergessen, keiner hat sie mitgehen lassen. So was entspannt ungeheuer.

Hey, all diese Sachen haben uns zusammengeschweißt.

Die alten Männer waren es, und da vor allem Mandela, die diesen Geist ins Gefängnis brachten. Durch sie wurde die Insel zu einer Erziehungsanstalt, einer Schule, einer richtigen Denkfabrik. Für uns war sie nur noch »Mandelas Universität«. Glaub mir, innerhalb und außerhalb unserer Zellen wurde mehr diskutiert als überall sonst im ganzen Land. Lernen war an der Tagesordnung. Taktik, Strategien,

Theorien, was du willst, Lernen für drinnen und draußen. Das waren kreative Zeiten, I tell you.

Am besten hatten es die Leute, die nicht arbeiten mußten, dann die Alten und die in Sektion A, die von der Leitung als radikal und rebellisch eingestuft wurden. Die also hatten Zeit, bei offenen Zellen regelmäßigen, strukturierten Unterricht abzuhalten. Wir haben's auch während der Arbeit versucht. Beim Putzen zum Beispiel: Du kannst lernen mit dem Besen in der Hand.

Der Steinbruch war nicht so gut geeignet. Der lag gut einen Kilometer von unserem Bau, am Strand, ein riesiges Loch von Menschenhand, grauer Granitfelsen, einige baufällige Wellblechhütten am Rand für die Wärter, die uns mit ihren Gewehren begleiteten. Die Schufterei ging auf die Knochen, ich sag's dir, am Abend wußtest du nicht mehr, wie viele Schubkarren du in der Hitze auf dem sandigen Boden hin- und hergeschoben hattest, um die Lastwagen zu beladen. Schon am frühen Morgen warst du schweißgebadet. Selten, daß ein Gefangener uns mal mit Wasser versorgen durfte, wir bekamen nie genug. Wenigstens ließ dich die Rackerei deine Misere ein bißchen vergessen, dein Verstand geriet irgendwie in einen Dämmerzustand, während dein Körper verbissen gearbeitet hat. Am Abend fielen wir um vor Müdigkeit. Da war mit Lernen nicht viel drin.

Besser ging's schon in der Kalkgrube. Da waren wir nicht dauernd in Reichweite eines Wärters. Auf unsere Schaufeln gestützt, konnten wir zwischendurch reden. Oder wenn wir durch die Gischt wateten, um Seetang zu sammeln, oder beim Steineklopfen. Dazu saßen wir im Gefängnishof, auf Steinen, nebeneinander im Abstand von gut einem Meter, in einer langen Reihe. Und jeder machte immer dieselben Bewegungen, ausgerüstet mit Hammer, Meißel und Augenschutz, wegen der herumfliegenden Splitter. So behämmerten wir die Steine und machten Granulat draus. Endlos. Stupide. Mandela hat das an die zehn Jahre gemacht. Anderswo nahmen sie dafür Maschinen. Am Abend hattest du die Nasenlöcher voller Steinstaub, Staub in den Haaren, Staub in den Augen.

Später machten wir leichtere Arbeiten, Schreinerei, Anstreichen, Bauarbeiten, Holzhacken, Gummimatten zusammenkleben, Polsterarbeiten, Schneiderei, wo du an der Nähmaschine sitzen konntest. Oder wir haben auf den Dächern gesessen. Zur Generalreinigung. Haben geschrubbt, bis kein Hauch Moos mehr zu sehen war. Blitzblank unter der Sonne.

Ich war bei den Gummiklebern, die letzten zehn Jahre bis 1989. Große und kleine Matten waren mein Werk, wie du sie in Fluren auf Schiffen, in Zügen, in Büros, vor Wohnungstüren liegen siehst. Das war eben auch so eine Arbeit, bei der es ruhig zuging, sprechen war erlaubt. Nicht über Politik natürlich, aber der Wärter war entweder zu weit weg, oder er hat ein Auge zugedrückt. Sie wollten mittlerweile gute Beziehungen mit uns haben, damit alles seinen ruhigen Gang geht, ohne Aufstand. Manche hatten schlicht aufgegeben, wußten, daß es aussichtslos ist, uns von politischen Gesprächen abbringen zu wollen.

Wir hatten regelrechte Klassen. Unser Motto: Each one teach one – jeder kann jedem was beibringen.

Jeden Morgen vor Arbeitsbeginn kamen die Lehrer zusammen und haben kurz besprochen, was dran ist. Das lief nach dem Prinzip, jeweils die mit besserer Ausbildung unterrichten die, die weniger wissen. Jeder hat mitgemacht. So haben Analphabeten bei uns Lesen und Schreiben gelernt. Und Leute, die nur fünf Schuljahre hatten, bekamen akademischen Schliff. Und für uns alle gab es Nachhilfe in politischem Bewußtsein. Erziehung zur Freiheit, Mann. Wir wachten auf im Knast. Wurden zu einer neuen Art von Aktivisten. Dazu schulten wir uns in Rhetorik. Einer mußte eine Diskussion vorbereiten und leiten, bis es zu dem Thema absolut nichts mehr zu sagen gab. Das Niveau war hoch, wie bei irgendeiner Veranstaltung draußen. Recherchieren mußtest du bei den anderen und in der Gefängnisbibliothek. Einer, der immer Informationen auf Lager hatte, war SWAPO-Führer Toivo. Mit ihm konntest du über Kolonialismus, über den Kampf in Namibia und seine Bedeutung für Südafrika diskutieren. Er zitierte mal den deutschen General von Trotha: »Ich vernichte die aufständischen Stämme mit Strömen von Blut und Strömen von Geld.« Da erfuhren wir, wie es unseren Brüdern im Westen, den Hereros, ergangen war, eben wie immer in Afrika: Erst zeigten die Weißen uns die Bibel, dann gaben sie uns die Kugel.

Ich erinnere mich an eine Geschichtsstunde. Wir waren an den Steinen zugange, und Neville Alexander erzählte von der Politik Bismarcks und der Schaffung des Deutschen Reiches. Neville hatte in Deutschland promoviert. Wir lernten bei ihm, daß Deutschland früher in Hunderte kleine Territorien zersplittert war, warum die Bayern die Preußen nicht mochten und umgekehrt. Hey, da reden die uns in Südafrika ein, wir Schwarzen sind wegen unserer Stammesgegensätze unberechenbar. Dabei haben die weißen Stämme in Europa Jahrhunderte gebraucht, um Frieden zu schließen. Interessant, was?

Ein andermal erklärte Neville die Geschichte Südafrikas aus der schwarzen statt der weißen Perspektive, nämlich wo und wie die Schwarzen vor der Ankunft der Weißen in Südafrika lebten. Südafrika war eben kein leeres Land, als die Weißen herkamen. Das hatten sie uns bloß mit ihrem minderwertigen Bantu-Erziehungssystem weisgemacht. Vor der Kolonialisierung gab es viele afrikanische Reiche, die in Staatswesen organisiert und wohlhabend waren, keine Hungerleider. Das wurden wir Afrikaner erst im 20. Jahrhundert, als die Weißen unsere Wirtschaft und unsere Kultur durcheinanderbrachten.

Auf der Insel gingen uns viele Lichter auf.

Natürlich fehlten uns Hefte zum Arbeiten. Also nahmen wir die leeren Zementsäcke vom Abfall. Wir haben sie gefaltet und zerschnitten und bekamen so die Blätter für unsere Übungshefte. Manchmal wurden sie entdeckt und konfisziert. Kleiner Frust am Rande, komm Mann, Kopf hoch. Keine Schwachheiten.

Das war eine hervorragende Erziehung auf der Insel. Dieses ständige Miteinanderreden und Diskutieren, Austauschen von Ansichten über alles mögliche, aktuelle Politik und Geschichte, über Sprachen, fremde Kulturen, andere Länder. Einer hatte die Anfänger in Geschichte, ein Arzt unterrichtete Biologie, es gab sogar ein Seminar in Anthropologie. Spannend war das alles. Wir kamen zusammen zu regelrechten Debattierklubs. Der Knast ein Salon. Ach Mann, das war großartig.

Und sogar auf dem Festland hatten wir unseren Ruf weg. Wir erfuhren, daß die von der Sicherheitspolizei die Insel »die Uni« nannten.

Phantastisch, woran unsere Leute sich erinnern konnten. Einem fielen mehr und mehr Gedichte ein, die hat er uns rezitiert. Poesie im Knast. Wunderbar, ihm zuzuhören und einige Verse von ihm zu lernen.

Wilton Mkwayi war als Gewerkschafter von uns allen am weitesten in der Welt herumgekommen. Hatte viele Staatsmänner kennengelernt und war voll von Geschichten und Eskapaden von seinen Reisen. Wie oft haben wir vor ihm gesessen und zugehört! Fakten fielen uns wieder ein, geschichtliche Daten, vergessen seit der Schulzeit. Sisulu war unser wandelndes Lexikon.

Wir haben gelernt, wie man Abhandlungen schreibt, interpretiert, was zur fundierten Beurteilung dazugehört, alle diese Sachen. Manchmal haben die Alten politische Essays geschrieben, Sisulu sogar eine Geschichte des ANC, die zirkulierte in unserem »Pressedienst«. Seine Handschrift konntest du kaum entziffern, deshalb mußten wir seine Arbeiten abschreiben, ehe sie in den Verteiler gingen.

Selbst nach dem Einschluß ging's mit Lernen weiter, von Zelle zu Zelle, durch die offenen Fenster. Neville zum Beispiel hat sich hingestellt und angefangen: Also, Comrades, was wißt ihr vom Zweiten Weltkrieg? Welche Rolle hat Südafrika gespielt? Wir konnten uns nicht sehen, aber die Diskussion klappte trotzdem. Ein guter Weg, Zuhören zu lernen. Mußtest du, sonst führt die Debatte ja zu nichts.

Ich erinnere mich, daß wir einmal lange über Samuel Becketts »Warten auf Godot« geredet haben. Der Punkt war, dem Schicksal seinen Lauf zu lassen oder zu kämpfen. Viele Bücher haben wir auf diese Art zerpflückt. Und keiner wollte da ausgeschlossen sein. Wir haben über die Griechen, Aristoteles und Platon, geredet und alles nach Parallelen für unseren Freiheitskampf abgeklopft. Es war, als wären wir plötzlich süchtig geworden nach etwas, das wir so lange entbehrt hatten. Und diese Schulung war die Basis für das Studium.

Denn wenn du dich auf wundersame Weise zum Gefangenen der Kategorie A hochgearbeitet hattest, durftest du nicht nur Zeitungen abonnieren und Lebensmittel kaufen, du durftest studieren!

1980 war ich endlich in »notch four«, in der vierten Stufe. 1980 war auch das Jahr, in dem sie das Studium wieder zugelassen hatten, nachdem es generell verboten worden war nach den Soweto-Unruhen 1976.

Sofort habe ich meinen Antrag für UNISA, die Fernuni, gestellt. Anfangs mußte man ihn jedes Jahr erneuern, und deine Familie mußte die gesamten Gebühren im voraus bezahlen. Frag mich nicht, wie vielen der Antrag zwischendurch abgelehnt wurde. Ab 1980 galt eine Zusage fürs ganze Studium. Trotzdem konntest du nie sicher sein. Wie mit jedem Privileg, so haben sie auch mit dem Studium gepokert. Eine falsche Bewegung, und du warst es los. Zuerst genehmigen sie's dir, du bist selig und gewöhnst dich dran, und dann nehmen sie es dir wieder weg. Zweimal mußte ich mein Lehrerstudium unterbrechen. Ich konnte die Einschreibgebühren nicht bezahlen, weil meine Familie pleite war. So was passiert dir natürlich gerade dann, wenn du so richtig heiß bist aufs Weiterlernen. Einer der Comrades wollte mir das Geld geben, zehn Rand, das war ja das Tolle bei uns. Aber die Leitung hat's nicht erlaubt. Sagte einfach nein, ohne Begründung. Schluß, aus. Abtreten! Und du stehst nur blöd da.

Eine Londoner Organisation hat eine Zeitlang mit Spenden ausgeholfen. Bis sie verboten wurde. Danach kam etwas Geld für Gebühren und Hefte von einer Studentenorganisation. Auch die wurde verboten. Sie warfen uns Knüppel zwischen die Beine, wo sie nur konnten. So was macht mürbe, Mann. Wir waren also wieder auf unsere Familien angewiesen. Ich habe nach neun Jahren meinen Abschluß immer noch nicht. Und hier draußen werde ich kaum Zeit dazu haben.

Zu Kwedie kam mal ein Typ, sagte ihm beiläufig, er ist zurückgestuft. Man hatte einen Brief bei ihm gefunden, von einem anderen PAC-Mann, seinen Namen wollte er nicht preisgeben. Seine Strafe: Er kam auf Hungerration und mußte mit Studieren aussetzen, bis er sich wieder nach A hochgearbeitet hatte.

Aber glaub ja nicht, daß wir alles studieren durften. Verboten waren Politische Wissenschaften und – ja so was – Theologie! Ein Witz in einem Land, wo die Regierung dauernd betont, daß sie einen speziellen Draht zu Gott hat. Und als wir Kinder waren, haben sie uns zur Bibelstunde geschickt, damit wir lernen, daß Apartheid Gottes Wille ist. Irgendwann haben sie auch Französisch verboten und Russisch. Nur Deutsch war ihnen noch genehm und Philosophie.

O Mann, wozu das alles?

Du hast keine Ahnung, wie schwierig es war, an Bücher ranzukommen. Ein einziger Streß. Dabei können Bücher wie Nahrung sein. Du verhungerst, wenn du sie nicht kriegst. Das waren schlimme Phasen für uns.

Jede Sektion hatte eine Gefängnisbücherei, mit alten Schinken, harmlosen, ausrangierten Romanen, Krimis, aber auch mit Sachbüchern. Das Internationale Rote Kreuz hatte mal einige Lexika gespendet. Lehrbücher konnten wir von der Bibliothek in Kapstadt anfordern, aber nur eines pro Bestellung. War das nicht vorhanden, konntest du den nächsten Titel angeben. Bis zur Antwort vergingen mindestens drei Wochen. Es konnte also Monate dauern, bis du endlich mal dein Buch in Händen hattest. So was nagt in dir, mein Freund, macht dich fertig.

Wie oft kann man einem die Freiheit rauben?

Klar wurden die Bücher kontrolliert, von Wärtern, die aber keine blasse Ahnung hatten. Hatte natürlich seine zwei Seiten. Wir haben dadurch Bücher reingekriegt, die uns sehr wichtig waren, zum Beispiel solche über Befreiungskämpfe anderer Völker oder Werke über den Marxismus-Leninismus. Die kamen manchmal sogar durch. Andererseits haben sie harmlose Sachen zurückgehen lassen. Einmal war es das Pamphlet eines amerikanischen Antikommunisten reinsten Wassers. Aber im Titel hatte unser braver Zensor das Wort Kommunismus gelesen, und aus war's. Zum Lachen. Allein beim Wort Kommunismus haben sie schon den Weltuntergang nahen sehen.

Wir hatten aber noch andere Wege, um an Bücher ranzukommen, selbst an Marx: Wir bestachen die Wärter. Und wenn sie auf unserer Seite waren, mußten wir sie nicht einmal bestechen. Ja, Mann, auch die hat's gegeben. Wir sagten ihnen, wo sie das Buch besorgen sollten, und sie brachten es mit. So kriegten wir letzten Endes fast alles, was wir haben wollten.

Aber welche Kraftakte waren dazu nötig!

Wir haben dann Kopien angefertigt, in Windeseile, oft Nächte hindurch, damit der Nutzen möglichst groß ist. Kapitel eins bis sieben schrieb der eine, Kapitel acht bis zwölf der nächste. Es kam vor, daß der erste alles abschreiben wollte, weil es so interessant war. Obwohl das eine Heidenarbeit in der Freizeit war, wollten manche gar nicht mehr aufhören. Auf die Art und Weise haben wir eine Menge Zementsäcke mit unseren Büchern gefüllt.

Die Bücher brauchten wir auch dringend für unsere Diskussionen, die sollten ja Hand und Fuß haben. Erst durch Bücher konnten wir Selbstkritik üben, uns überprüfen.

Als ich als Youngster auf die Insel kam, hatte ich doch keine Ahnung von internationaler politischer Theorie, ideologischen Spitzfindigkeiten, vom Anarchismus des Bakunin, hatte nie was von Trotzki gelesen, nicht mal Marx oder Lenin, woher auch. Aber ich schwadronierte von Sozialismus. Und da mußte ich mir auf der Insel sagen lassen, du hast ja keine Ahnung. Lies erst mal, Bruder, dann siehst du, wo's langgeht, und redest nicht so dumm rum.

Die Insel wurde aber nicht nur eine Schule für uns, sondern auch für unsere Wärter. Ja, Mann, um die haben wir uns auch gekümmert. Mußten wir, denn die sind doch Teil des ganzen Systems. Zu meiner Zeit konnten sie sich die größten Brutalitäten zwar nicht mehr erlauben. Aber auch als ich reinkam, waren die meisten von ihnen, rund 90 Prozent, Buren, Wärter mit englischer Abstammung gab es kaum.

Die Wärter sprachen fast nur Afrikaans. Und sie wollten, daß wir auch Afrikaans reden. Bei Englisch schnauzten sie dich an: »Ek verstaan nie daardie kaffirboetie se taal nie – ich versteh' die Sprache der Kaffernfreunde nicht.« Kwedie, cool der Typ, hat sich immer geweigert, Afrikaans zu reden. »Ich rede nicht die Sprache meiner Unterdrücker«, sagte er und blieb dabei.

Aber auch das hat sich verändert, Mann.

Ich hab' gesehen, daß sie zuerst vor den Alten Respekt bekamen, oder mehr noch, sie haben sie mit Scheu und Vorsicht behandelt. Vielleicht weil die sie auch mit unerschütterlicher Höflichkeit ansprachen. Vor allem Mandela hatte eine Aura um sich, der sich keiner entziehen konnte. Er strahlte Ruhe aus, Besonnenheit und Autorität. Ist eben ein Mann von Format, ja, er hatte wirklich immer was Staatsmännisches. Wir haben ihn alle bewundert, so selten wir ihn auch zu Gesicht bekamen, wenn wir nicht in seiner Sektion waren. Zu ihm kamen die Wärter gelaufen, wenn sie einen Rat in Rechtssachen brauchten. Stell dir vor, Wärter fragen einen Gefangenen um Rat!

Die Wärter dachten anfangs ja wirklich, wir Schwarze sind Tiere. Ja, Mann, wenn ich's dir sage. Wir waren underdogs, mehr nicht. Deshalb haben sie uns ja so behandelt, uns verprügelt und beschimpft. Denn wir waren ja noch gefährlichere Kaffern als die Kriminellen. Von uns glaubten sie doch, wir wollten die Weißen vernichten, Südafrika kaputtmachen.

Wie die wohl ihren Kindern die Welt erklären…

Simple Gemüter waren unter den Wärtern. Dummdreiste Flegel, aber immer selbstbewußt. Das Gefängnisdepartment hat mal die Information rausgegeben, daß die Wärter im Durchschnitt 21 Jahre alt sind. Die wenigsten hatten eine ordentliche Schulbildung. Klar, dann hätten sie nicht den Job auf der Insel nehmen müssen. Viele haben sich für den langweiligen Dienst entschieden, weil sie dann nicht zum Militär mußten. Frag mich nicht, wie vielen die Frauen abgehauen sind, weil ihnen die Insel zu öde war. Okay, die Wärter hatten's auch nicht einfach. Und dann waren sie ja auch durch und durch präpariert, nach der Schule durch die Zeitungen, die immer wieder runterbeteten, wir seien Saboteure, Terroristen, Mörder, Verräter, Diebe, alles was du willst. Einer erzählte mir mal, in der Polizeischule in Kroonstad hat man ihnen gesagt, wir sind Kommunisten, denen nichts heilig ist und die Südafrika beherrschen wollen. Sie als Wärter müßten helfen, uns im Zaum zu halten.

Ich glaube, unsere Hungerstreiks haben die Wärter umgekrempelt. Da ist ihnen wohl aufgegangen, daß wir keine stumpfen Wesen, sondern Menschen sind, die was unternehmen, sich was trauen, etwas, wozu sie selbst nicht in der Lage wären. Hey man, wir haben sie uns regelrecht erzogen. Mühevoll, I tell you. Das ging so weit, daß die Ärzte unter uns ihnen professionelle Ratschläge gaben, wie sie uns während eines Hungerstreiks behandeln sollten. Und im Lauf der Zeit machten wir ihnen klar, warum wir Gefangene waren, warum wir Schwarzen die Benachteiligten sind und nicht sie. Wir haben ihnen südafrikanische Geschichte klargelegt. War bitter nötig, denn sie alle dachten, als die Weißen nach Südafrika kamen, gab es keinen einzigen Schwarzen im Land.

Und dann sahen sie, daß wir sogar im Gefängnis nicht aufgaben, daß wir uns ordentlich benahmen, daß wir Sprachen konnten, die sie nie gelernt hatten, und dazu noch Xhosa und Zulu, hey, daß wir einfach mehr wußten als sie. Das hat ihnen imponiert. Ich sag' dir, da hast du erlebt, daß du Haltungen verändern kannst, Vorurteile aufweichen, ein bißchen, sie gingen wenigstens menschlicher mit uns um.

Und stell dir vor, auch sie nahmen an unseren Klassen teil. Ja, Mann, Tatsache. Sie gingen sogar in unseren Afrikaans-Unterricht! Und sie lernten Mathematik von uns, Geschichte, Geographie. Manchmal konntest du regelrecht das Staunen in ihren Gesichtern ablesen, daß wir Kaffern so viel mehr wußten als sie. Einer sagte mir mal: »Wie kommt das bloß, daß ihr Kommunisten so verdammt clever seid?«

Manche Wärter zweifelten keinen Augenblick daran, daß sie was Besseres sind als wir. Das war ja ihre Dummheit. Wir konnten Anwälte, Lehrer, Doktoren sein – in ihren Augen blieben wir Kaffern. Dabei waren wir oft besser informiert als sie, trotz der Zensur. Wir mußten ihnen noch erklären, was in der Welt wie und warum vor sich ging. Es ging das Gerücht, daß sie nicht mal was von der ersten Mondlandung der Amerikaner 1968 wußten, die Comrades mußten ihnen davon erzählen. Nicht zu fassen.

Mit der Zeit wurden sie also ganz zutraulich. Erzählten Witze, wenn sie da rumstanden, prahlten mit sexuellen Großtaten. Manchmal kam es sogar zu einem persönlichen Gespräch, jemand erzählte, welches Rugbyspiel er sich am Wochenende angesehen hatte oder welchen Krach ihm seine Frau macht. Einmal kam einer zu mir, eher verstohlen drückte er sich ran. Eindeutig, der wollte was loswerden, sagte: »Ich finde es nicht gut, daß ihr hier seid. Ich hab' nichts gegen euch, ich bin auch nicht für Apartheid und würde lieber woanders arbeiten. Ich bin froh, wenn meine zwei Jahre rum sind. Aber du mußt verstehen, ich hab' Familie, Frau und vier Kinder, für sie mache ich das hier. Ich bin sonst nirgendwo untergekommen.«

Ach, laß gut sein, Mann. Ich hab' ihm nur zugehört, was sollte ich auch sagen? Verdammt, jeder hat die Chance, sein Geld auf seine Art zu verdienen. Soll ich mit ihm jammern, nur weil er diese Rolle gewählt hat? Er hat sich entschieden, ich hab' mich entschieden, mit allen Konsequenzen.

Kurz bevor ich entlassen wurde, kam mal ein Wärter aus früheren Zeiten zu Besuch. Ich hab' mich genau an ihn erinnert, er war ein brutaler Typ gewesen, immer auf dem Sprung zu stänkern. Hatte mir mal Wasserentzug aufgebrummt. Als ich ihn sah, sagte ich zu ihm: »Ich kenn' dich, du bist der, der mich mal in der Küche verdroschen hat. Und dann hast du mich einen Tag trockengelegt.«

Wurde richtig verlegen, der Typ, war ihm unangenehm. Er sagte kleinlaut: »Könnt ihr das denn nie vergessen?«

Entschuldigt hat er sich nicht bei der Gelegenheit, kein Wort des Bedauerns. Immerhin, vielleicht hat er doch was kapiert.

Das mit den Wärtern war bei aller Entspannung doch ein endloser Kampf. Kaum hatten wir sie soweit, daß sie umgänglich waren, wurden die meisten ausgetauscht. Für uns ein Gefühl, als würden sie uns weggenommen. Wir mußten also mit unserer Erziehungsarbeit wieder ganz von vorne anfangen. Und jedesmal kamen die Neuen mit demselben Nonsens an, dem Rassismus, all dem Blödsinn, mit dem man sie geimpft hatte seit Kindertagen. Oh, manchmal waren wir's leid, ich kann dir sagen, du willst den Plunder einfach nicht mehr hören. Aber es half ja nichts, wieder und wieder beteten wir die Geschichten runter, daß wir doch alle menschliche Wesen sind, mit gleichen Gefühlen, gleichen Begabungen und gleichen Rechten und und und.

Wenn wir sie soweit hatten, kam es zu einer vorsichtigen Kooperation, auf Gegenseitigkeit. Sie machten ihr Nickerchen, und wir versprachen, sie zu wecken, sobald der Boß in Sicht kommt. Das war unsere vertrauensbildende Maßnahme. Während sie schliefen, konnten wir ihre Papierkörbe nach Zeitungen durchsuchen.

Natürlich hat es immer welche gegeben, die den weißen Baas rausgekehrt haben. Denn selbst diese kleinen Privatgespräche mit einem Wärter im Gefängnishof sind ja nur Als-ob-Intimitäten, heikel, denn so eine lockere Stimmung kann bei so einem jederzeit umkippen. Vielleicht merkt er, daß er zu weit gegangen ist, und gibt dir plötzlich eins in die Fresse. Vergessen die Annäherung von eben.

Powerplay.

Ach Mann, es gab viele Gelegenheiten, uns das Leben sauer zu machen.

Ein Wärter, mit vergilbtem Gesicht vom vielen Rauchen und ewig saurer Miene, kam mal dazu, als ein Priester mit uns die Messe hielt. Wir knieten, es war ganz still. Der Priester segnet den Wein, will ihn uns geben. Da platzt dieser Bure dazwischen. Er greift sich die kleine Flasche, guckt sie sich an und sagt: »Vater, was ist da drin?« Der Typ war streitlustig, das konntest du hören. Suchte nur einen Grund zum Meckern, wir kannten das schon. »Natürlich Wein«, sagt unser Priester. »Aber Sie wissen doch, daß Alkohol hier nicht erlaubt ist«, sagt der Wärter, macht die Flasche auf und schnüffelt dran. »Vater, Sie wissen, daß die Gefangenen keinen Alkohol haben dürfen. Sie verstoßen gegen die Vorschriften. Sie dürfen ihnen nur Wasser geben, keinen Wein.« Und er geht in aller Ruhe zum Ausguß in der Ecke und schüttet den Wein aus.

Der Priester war platt. Wir alle waren platt.

Sollst du über so was lachen oder weinen? Für mich war das einer der Widersprüche, die mir mit den Buren immer wieder begegnet sind. Ich als Christ weiß, der Wein ist heilig, Symbol für das Blut Christi. Die Buren pochen darauf, auch Christen zu sein. Aber dieser Wärter hatte kein bißchen Respekt vor dem christlichen Ritus, der doch derselbe ist, wie er ihn in der Kirche mitmacht.

So was ist Frevel, Mann, Frevel, wie alles, was sie sich mit uns erlauben.

Ach Mann, ich sag' dir, die Buren machen's einem nicht leicht, sie zu verstehen.

Natürlich gab es auch immer noch Zellendurchsuchungen, überfallartig. Die Wärter warfen das Unterste zuoberst, nahmen alles mit, was entgegen der Vorschrift in der Zelle war, Tabak vielleicht, geschmuggelte Zeitungsausschnitte, Kleinzeug, unterwegs aufgestöbert und als Schatz heimgetragen, wer weiß, wozu es mal dienen konnte. In Wahrheit waren sie auf politische Zirkulare aus.

Und immer wurden Leute von einer Sektion in die andere verlegt, ohne Vorwarnung. Das war jedesmal eine ungeheure Umstellung, mir ging es dreimal so. Du kannst dir nicht vorstellen, wie schwer das sein kann, sich an neue Gesichter zu gewöhnen, von einem Tag auf den andern. Denn nicht alle Sektionen hatten Kontakt miteinander. Irgendwann kam die Erlaubnis, daß A und B, die Prominenten, gemeinsam Sport machen dürfen. Ansonsten war keinem von uns Kontakt mit B erlaubt. Haben wir natürlich möglichst umgangen. Wenn einer von uns im Hof an ihrem Waschraum vorbeikam und das Fenster war offen, fing doch gleich ein Gespräch an. Aber die Sicherheitsvorkehrungen waren so streng, daß manche zehn Jahre im Bau waren und Mandela nicht zu Gesicht bekamen.

Und doch: Unser Selbstbewußtsein haben wir uns nicht nehmen lassen, wir sind nie vor ihnen gekrochen. Wir haben uns gegenseitig gegeben, was der Knast uns verweigert hat: Achtung, Kameradschaft, Vertrauen, Hoffnung, Schulterklopfen, Lächeln, Lachen.

Immer wieder haben wir uns kleine Freiheiten rausgenommen. Klar, du wirst bescheiden, aber auch Kleinigkeiten brauchen Mut. So haben wir in kalten Winternächten manchmal ein Feuer in der Zelle gemacht. Wir hatten Streichhölzer organisiert und Pappe und Papier von den Zementsäcken. Das Papier haben wir wie einen Putzlappen gewrungen, so eng es nur ging, damit es nicht so schnell verbrennt. So kriegten wir unser Feuerchen. Das Fenster hatten wir aufgemacht, so konnte der Rauch abziehen. Die Zelle wurde richtig heimelig, es war ein bißchen wie daheim. Wir saßen in unsere Decken gewickelt im Kreis um das Geflacker und träumten uns nach Haus. Gespenstisch. Klar kam da mal ein Wärter vorbei, krakeelte gleich »Verboten! Feuer aus!« Dem haben wir nur gesagt, hach Mann, halt's Maul, laß uns allein, foetsak – hau ab! Hat dann tatsächlich Leine gezogen und uns in Ruhe gelassen.

Oder wir haben unsere Lieder gesungen. Hey, da waren wir freier als unsere Comrades draußen. »U Mandela yiuko keh yethu – Mandela ist unser Führer – thina madela ḳufa sithembele kuye – wir, die wir dem Tod widerstehen, vertrauen ihm.« Dauernd haben wir gesungen, über unseren Freiheitskampf, über den ANC. Morgens war das die Begleitmusik, wenn einige von Sektion A vor dem Frühstück ihre Gymnastik und Läufe draußen im Hof gemacht haben, Freiheitslieder, Slogans. Am besten war das an unseren Gedenktagen, 16. Juni Soweto-Massaker, 1. Mai, Internationaler Frauentag am 8. März oder an Mandelas Geburtstag, am 18. Juli. Da gab es Ansprachen und Rezitationen, wir hatten unsere Shows, Mann. Und am 16. Dezember, dem großen Feiertag der Buren, haben wir die Robben-Island-

Mini-Olympiade veranstaltet, Plätzchen und Schokolade waren unsere Medaillen, die Wärter standen dabei und schauten zu.

Sie haben es auch geduldet, als einer von den Lebenslänglichen in einer Ecke vom Gefängnishof ein Blumenbeet anlegte. Er hatte die Samen irgendwo organisiert, pflegte das Beet mit einer Liebe, die du dir kaum vorstellen kannst. Wo er konnte, zweigte er Süßwasser ab. In Plastikgefäßen sammelte er Regenwasser und hob es für trockene Sommertage auf. Die Blumen stellte er dann in einer Dose in den düsteren Gang oder in den Speisesaal. Kleine Lichtblicke. Als mal eine Mäuseschar auf seine Beete losging, kriegte er von einem Comrade eine Mausefalle, selbstgemacht aus Resten von Holz und Metall. Hat funktioniert, und die Blumen waren gerettet.

Bei Rundgängen von internationalen Delegationen zeigte die Leitung den kleinen Paradiesgarten immer her, als Beweis für die Humanität im Knast.

Für die Lifer – die Lebenslänglichen – war das nur einer von vielen Versuchen, die Tage auf der Insel erträglich zu machen, ihrem Leben ohne reale Aussichten auf Freilassung noch was abzutrotzen.

Was für den einen die Blumen, waren für einen anderen die Tauben. Du kannst wunderlich werden hinter Gittern. Einer brachte jeden Abend ein paar Krümel vom Speisesaal mit, öffnete sein Zellenfenster und fütterte die Tauben. Sie warteten schon auf ihn, ein ganzer Schwarm. Und er redete mit ihnen, erzählte alle möglichen Geschichten. Die Comrades, die zur Putzkolonne im Hof gehörten, haben sich über den Taubendreck beschwert. Aber er hat sie überreden können, daß sie ihm sein Hobby lassen.

Du siehst, es funktionierte zwischen uns, bei solchen Kleinigkeiten.

Schwieriger wurde das schon mit unseren ideologischen Unterschieden. Hey, wir kamen auch ideologisch nicht alle aus einem Stall. Wir hatten große Differenzen gehabt, draußen. Streit um den richtigen Weg. Du kennst das von den Freiheitsbewegungen der ganzen Welt. Wir waren uns schließlich so uneins, daß wir gar nicht mehr miteinander geredet haben.

Bis 1955, Verabschiedung der Freiheitscharta, war ja noch alles okay. Aber danach bröckelte unsere Front. Die Afrikanisten scherten aus. Sie waren nicht damit einverstanden, daß der ANC weiterhin die Mitarbeit von Weißen akzeptierte, und machten 1959 ihren eigenen Laden auf, den Pan Africanist Congress, PAC. Und »die anderen«, klar, das waren »die Verräter«. Unser gemeinsamer Feind, das Apartheidsystem, war für uns als Bindeglied nicht stark genug gewesen.

Und jetzt kamen wir auf der Insel wieder zusammen, hübsch alle beieinander in der Falle unseres Feindes, alle seine Gegner, aber jeder mit seinem politischen Credo. Jetzt sag mir, wie hältst du's aus mit einem, von dem du weißt – du glaubst es zumindest –, daß er die eine oder andere Sache in den Dreck gefahren hat? Du erinnerst dich an seine Haltung bei der einen oder anderen Kampagne, die doch schieflaufen mußte, weil seine politische Analyse falsch war. Selbst wenn wir uns hier zum erstenmal begegneten, es war von vornherein klar, daß wir uns politisch in den Haaren lagen. Wir standen auf Kriegsfuß, Mann! Die von PAC hielten uns für Parteigänger Moskaus. Wir vom ANC fanden sie kleinkariert und reaktionär. Unter dem Deckmantel des Nationalismus kehrten sie zum Rassismus zurück, den wir doch überwinden wollten. Und sie hatten unvernünftige Aktionen durchgepeitscht. Mit Übereifer. Sie hatten 1956 die Kraft des Volkes für einen Busboykott überschätzt. Wir waren gegen ihn gewesen. Viel zu riskant, kurzsichtig. Und wenn Widerstand nicht richtig geführt wird, dann endet er in Enttäuschung und Katastrophe. Nur weil einige Führer kein politisches Urteilsvermögen haben. So war es doch auch, als PAC zum Paßboykott aufrief und 67 Menschen in Sharpeville von der Polizei erschossen wurden, 1960. PAC hatte die explosive Lage eben falsch eingeschätzt. Es gab noch andere verschenkte Gelegenheiten, wo wir immer wieder sagten: Hätten die vom PAC sich nicht abgespalten, der Tag der Befreiung wäre vielleicht nähergerückt. So aber hatten zuletzt, vor den Verboten, ANC und PAC jeder für sich Kampagnen organisiert. Unser Widerstand war zerrissen, unsere Stoßkraft halbiert.

Ein anderer Streitpunkt zwischen uns: Während wir uns immer noch für weiße Kandidaten einsetzten, die sich in Vertretung der Schwarzen um Parlamentssitze bewarben, erklärten der PAC und die vom Unity Movement, der Vereinigungsbewegung, das sei »Kollaboration«, also quasi ein Verbrechen. Ende der fünfziger Jahre war es zu vielen Spaltungen gekommen, mit viel Bitterkeit und Enttäuschung.

Und die Buren gingen auf ihren Siegeszug.

Nach PAC-Einschätzung war der ANC ohne seine, die PAC-Leute, nichts mehr, ohne Führung, ohne Politik, ohne Vision, Mandela finished, der ANC von Weißen kontrolliert oder auch dominiert von den Indern, die Südafrika kolonisieren wollten, damit Indien seine Überbevölkerung los wird. Viel Arroganz war im Spiel, Mißtrauen.

Hey, das sind keine Lappalien, da fängt's an zu knistern, I tell you. Das alles war für uns ja kein Freizeitvergnügen, sondern Lebensinhalt. Wir waren leidenschaftlich bei der Sache, hatten Leben und Freiheit aufs Spiel gesetzt für den Kampf, wir alle, die wir da zusammenkamen. Da lassen dich politische Diskussionen erst recht im Knast nicht kalt.

Jetzt saßen wir uns gegenüber.

Unausweichlich.

Was passierte?

Ficks gibt dafür ein gutes Beispiel ab.

Newcomer Ficks, vom PAC, bezog seine Einzelzelle. Sisulu, vom ANC, kam ihn sofort besuchen, sagte, er käme aus derselben Gegend wie Ficks. Im Knast hoffst du ja dauernd, daß ein Neuer vielleicht ein bekanntes Gesicht ist und Nachrichten aus der Heimat mitbringt. Aber Ficks war stur: »Was, zum Teufel, wollen Sie hier bei mir?« Sisulu hat dieser rüde Ton nicht irritiert, ist eben ein souveräner Typ.

»Komm, Bruder, laß uns reden«, hat er geantwortet, »ich bin wie du aus der Transkei. Ist lange her, daß ich dort gewesen bin. Erzähl mir, was sich dort tut. Mandela will auch mit dir reden. Er kennt deine Ansichten. Aber hör zu, das hier ist nicht der Ort, um auf unseren Differenzen rumzureiten.«

Typisch Sisulu. Kein Wunder, daß er unsere Vaterfigur war. Er wurde es auch für Ficks.

Zuerst redeten wir also miteinander, diskutierten und stritten, bis uns die Köpfe rauchten. Die mit dem Ausschließlichkeitsanspruch des schwarzen Widerstands mußten sich vorhalten lassen, daß sie einen Rassismus mit umgekehrtem Vorzeichen begünstigten. Waren doch simple Chauvinisten. Anderen, die sagten, Schwarze sollten in Gremien mitarbeiten, die die Regierung eingerichtet hatte, um wenigstens ein Mindestmaß an politischer Kontrolle zu haben, wurde vorgeworfen, sie seien naiv: Was wollen Marionetten denn kontrollieren, hey? Sie spielen doch nur dem System in die Hände. »Scheißliberaler« war da noch ein fast harmloses Schimpfwort. Wir hatten viele: Trotzkist, Chauvinist, Rassist. Lauter ideologische Verrenkungen, aus denen du nicht unbedingt schlau werden mußt.

Auch bei mir war's so, daß ich am Anfang jede politische Frage unter dem Aspekt der Hautfarbe beurteilte. Wir sind doch alle so aufgewachsen, haben das halbe Leben nichts anderes gehört als Schwarz gegen Weiß. Das prägt. Entscheidet über Ja oder Nein. Das hatten die Weißen geschafft, daß wir in ihrem Raster dachten. Mann, es ist so leicht, verdummt zu werden. Wir hatten unser Gefängnis schon im Kopf, bevor wir auf die Insel kamen, gegen die Weißen sowieso und gegen jeden, der eine andere Meinung hatte als wir.

Waren wir etwa auch gegenseitig Unterdrücker?

Wer von uns bestimmt die afrikanische Identität?

Du mußt wissen, daß hauptsächlich vier politische Gruppen auf der Insel waren. ANC, der voll zur Freiheitscharta von 1955 stand. Dann PAC mit denen vom Non-European Unity Movement – von intellektuellen Mischlingen initiiert und trotzkistisch orientiert. Neville war der Bekannteste vom Unity Movement, kam aus der Kapstädter Bewegung und setzte sich für eine sozialistische Arbeiterrepublik Azania/Südafrika ein. Die dritte Gruppe waren die von Black Consciousness. Die forderten ebenfalls, ohne die Weißen in den Kampf zu ziehen. Versteh' ich auch, daß es ihnen wichtiger war, zunächst ihr schwarzes Selbstwertgefühl wiederzufinden, Stärke zu entwickeln, das geht ja wirklich nur ohne die weiße Assistenz. Und später kamen die Leute aus Namibia, von der SWAPO, zu uns. Die konntest du unserem ANC-Lager zurechnen.

Wie sollten wir miteinander klarkommen?

Das haben sich auch die Neulinge immer gefragt. Kwedie hat's mal erzählt, er gehört zu PAC. Er hat die »Handlanger und Kollaborateure Mandela und Sisulu«, eben alle vom ANC, nicht für voll genommen, die waren nicht mal einen Blick wert. Ohne ideologisches Rückgrat. Zu weich, zu friedlich, zu rechts. Das war kein Widerspruch zur Moskauhörigkeit. Kwedie als echter Sozialist wollte nichts mit uns ANC-Leuten zu tun haben. Verurteilt wegen derselben Sache? Von denselben Richtern? Das heißt nichts. So ist Kwedie eingestiegen.

Aber dann ließ er sich aufs Reden ein und fing an zu kapieren. Und da merkte er, daß die vom ANC nicht nur genauso engagiert gewesen waren wie er und die Seinen, sondern manchmal noch viel mehr. Besonders durch die Ruhe und Klugheit von Mandela und Sisulu lernte er andere Standpunkte respektieren.

Wir haben also unsere politischen Differenzen in den Griff gekriegt, auch durch strikte Organisation. Über die Jahre entwickelte sich ein ungeschriebener Verhaltenskodex. Agitation war verboten. Keiner durfte versuchen, jemanden aus dem anderen Lager abzuwerben. Wenn einer wechseln wollte, okay, aber aus eigenem Antrieb. Er mußte vor der Gruppe seine Entscheidung bekanntgeben. Die Kommunikation zwischen den Lagern mußte offen sein. Deshalb hatte jede Sektion ihr Komitee, das Briefe und Treffen von Leuten verschiedener Sektionen registrierte. Ohne Wissen der Komitees lief nichts. Nur wer einen triftigen Grund vorbrachte, konnte die Erlaubnis zu einem Besuch bei Mandela kriegen.

Wer sich nicht an die Regeln hielt, mußte sich vor dem Komitee rechtfertigen. Er konnte einen strengen Verweis kriegen oder sogar den Ausschluß aus seiner Gruppe. Das bedeutete zum Beispiel, daß er nicht mehr am Unterricht teilnehmen konnte. Unser Gefüge durch Agitation zu gefährden galt als schlimmster Regelverstoß.

Natürlich gab es immer welche, die aus der Reihe tanzten. Einer von PAC hat seinen Einmannkrieg gegen die Gefängnisleitung nie aufgegeben. Zwecklos, ihn überzeugen zu wollen, daß seine Aktion aussichtslos ist. Ging nicht in seinen Kopf. Wenn wir sorgsam einen Plan ausheckten, war das in seinen Augen reine Zeitverschwendung. Er zog Hungerstreiks alleine durch. Und handelte sich tatsächlich einige Privilegien ein. Aber mindestens genausooft verlor er, war im Bunker und hatte am Ende nichts erreicht. Der Mann war ungeheuer engagiert, ein Jammer. Er schrieb messerscharf formulierte Eingaben an höchste Stellen, nach Pretoria, Deklarationen und Anklagen, er nannte die Dinge beim Namen und blieb doch ein Einzelkämpfer. Er erlaubte sich schlimme Verstöße gegen unseren Verhaltenskodex. Er geriet auch dauernd mit den Wärtern aneinander und wurde von Sektion zu Sektion verschoben, als Troublemaker verschrien.

Aber im allgemeinen hatten wir Harmonie auf der Insel, schwer erarbeitet, in später Einsicht.

Bei der Härte unserer Regeln wußten wir aber doch alle von unseren inneren Schwierigkeiten, mit dem Knastleben klarzukommen, dem Gegängeltwerden durch die Wärter, mit tausend Sinnlosigkeiten. Private Gespräche litten nicht unter diesen Regeln. Aber wenn ich mal mit einem von PAC auf der privaten Schiene war und seine Fellows kamen dazu und fingen mit Politik an, dann hab' ich mich gleich verdünnisiert. Und trotz allem blieb Raum, um Freundschaften mit politischen Gegnern zu schließen. Das war Schulung in praktischer Toleranz.

Verstehst du, wie wichtig für uns all solche Erlebnisse waren, für jeden von uns und für den Kampf draußen?

Probleme mit dem Eingewöhnen gab es natürlich immer. Denn die meisten, die reinkamen, waren jung, im Prinzip unerfahren, wußten nichts von unserem Regelwerk, dachten, sie haben den großen Durchblick. Jeder hatte die Wahrheit gepachtet, ohne Selbstzweifel.

Mit den Neuen war's immer dasselbe: Kaum kamen sie, schon gab's Spannungen, mit den endlosen Diskussionen wie gehabt. Vor allem die Youngsters in den siebziger Jahren hatten die Nase voll von Kompromissen. Das waren die wilden Senkrechtstarter der Soweto- und Steve-Biko-Generation. Wollten uns agitieren, meistens zu Black Consciousness. Mann, die hatten einen Wortschatz drauf. Das rasselte nur so von radikalen Forderungen. Viele von den Jungen waren in ANC-Camps gewesen, zum militärischen Training vom »Umkhonto weSizwe«, unserem militärischen Flügel, die waren noch voller Stolz auf die AK 47, das Gewehr, das sie mal in der Hand gehalten hatten. Ist vielleicht verständlich, aber die wollten nicht lange mit uns Älteren palavern oder unseren langatmigen Reden zuhören. Wir waren die Alten und für sie wohl ein bißchen hinterm Mond, zu gutmütig für den Kampf. Klar, sie waren militant nach dem Massaker von Soweto. Und der Mord an Steve Biko hat sie erst recht aufgebracht.

Haß, von den Buren immer neu gesät.

Und natürlich haben sie uns Alten Vorwürfe gemacht:

Wenn ihr nicht versagt hättet in eurer Zeit, dann säßen wir jetzt nicht hier. Wir müssen jetzt euren Krieg kämpfen, weil ihr euch nicht getraut habt. Ihr wart schlapp, ihr wart naiv. Was habt ihr eigentlich geglaubt, damals, mit euren braven Kampagnen? Daß die Buren die Macht an euch übergeben? Was habt ihr euch gedacht mit eurem gewaltlosen Widerstand? Habt ihr gepennt, hey, während in anderen Ländern die schwarze Befreiung voranging? Nur hier in Südafrika waren Schlafmützen am Werk!

Wir haben ihnen erklärt, wie mächtig das System schon in den Fünfzigern war. Südafrika war immer der mächtigste Staat in ganz Afrika, militärisch und wirtschaftlich. Wir wären untergegangen, wenn wir damals militant geworden wären.

Merkst du, was die an Zündstoff mitbrachten? Uns fiel es manchmal schwer, bei solchen Reden cool zu bleiben. Aber wir wußten ja, daß sie kaum Zugang zu guter Literatur gehabt hatten. Sie waren die Generation der Siebziger, die ideologisch so auf dem trockenen saßen, daß sie nicht mal die Freedom Charter je in den Fingern hatten. Wo sollte da politische Bildung herkommen?

Aber du siehst, mein Freund, wie verteufelt Apartheid in unseren Köpfen wirkt.

Wir haben das Problem gelöst, indem wir die jungen Hitzköpfe in separaten Unterricht geschickt haben, in die »Anfängerklassen«, wo sie unbehelligt von uns Profis lernen konnten.

Du wunderst dich über die endlose Lernerei?

Hey, wir mußten doch irgendwie die Zeit da drin rumkriegen. Was machst du mit all der Zeit? Du hast so viel Frust in dir, der muß beschäftigt werden. Ist doch klar, daß Bildung da unser Lebensinhalt wurde.

Auch zwischen uns Alten gab es natürlich schlechte Laune, Phasen, wo wir uns auf den Geist gingen, uns nicht mehr sehen konnten. O Mann, wenn du dir nicht aus dem Weg gehen kannst, das nervt. Du kannst gar nicht anders, als deinen Ärger von Zeit zu Zeit auf andere abzulassen, die gerade neben dir stehen. Da sitzt die Faust locker. Wir haben es als seelische Befreiung genommen, wenn wieder mal einer explodiert ist. Tage später konntest du mit ihm wieder jeden Blödsinn machen.

Das alles schweißt zusammen, Mann. Und uns dämmerte, daß wir auch draußen zusammenarbeiten, Aktionseinheiten bilden könnten.

Das alles waren Bewährungsproben. Sie haben uns nicht zu Hyänen machen können. Immer konnten wir uns in die Augen sehen, ohne Scham. Daß wir unsere Menschlichkeit über die Jahre gerettet haben – kannst du ermessen, welch ein Erfolg das für uns ist?

Sieg! Mann. Sie haben uns nicht kleingekriegt. Wir waren nie »Ja-Baas-Gefangene«.

Aber du brauchst Stärke, mein lieber Freund, um das alles zu ertragen. Daß du hinter Gittern bist, vergißt du keine Sekunde. Und keine Phantasie reicht weit genug, dir zu sagen, wie du all die Jahre vor dir noch überstehen sollst.

Kleinigkeiten haben geholfen. Vom Roten Kreuz kam Geld, für Sportgeräte und für einen Filmprojektor, ja Mann! Freitags war Filmtag. Zuerst einmal im Monat, dann jede Woche. Auf langen Bänken haben wir Stunden abgesessen, um mal was anderes zu sehen als Knastwände. Anfangs entschied die Leitung, welchen Mist wir uns ansehen durften. Oft war das Apartheidspropaganda. Aber wir sagten uns, es ist besser als gar nichts, ist immerhin Kontakt mit der Außenwelt. Später konnten wir Filmtitel aus einem Katalog wählen, fast nur US-Filme, hauptsächlich Western, simple Sachen. »Rubbish cinema – Schrott«, sagten wir, aber es hat uns gefallen, John Wayne zum Beispiel, der war unser Star. Der brachte Action. War das oft ein Gelächter, wir haben hurra geschrien und buh gerufen, waren ganz aus dem Häuschen.

Von 1986 an durften wir Radios haben, natürlich nur mit UKW. Was waren wir immer scharf auf die Nachrichten! Obwohl sie vom Staatsrundfunk kamen. Für uns in A gab es sogar einen Fernseher. Tolle Fortschritte, was? Spende von Freunden, auch westliche Botschaften haben sich um uns gekümmert.

Am Wochenende konnten wir Sport machen. Ballspiele, Tennis sogar, Tischtennis, Volleyball, Fußball. Um Tennis und Fußball hatte unser Freizeitkomitee ewig kämpfen müssen.

Und die Zerstreuung hatten wir bitter nötig, bei dem Alltag: Wecken Schlag halb sechs, früher per Glocke, dann mit Musik vom Radio oder von unserem Plattenspieler. Ja, Mann, da hatten wir Big Bands oder auch Frank Sinatra – der aber nur, bis er mal in einem der Homelands aufgetreten war, anstatt das verlogene System zu boykottieren. Dabei erste Gymnastik, wichtig im Winter. Um sieben raus in den Hof, Sport. Dann duschen und einreihen in die Schlange für den Maisbrei. Halb acht an die Arbeit. Eine Stunde Mittag um elf, dann Arbeit bis halb vier. Um vier Abendessen. Und dann der kritischste Moment des Tages: die Post. Du wartest während des ganzen Austeilens. Obwohl du nicht hoffen willst, wartest du doch und bist jedesmal enttäuscht. Und gegen fünf geht's ab in die Zellen. Die Wärter wollen früh nach Hause. Das Licht blieb an bis zehn, nach unserem Protest bis elf. Durch ein paar Tricks konnten wir dann das Licht anlassen und lesen, solange wir wollten. Aber die 13 Stunden in der Zelle werden dir lang. Der Hunger meldet sich bald wieder. Die Nächte an den Wochenenden waren noch länger, da kam das Abendessen kurz nach drei.

Was machst du so lange ohne Essen? Kannst deinen Kopf nicht immer in Bücher stecken.

Wie lang ist »lang«?

In unserer Freizeit konnten wir Schach spielen, Dame, Domino, Monopoly, Bridge.

Sisulu spielte leidenschaftlich Scrabble. Hatte immer sein Oxford-Wörterbuch dabei, total zerfleddert. Er sprach tadelloses Englisch. Überhaupt war seine Zelle jeden Tag nach dem Abendessen belagert. Die Jungen drängten sich auf dem Boden seiner nicht mal sechs Quadratmeter großen Zelle und spielten oder schauten zu.

Mandela war auf Schach abonniert. Oft kam er, hatte in einem Wasserkessel im Gang gerade Tee gemacht und sagte: »Komm, laß uns eine Partie machen, heute schlag' ich dich.«

Und wir machten Musik. Sisulu mochte Klassik. Hin und wieder ging er mit einem draußen über den Hof und sang mit ihm Stücke von Händel, das Halleluja inklusive. Es gab auch einen Musiklehrer unter uns. Wenn der über den Hof spazierte, summte er manchmal mit Hingabe Mozarts »Kleine Nachtmusik«.

Hey, wir hatten über 500 Langspielplatten im Lauf der Jahre gesammelt. Chris' Favorit war Bob-Marley-Reggae, wie für die meisten der Youngsters, die nach dem Soweto-Aufstand gekommen waren. Marley gab's manchmal am laufenden Band, per Lautsprecher in jede Zelle. Miriam Makeba hatte mehrere Tophits bei uns, und Duke Ellington war sehr beliebt, Jazz überhaupt.

Wenn Chris heute Bob Marley hört, kriegt er immer Heimweh nach der Insel.

Und wir hatten richtige Künstler, Mann. Durch Spenden waren Musikinstrumente zusammengekommen, ein Saxophon, Gitarren, eine Klarinette, Flöten. Tagsüber konntest du sie spielen hören, sogar Afrikaaner Folksongs: »Hasie, hoekom is jou stert so kort – Häschen, warum ist dein Schwanz so kurz« oder »Goeie more my vrou, goeie more my man, daar is koffie in die kan«.

Einen Maler hatten wir, seine Bilder aus Wasserfarben hingen in einigen Zellen. Einer der Lifer von PAC war ein toller Handwerker. Die Schränke in den Zellen seiner Sektion stammten alle von ihm. In den Sechzigern, so wurde erzählt, hat er mal einen Gefängnisschlüssel aus Holz geschnitzt. Den hat er jedem angeboten, der mit dem verrückten Gedanken spielte, »the big swim« in die Freiheit zu wagen. Aber keiner hat das Angebot je angenommen.

Einer soll sogar mal aus Blechteilen ein Saxophon gebastelt haben.

Weihnachten war für uns show time. Vor allem die Jungen spielten was fürs »Weihnachtskonzert«. Da hatten wir volles Haus, jeder mußte was zum besten geben, und wenn es nur ein Witz war. Ist den Scheuen unter uns schwergefallen. Und wenn der Chor unsere wunderbaren afrikanischen Lieder gesungen hat, mehrstimmig, da konnte dir anders werden vor Rührung. Manche Lieder waren auf der Insel entstanden, schwermütige Lieder.

Das klingt jetzt toll, was? Aber ich sage dir, die Insel war trotzdem kein Fünf-Sterne-Hotel.

Gefängnisleben hat viele Seiten.

Die persönliche?

Ach, mein Freund, wir haben uns gesehnt nach Besuchen und Briefen. Ein Besuch von 30 Minuten, mein Gott, kostbare Minuten, wie sollst du alles das, was aus dir raus will, in 30 Minuten pressen oder in 40, die wir später hatten? Es war immer zu kurz.

Schon Tage vor dem Wochenende warst du aufgeregt, zittrig, deine Ruhe weggeblasen.

Und dann durftest du aus dem Bau raus, raus auf die Straße, Mann, und die paar hundert Meter zum Besucherbau Richtung Mole gehen.

Hey man, Ausblick zum Horizont! Keine Mauer vor der Nase. Mann, du kriegtest wieder eine Ahnung von der Welt.

Und dann sitzt du im Besucherbau, mit den Comrades in einer langen Reihe. Jeder hat die dicke Trennscheibe vor sich, hängt am Telefonhörer, in einer kleinen unwirklichen Welt allein mit dem Menschen gegenüber, den man nicht berühren kann, das Telefon ist die Nabelschnur.

Früher trennte Maschendraht die Leute, der reichte bis rauf zum Wellblechdach. Alle redeten so laut, daß du kaum dein eigenes Wort verstehen konntest und noch lauter reden mußtest.

Zumindest das ist besser geworden, aber wie damals stehen heute die Wärter dabei und lauern auf jedes Wort, das sich auf Politik zubewegt.

Und schon ist die Zeit um. Sie sagen »Time!«, und du hast das Gefühl, höchstens zehn Minuten sind rum. Aber nein, »Time!«, da gibt's kein Vertun.

Oh god, wie schlimm ist das erst für die Verheirateten gewesen! Es ist eine Art Folter, ich sag's dir.

Und dann bist du wieder auf dich zurückgeworfen, hast nur noch die Erinnerung und drehst die nächsten Tage jedes Wort um und kaust es durch, als könntest du's doppelt und dreifach erleben.

Ein Besuch bedeutete Streß, vorher und hinterher. Manche mußten wir stützen, so sind sie ausgeflippt und haben sich kaum noch eingekriegt. Waren vielleicht deprimiert, weil sie ihrer Frau nichts an Ermutigung geben konnten oder was zu sagen vergessen hatten. Wenn einer hinterher so völlig in sich versunken, wie abwesend, rumhing und grübelte, sagten wir nur, da sitzt wieder einer vor dem Fernseher. Hauptdarsteller: der Besucher, eben hinter Glas.

Da gab's wieder eine ungeheure Vergünstigung für die Leute der Kategorie A: Sie durften ihre Leute ohne Glas sehen, durften ihnen einfach gegenübersitzen und sie berühren. Mann, so lernst du kleine Wunder sehen.

Nach den Besuchen warst du der Welt daheim am nächsten, auch deinen eigenen Sorgen um die daheim. Vor allem für die Väter unter uns war das so: Wie läuft's zu Hause? Ist genug zu essen auf dem Tisch? Haben sie ein sicheres Dach über dem Kopf? Da mußtest du aufpassen, daß du dir keine Vorwürfe machtest. Du hattest ihnen das ja alles eingebrockt. Du warst derjenige, der nicht mal für die Familie sorgt, wie es deine verdammte Pflicht wäre. Das ist eine Last, Mann, Politik hin oder her.

Ja, das System macht unsere Frauen zu Witwen auf Zeit und nimmt den Kindern die Väter.

Auch ich konnte meine Mutter nicht unterstützen, hatte nur den Trost, daß meine Brüder sich um sie kümmerten.

Und dann bist du allmählich wieder in den Alltag abgesackt, die Monotonie hatte dich wieder, der kleine Horizont.

Automatisch machtest du Bilanz über deine Kontakte zur Außenwelt, wie in einer Schatztruhe.

Mandelas Rekord waren 15 Besuche 1979, und er bekam 67 Briefe, der Glückspilz.

Prominenz tröstet. Und schützt.

Junge, das haben wir manchmal gedacht, wenn wir das Gefühl hatten, wir verrotten auf der Insel und niemand merkt's. Interessiert keine Menschenseele. Die ganze Welt kennt Mandelas Namen, aber wer kennt uns? Keine Druckzeile wird für uns verschwendet, kein Geschichtsbuch wird je an uns erinnern. Forget it, unser Heldentum.

Kleine Krisen.

Mit den Besuchen war's natürlich wie mit anderen Privilegien: Hast du mal nicht gespurt, schon wurde dir der nächste Termin gestrichen. Mir erging's so, Oktober 1972. Ich hatte eine Petition überbracht, mit allgemeinen Beschwerden. Wer nicht kuschen will, muß fühlen:

Fast die gesamte Sektion bekam Besuchs- und Rauchverbot. Kein Sport und Spiel, keine Bücher mehr. Für sechs Monate! Knallhart.

Besuche wurden nie zur Selbstverständlichkeit. Viele konnten das Geld für die Fahrt nicht aufbringen. Später haben der Südafrikanische Kirchenrat und das Internationale Rote Kreuz zwölf Tickets fürs Jahr bezahlt. Aber selbst dann mußten die Leute für eine Übernachtung in Kapstadt sorgen, kostete wieder Geld. Manche Frauen hatten die Idee, in öffentlichen Toiletten zu übernachten. Später hat der Kirchenrat das Cowley House in Kapstadt für die Besucher eingerichtet. Dort betreute man sie und fuhr sie zum Hafen.

Und dann war ein Besuch auch eine Frage des Mutes. Was meinst du wohl, wie viele Familien eingeschüchtert wurden von der Polizei am Ort? Da kamen Beamte ins Haus und sagten den Eltern: »Kümmern Sie sich nicht mehr um ihn. Hat er Ihnen nicht schon genug Kummer mit seiner Politik gemacht? Besser, Sie halten sich von dem Terroristen fern. Oder unterstützen Sie ihn etwa?«

Diese Eltern müssen sich miserabel gefühlt haben.

Den Buren ist wirklich kein Dreh zu schmutzig.

Meine Mutter mußte man nicht einschüchtern. Sie hatte einfach kein Geld für die Fahrt von der Transkei. Bei meinem Prozeß habe ich sie das letzte Mal gesehen. Sie hat immer Verständnis dafür gehabt, daß ich Aktivist bin. Sie wußte, worum es ging. Meine drei Brüder waren es, die hin und wieder kamen, mal ein Vetter, später meine Neffen. Ich Glücklicher.

Manche Comrades haben in ihren zehn Jahren keinen Besuch bekommen, andere nach 15 Jahren zum erstenmal!

Ein Freund von mir hat nach 15 Jahren den ersten Besuch bekommen, von seinem Vetter. Seine Eltern hatten Angst. Mein Freund war völlig aus dem Häuschen. Ist ja auch schlimm, wenn du die Freuden der andern um dich herum mitkriegst, und du gehst immer leer aus, immer. Ich habe ihn vor kurzem zu Hause besucht. Er ist jetzt verheiratet und hat einen Sohn. »Gut, daß du einen Sohn bekommen hast«, haben seine Eltern zu ihm gesagt, »so haben wir wenigstens was von dir, wenn sie dich wieder holen.« Und mein Freund sagte mir: »Er wird derjenige sein, der mich vermißt, wenn ich mal wieder im Knast bin. Er wird mich besuchen kommen.« Und seine Frau – die etwa nicht? »Kannst du nie wissen«, sagte er, »meine Frau ist vielleicht nicht stark genug.«

Nach der Besuchsregelung durften nur die Kinder unter zwei Jahren mitgebracht werden, dann erst wieder, wenn sie 16 waren. Sogar Babys durfte man nur hinter der Scheibe sehen.

Chris ist es so ergangen. Seine Tochter war 22 Monate alt, als er zu uns kam. Er durfte sie nur hinter der Scheibe sehen, wenn seine Freundin sie mitbrachte. Dann sah er sie nur noch auf Fotos. Als er letztes Jahr rauskam, war sie zwölf.

Oder Kwedie. Von 1964 bis 1985 hat er seiner Frau nicht mal die Hand geben dürfen, von Küssen gar nicht zu reden. Seine Kinder hat er wiedergesehen, da waren sie 21 und 23.

Hey man, wie sollst du das alles verdauen?

Der Kampf und sein Preis.

Du zahlst mit deinem Leben. Und mit dem der anderen.

Aber ich hab' keinen je sagen hören, daß der Preis zu hoch war.

Briefe hab' ich selten bekommen. Nicht nur, weil die Leute draußen mit ihren eigenen Problemen beschäftigt sind und sich nicht vorstellen können, was ihre Post für uns bedeutet. Meine Mutter hatte nie schreiben gelernt. Wenn aber dann mal einer kam, von meiner Schwester vielleicht – der war wie eine Droge. Egal, ob er von Problemen handelte, Geldsorgen, Kinder, Schule, was weiß ich, es war einfach wunderbar, einen Brief in der Hand zu halten mit Neuigkeiten von draußen. Hast dich up to date gefühlt, konntest teilnehmen am Familienleben. Sie hatten dich zu Hause nicht vergessen.

Entsprechend waren auch unsere Gespräche: So lange hab' ich schon keine Post mehr gekriegt! Seit drei Monaten keine Zeile. Warum schreibt mir keiner? Ich will wissen, wie es den Kindern geht. Ist was passiert? Ist meine alte Lady krank?

Klar, daß wir Briefe nicht immer gekriegt haben. Manche verschwanden in deiner Akte oder gleich im Papierkorb.

Du hast aber Anspruch drauf?

Lachhaft.

Und dann die Enttäuschung, wenn der Zensor halbe Absätze geschwärzt hatte und du kombinieren mußtest. Mit den Briefen, die du selbst geschrieben hast, ging's genauso.

Sie hatten dich immer in der Zwangsjacke.

Was wir am meisten vermißt haben?

Ach Mann, du gewöhnst dich selbst ans Vermissen.

Ich hatte es ja noch einfach. Als sie mich eingebuchtet haben, hatte ich weder Frau noch Freundin.

Aber die andern – Chris mit seiner Freundin, der nicht wußte, ob die

Verbindung halten würde. Er marterte sich manchmal mit Phantasien: »Sie wird einen anderen finden. Ich würde es doch genauso machen. Was wird dann aus dem Kind? Wie auch immer, ich kann nichts tun. Ob sie mich nächsten Monat besuchen kommt?«

Sie kam noch eine Zeitlang, aber dann immer seltener. Mit ihren Briefen war's genauso. Chris hat sich in Wurstigkeit gerettet: »Wenn sie mir schreibt, okay. Wenn nicht, auch okay.«

Kwedie hatte 1963 geheiratet, zwei Kinder waren da. Und weißt du, was er gemacht hat? Er versuchte, seine Frau zur Scheidung zu überreden, ja, Mann!

Als er auf die Insel gekommen war, schrieb er ihr: »Ich bin verantwortlich für Deine Freiheit, Du bist nicht die Sklavin eines Mannes. Es fällt mir schwer, aber wenn Du Dich nicht von mir trennst, werde ich es tun.«

Es hat mich umgehauen, als er mir davon erzählte. »Ich konnte sie doch nicht an mich binden«, sagte er, »das wäre doch unmoralisch von mir gewesen. Ich kann nicht für die Freiheit kämpfen und gleichzeitig einen Menschen an mich fesseln.«

Die beiden hatten nur nach afrikanischem Ritus geheiratet. So war es einfach für ihn, sich von seiner Frau loszusagen. Aber sie hat ihn weiterhin besucht. Und sie sind jetzt wieder zusammen. Aber Kwedie war der einzige, der sich zu solch einem Kraftakt durchgerungen hat, überhaupt auf die Idee kam.

Als sie Andrew Mlangeni 1964 auf die Insel brachten, zusammen mit Mandela und Sisulu, waren seine vier Kinder zwischen acht und 15. Sie waren alle zu Hause gewesen, als er im Juni 1963 verhaftet worden war. Mit drei Autos waren die Polizisten gekommen. Damals hat Andrew nicht im Traum dran gedacht, es könnten über 26 Jahre vergehen, bis er sein Haus in Soweto wieder betreten würde.

Andrew ist ein Typ, der vor Leben und Sinnlichkeit sprüht, mußt du wissen. Er hat es schwer gehabt mit seiner Sehnsucht. Muß eine Qual für ihn gewesen sein. Andrew behalf sich wie wir alle: »Denk nicht dran«, sagte er, »leg's zur Seite wie einen alten Hut, den du nicht mehr tragen willst.«

Einem der Priester hat er mal von diesen Gedanken erzählt. Von da an hat der ihn immer, wenn er auf die Insel kam, mit einer langen Umarmung begrüßt. Wir Comrades konnten ihm diese Geste nicht geben. Geht einfach nicht, einen Knastbruder umarmen, wo du doch selber einer bist. Wäre ja lächerlich.

Neville hatte da mal ein anderes Erlebnis. Ihm war bewußt, daß wir emotional alle auf Entzug waren. Und er konnte unser Zusammensein irgendwann anders sehen, nicht nur als die übliche ruppige Männergemeinschaft: »Einer hat mir mal in einer schweren Situation seine Hand auf die Schulter gelegt, ganz leicht und ganz vorsichtig. Das tat gut, da lag soviel Wärme drin, wie ich sie nie durch die Geste eines Mannes erfahren hatte. Von draußen kannte ich nur die Konvention ›Männer tun so was nicht, fassen sich nicht an‹. Erst im Gefängnis habe ich gelernt, daß es natürlich für menschliche Wesen ist, sich durch Berührungen zu trösten. Sie können nicht dauernd nur verbal kommunizieren. Und wer diese Erfahrung bei sich zulassen konnte, der konnte sich von dieser verstaubten, reaktionären Konvention befreien. Eigentlich eine Ironie, daß man ins Gefängnis gehen muß, um sich von so was zu befreien.«

Noch ein Wort zu unseren Priestern. Manche waren einfach Holzköpfe. Sagten uns Sachen wie: »Ihr kämpft doch auf verlorenem Posten. Was habt ihr von euren Idealen? Nichts. Kinderkram. Im Gefängnis seid ihr gelandet, das habt ihr davon.«

Wollten die uns demoralisieren? Oder waren sie so dumpf und merkten nicht, was sie anrichteten?

Einer war ein Deutscher, Lutheraner. Lächelte selten, mit den Wärtern tat er vertraulich. Wir nannten ihn Goebbels, weil er der schlimmste war.

Einige waren okay, fragten uns manchmal, ob wir irgendwas brauchen und ob sie was für uns tun könnten.

Im Knast lernst du Menschen kennen.

»Du wirst wie Stahl«, hat Andrew mal gesagt.

Ich hab' nie jemanden auf der Insel heulen sehen. Gab's einfach nicht. »Na, komm schon, sei kein Muttersöhnchen«, hätte es geheißen. Die Wärter haben uns manchmal Sissy genannt, wenn sie uns durchgeprügelt haben, daß uns die Augen naß wurden. Aber aus purer Sehnsucht oder momentaner Traurigkeit Tränen vergießen? Nein, nicht bei uns. Und wenn doch – dann nur unter der Bettdecke.

Das war deine einzige private Nische auf der Insel. Wenn die anderen schliefen und die Zelle dunkel war, dann warst du inkognito, konntest du ein bißchen Anspannung rauslassen, aus deinen Gedanken, die wie ein Gift deinen Körper auf Trab hielten. Andrew hat aus der Sehnsucht nach seiner Frau kein Hehl gemacht. Damit hat er den anderen geholfen, von ihren Gedanken an ihre Frau zu reden. Andrew hat auch mal ausgesprochen, daß die Natur uns doch auf wunderbare Weise hilft, mit unserer Sexualität zu Rande zu kommen: »Feuchte Träume haben wir doch alle, und das ist auch gut so, sonst fänden wir ja gar keine Ruhe mehr. So bekommen wir wenigstens keine Psychosen.«

Als wir uns draußen wiederbegegneten, sagte Andrew: »Am Anfang habe ich manchmal geweint, wenn ich Briefe mit einer Todesnachricht bekam. Acht Brüder und Schwestern starben, während ich auf der Insel war. 17 Tage vor meiner Entlassung starb meine Zwillingsschwester. Aber mein Gott, in den 26 Jahren sind so viele meiner Verwandten gestorben, daß meine Augen schließlich ausgetrocknet waren. Es kamen keine Tränen mehr.«

Hey man, weißt du, wie schlimm es für uns Afrikaner ist, wenn wir nicht mal dann bei unseren Verwandten sein können, wenn sie beerdigt werden? Da geht's uns anders als euch. Mandela hat das 1976 in einem Brief geschrieben: »Mir fehlen die Worte, um auszudrücken, wie sehr ich leide, wenn Mitglieder der Familie von uns gehen und ich bei ihrem Begräbnis nicht dabeisein kann.«

Mandela hat einen Sohn während seiner Haft verloren, er verunglückte, 1976. Als der Beamte ihm die Nachricht brachte, soll sich nichts in seinem Gesicht geregt haben, er wollte nur sofort in seine Zelle.

O Mann, kennst du das Gefühl in deiner Brust, wenn du meinst, du erstickst?

Meine Mutter starb, als ich noch nicht lange auf der Insel war, 1972. Meine Brüder schickten mir die Nachricht. Sie war 67 Jahre alt gewesen. Drei Jahre vorher hatte ich sie zuletzt gesehen. Es kam so plötzlich, ich hatte nicht damit gerechnet. Es war ihr immer gutgegangen. Und nie hatte sie mir einen Vorwurf gemacht, obwohl meine Verhaftung und der Prozeß sie ziemlich mitgenommen hatten. – Nein, ich will mich nicht daran erinnern, too bad, reden wir nicht davon.

Viele haben das erlebt.

Es gab Nächte, mein Freund, da hast du Müdigkeit herbeigesehnt, innere Müdigkeit, die dir endlich Schlaf bringt. Erlösung von der Grübelei.

Wie weit wir von aller Normalität entfernt waren, merkten wir bei den seltenen Gelegenheiten, wenn wir Kinder zu Gesicht bekamen. Jedesmal ein Ereignis. Kaum hörten wir ihre Stimmen, rasten wir zu den kleinen Zellenfenstern. An Sonntagen bestand bei gutem Wetter die Chance, Kinder auf der Straße zu sehen, mit ihren Rädern, mit oder ohne ihre Eltern vom Gefängnispersonal, wenn sie vom Wochenendausflug in Kapstadt zurückkamen. Da hingen wir dann am Fenster und haben uns die Hälse verrenkt nach den unbekümmerten Zauberwesen.

Ach Mann, was machen Menschen mit Menschen!

Die allerersten Gefangenen auf der Insel waren manchmal an spielenden Kindern vorbeigekommen, auf ihrem Weg zur Arbeit, weil der Gefängnisbau noch nicht komplett war. Ihre Freude darüber muß ihnen schnell vergangen sein. Die Kinder fingen an zu schreien, wenn sie die Kolonne der Gefangenen sahen, riefen »Kaffirs«, fingen an, Steine zu schmeißen.

Neville hat ein einziges Mal in seinen zehn Jahren auf der Insel Kinderstimmen gehört, er hatte keine Zelle zur Straße. Das war, als die Comrades urplötzlich einen Chor hörten. Die Männer waren wie vom Donner gerührt, standen mucksmäuschenstill, um den hellen Stimmen zu lauschen. Jeder hoffte, einen Blick auf sie werfen zu können, aber die Wärter haben das verhindert.

Verbote.

Kinder sind dir allenfalls mal im Traum begegnet.

Und ich glaube, alle haben wir geträumt, tags wie nachts, bei aller Selbstdisziplin.

Träume von Heimkommen, aufs Haus zugehen, die Mutter oder die Frau in die Arme nehmen, daheim sitzen, wenn auch nur für einen Tag. Dieser Traum war der Dauerbrenner auf der Insel. Insgeheim und ohne Sperrstunde.

Kwedie hat mal davon gesprochen, daß ihm die Luftschlösser Kraft gaben. »Ich träume, daß ich in meinem kleinen Garten arbeite. Mit meiner Frau habe ich acht Kinder. Für jedes Kind habe ich auch schon einen Namen.« Er legte sich oft auf seine Pritsche mit der Vorfreude, jetzt an daheim denken zu können.

Abenteuerreisen von Knastbrüdern.

Ja, mein Freund, auch ich war manchmal ein Träumer. Ohne es zu wollen. Denn was wir alles vermißt haben auf der Insel, das waren ja tausend Kleinigkeiten.

Wie die Sonne auf- oder untergeht, konnten wir nie sehen. Einer von uns hat den Mond 13 Jahre lang nicht gesehen. Bei Dunkelheit waren wir doch immer unter Dach und Fach, und sein Zellenfenster lag ungünstig. Was meinst du, wie gut es manchen Leuten tat, den Tafelberg in der Ferne zu sehen? Du suchtest diese kleine Freude, aber nur wenige hatten das Glück.

Einer von uns hatte einen ganz speziellen Punkt entdeckt. Er stellte sich auf eine Bank in einem Durchgang zum Hof, die an einem ganz bestimmten Punkt stehen mußte, und dann lugte er über die Mauer – und konnte auf den Tafelberg sehen, wenn der nicht im Nebel verborgen lag.

Sie haben uns eine Menge gestohlen, findest du nicht?

Kleine Freuden waren Tiere, nicht die Schäferhunde der Wärter natürlich. Bei der Arbeit draußen hast du Tiere sehen können, Kaninchen, Möwen und Bachstelzen. Ganz selten, an schönen Sommertagen, schwammen Wale, ganze Kolonnen von Walen, Tümmler und Delphine vorbei.

Du hast auf der Insel auch gelernt, Blumen, Bäume, Grashalme im Wind wahrzunehmen, Licht, Landschaft, Farben, Wolken. Schönheiten, die dir draußen nie aufgefallen sind. Hey man, da ging dir das Herz auf. Bei gutem Wetter hast du die Hügelketten im Osten sehen können, Pringle Bay, im Sommer für Weiße ein Tummelplatz zum Baden.

Schöne Momente, doch hast du dann die Unfreiheit noch mal so schlimm gespürt.

Manchmal fuhr ein Ozeanriese vorbei, und du konntest dir ausmalen, er fährt mit dir nach Europa. Wie es wohl hinter dem Horizont aussah, in Gegenden, wo du nie gewesen bist? So hängst du Gedanken nach, auf deine Schaufel gestützt, bis dich ein Wärter aus dem Träumen rausreißt.

Die Insel ist ein Paradies für Vögel und Meerestiere; du hörst Tierschützer schwärmen, wenn sie davon reden, daß sich Pinguine nach 300 Jahren wieder angesiedelt haben, die ersten, nachdem die hungrigen Holländer sie im 17. Jahrhundert ausgerottet hatten, gegessen, um zu überleben. Woanders, an der Westküste, gehen sie ein, hier bei uns blühen sie auf. Die Insel ist für die Tiere ein so heimeliges Plätzchen, daß Wissenschaftler bei ihnen eine Fortpflanzungsfreude festgestellt haben wie an der ganzen Küste nicht. Ein Witz, was? Ja, stell dir vor, wir waren umgeben von einer Idylle, hatten nur nichts davon.

Die Mitglieder vom exklusiven Cape Yacht Club, Weiße allesamt, kamen an manchen Wochenenden auf die Insel. Auf einem kleinen Stück neben dem Hafen durften sie picknicken und sonnenbaden.

Ob die sich je überlegt haben, was wir für ein Leben auf der Insel führen?

»Das schlimmste an der Strafe ist für mich, daß jede Verbindung mit draußen abgerissen ist«, hat Chris mal gesagt. »Daß wir auf einer Insel sind, macht die Sache nur noch schlimmer, du bist noch weiter weg von der Außenwelt.«

Er war noch so verdammt jung, als er reinkam. Und er ist tough geworden im Lauf der Jahre.

Seine große Krise hatte er 1988. Er hatte das Privileg, in der Bücherei zu arbeiten. Die rund 7000 Bücher waren sein Reich. Wir konnten nur nach dem Abendessen und am Wochenende rein, er saß den ganzen Tag drin, gab unsere Bestellungen für die Städtische Bibliothek weiter und verwaltete und schmökerte. Und im August 1988 sagten sie ihm: »Du brauchst das jetzt nicht mehr zu machen, wir übernehmen die Bücherei selbst.« Das ging ans seelische Gleichgewicht. Chris war aus der Bahn geworfen, die Bücher waren Stützen seines Insellebens gewesen. Ein Glück, daß er nur noch acht Monate vor sich hatte. »Man müßte innerlich unabhängig bleiben«, hat er mal gesagt, »so daß man nie die Oberhand über sich verliert.«

Er war es auch, der in einer lockeren Stunde plötzlich sagte, daß wir auf der Insel doch eine richtige Machogesellschaft sind. Wir hatten rumgeflachst, uns beklagt, daß wir schon gar nicht mehr wissen, wie Frauen aussehen. Einer rückte damit raus, daß er fürchtet, von seiner Frau verlassen zu werden. Wir haben einen Joke draufgesetzt und gelacht. Vor lauter Beklemmung. Ja, Mann, auch so eine Überlebenstaktik: Katastrophen trivialisieren. Aber diesmal hob das nicht die Stimmung. Und da machte Chris seine Bemerkung, die von der Machogesellschaft.

Ist schon was dran.

Wir waren unsere eigenen Helden. Was hatten wir nicht täglich auszuhalten! Wie schafften wir's doch immer wieder, die Buren auszutricksen! Hatten wir unsere Gemeinschaft nicht hervorragend in Form gebracht? Wir waren doch tolle Typen, etwa nicht? Hey, das ist in unserer Männerbastion vielleicht so gewesen wie bei euren Soldaten damals im Schützengraben. Die Insel war unser Schützengraben.

Warum wir nicht abgehauen sind, wenn's doch so schlimm war?

Ach, mein Freund, so kann nur einer fragen, der in der Sorglosigkeit der Freiheit lebt.

Hey, daß wir auf der Insel saßen, war doch Teil unseres Kampfes, gehörte dazu. Risiko. Viele von uns haben ihr Leben riskiert und sind umgekommen. Wir hatten es auch riskiert und rissen eben Jahre auf der Insel ab. Wir hatten immer genügend Beispiele in der Geschichte, um zu ahnen, was uns blüht. Die Buren haben uns schließlich nie mit Samthandschuhen angefaßt. Apartheid hat viele Fronten, die Insel war unsere Front. Desertieren hätte unseren Kampf nur zurückgeworfen. Jeder Fluchtversuch konnte mit Tod enden – und der einzige Nutznießer wäre das System gewesen.

Ich weiß von keinem, der es auch nur versucht hätte. Und wenn, dann hätte er nur bewiesen, daß er noch nicht reif ist für den Kampf. Nein, Mann, das gehört zu unserer politischen Aufgabe.

Chris hat mal erzählt, daß er sofort an Flucht gedacht hat, als er herkam. Aber wenn du in einer Gemeinschaft wie der unseren lebst, kreist du nicht mehr nur um dich. Er fing an sich auszumalen, was mit uns wäre, wenn er's probieren würde. Uns hätten sie nämlich die Daumenschrauben angezogen. Die Wärter hätten uns tyrannisiert nach Strich und Faden, die hätten das als persönliche Beleidigung genommen. Was wäre uns nicht alles gestrichen worden. Nimm nur die Krankenhausbesuche zum Check-up in Kapstadt. Nicht auszudenken! Nein, Flucht hat nie einer probiert. Ehrensache.

Unwahrscheinlich, daß es überhaupt geklappt hätte. Denn die Insel ist ein natürliches Hochsicherheitsgefängnis. Älter als der Staat Südafrika. Schon im 17. Jahrhundert haben das die Holländer ausgenutzt. 1894 hat ein schwarzer Gefangener mal versucht zu fliehen, ein Xhosa-Häuptling, den hielten die Briten gefangen. Er ist ertrunken. Das Wasser um die Insel ist das kälteste an der ganzen Küste. Als Schwimmer hältst du das keine dreiviertel Stunde durch, zehn Kilometer! Außerdem ist die Strömung unberechenbar, bei den Strudeln hast du keine Chance. Nein, Mann, von der Insel führt kein Weg weg, es sei denn, die Buren lassen dich.

Ist doch interessant, daß sie schon immer in der Geschichte – Buren wie Briten – dasselbe gemacht haben: Sie brachten all die Leute her, die unerwünscht waren. Eine Zeitlang waren's Leprakranke, Irre, chronisch Kranke, Obdachlose. Dann Kriminelle und Aufrührer. Die Insel als Müllplatz für menschliches Treibgut. Und jetzt waren wir das. Und wie früher half der Atlantische Ozean, uns festzuhalten.

Ehrlich gesagt, gerade die Lifer hatten gehofft: »Wir bleiben nicht lange drin. Sobald Verwoerd geht, kommen wir raus.« Denkste. Als

Verwoerd ging, kam Vorster, 1978 kam Botha. Und auch der kannte keine Gnade.

Hoffnungsschimmer, nichts dahinter.

Jetzt haben sie wohl kapiert, daß sie Mandela und den ANC brauchen, wenn Südafrika kein Schlachtfeld werden soll.

Da war es gut, hin und wieder jemanden gehen zu sehen, der seine Strafe abgesessen hatte. War immer wie eine Erinnerung, daß es doch möglich ist, daß jemand von uns die Insel verläßt, lebend.

Und auch mein Tag der Freiheit kam.

Mann, kannst du dir dieses Gefühl vorstellen, wenn die Freiheit immer näherrückt? Nie mehr von Gummimatten umgeben sein, nie mehr den Geruch vom Kleber in der Nase, nie mehr nach Kommando leben!

Die Aufregung belebt dir jede Pore. Du spürst deinen Körper wie Jahrzehnte nicht. Oh, du gehst wie auf Wolken, kannst kaum noch schlafen, wachst nachts auf und hast das große Flattern im Bauch, du tanzt in der Zelle und zählst die Tage.

Du bist high, Mann!

Aber das hält nicht lange. Nein, nichts auf der Insel ist ungetrübt. Kann es ja nicht sein.

Wie kannst du dich freuen, wenn die Comrades noch Jahre vor sich haben?

Und es kommen Sorgen, wie Kwedie sie hatte. Er dachte an seine Familie. Wie würde er mit den Kindern zurechtkommen, die jetzt erwachsen waren? War er noch psychisch fit, um sich wieder in die Gesellschaft einzupassen?

Und bei dem, was ich in der Zeitung lesen konnte, fragte ich mich dasselbe.

Du bist dir auch nicht sicher, ob sie dich wirklich freilassen. Fällt ihnen nicht doch wieder ein Trick ein, in letzter Minute? Wie haben sie's mit Kwedie gedreht, 1985?

Zuerst haben sie noch wenige Wochen vor seiner Entlassung versucht, ihn rumzukriegen. Legten ihm ein Papier vor, das er unterschreiben sollte, als großzügiges Angebot. Er sollte der Gewalt abschwören und bestätigen, daß seine Strafe gerecht war und er bedauert, was er getan hat. Ein Witz! Nach 20 Jahren sollte er sich für so was hergeben. Natürlich hat er's nicht unterschrieben. Und kam trotzdem frei.

Aber wie!

Er hatte noch drei Wochen vor sich. Da standen sie eines Morgens in seiner Einzelzelle, die er die ganzen 20 Jahre über bewohnt hatte, und sagten ihm: »Morgen abend um acht geht's los.« Sie brachten ihm ein Bündel Klamotten und waren schon wieder draußen. Er war ganz verdattert. Am nächsten Tag sollte das letzte große Bye-bye sein. Aber am Morgen um sieben kamen sie wieder, sagten ihm: »Nimm deine Sachen, los, los, los! Wir gehen.« Von seinen Fellows durfte er sich nicht verabschieden. Er wollte noch mit den Beamten verhandeln: »Mensch Leute, ich war 20 Jahre mit ihnen zusammen, da muß ich mich doch wenigstens verabschieden dürfen.«

Sie blieben stur.

Und schon war er auf der Fähre.

Seine Freude war weg.

Und dann begann seine Odyssee.

Im Hafen von Kapstadt waren zwei Polizisten zur Stelle, die ihn in Langa, seiner Township, aufs Revier brachten. Da saß er nun, der arme Tropf, mit seinen schönen Träumen, wie seine Familie ihn empfangen würde, alle, seine großen Kinder, seine Frau, die Verwandten. Aber seine Frau war nicht mal informiert worden, daß er früher rauskommt. Und das nach 20 Jahren! Er saß auf diesem Revier fest!

Als er forderte, man sollte ihn gehen lassen, er hätte lange genug für nichts im Knast gesessen, wurde ihm ein Schrieb vorgelesen: »Sie sind in Polizeigewahrsam bis zum 18. des Monats. Anschließend werden Sie in die Transkei abgeschoben, da Sie in Südafrika unerwünscht sind. Zwei Polizisten werden Sie begleiten.«

Kwedie wollte endlich mit seiner Frau telefonieren. Ein Polizist rief bei ihm zu Hause an, erwischte aber nur Kinder. Die gaben seiner Frau später verwirrende Informationen. Sie rief auf der Insel an. Dort sagte man, Kwedie sei in seiner Zelle, wie immer. Aber sie ließ nicht locker und kriegte irgendwie raus, daß er im Polizeirevier saß. Sie kam sofort hin. Aber meinst du etwa, endlich hätten sich die beiden begrüßen dürfen? Weit gefehlt. Die Polizisten sagten, jetzt am Abend sei kein Beamter mehr da, der die Erlaubnis dazu geben könne. »Wir sind lieber vorsichtig«, sagten sie. Am nächsten Tag durfte Kwedie mit seiner Frau sprechen. Sie hatte inzwischen einen Anwalt organisiert. Aber der konnte auch nichts machen. In Kapstadt herrschte damals schon Ausnahmezustand, die Polizei war nervös.

Und dann brachten sie Kwedie in die Transkei. Zwei angetrunkene

Polizisten waren seine Zugbegleiter. Kwedie verdrückte sich ins nächste Abteil, ihre Frechheiten konnte er nicht ertragen. Schöne Freiheit, Südafrika!

Auch in der Transkei war Kwedie nicht frei. Er hatte nicht dorthin gewollt, und die dort wollten ihn auch nicht. »Unruhestifter haben wir hier genug«, sagte ihm die Polizei in Umtata.

Kwedie besuchte seine Mutter, tat seine ersten unbegleiteten Schritte.

Nach drei Wochen war er wieder in Südafrika. Seine Frau hatte sich inzwischen die Füße wundgelaufen, um ihm eine Arbeitsstelle zu besorgen. Sie fand eine bei einer Organisation für Erwachsenenbildung, Neville arbeitete dort.

Wieder griff die Polizei ein, hat ihm verboten, dort zu arbeiten. Hey man, du kannst nicht wissen, wie das war, unter diesen verdammten Paßgesetzen.

Von Pontius zu Pilatus mußtest du laufen und hattest am Ende immer noch keine Aufenthaltsgenehmigung für die Stadt. Du konntest auch draußen verrückt werden. Kwedie war zwar nicht mehr auf der Insel, aber er steckte wieder in einer Zwangsjacke.

Sie verfrachteten ihn wieder in die Transkei. »Jeder wollte mich nur deportieren.« Kwedie schüttelte den Kopf, als er mir die Geschichte erzählte; er konnte da immerhin schon drüber lachen.

Letzten Endes durfte er in Südafrika bleiben. Heute hat er nicht mehr den Personalausweis der Transkei, sondern einen von Südafrika. Er lebt mit seiner Familie in der Township Langa bei Kapstadt.

Bei Andrew, im Oktober 1989, lief die Sache anders. Er gehörte zur Prominenz um Mandela. Er wurde mit sieben anderen freigelassen, Sisulu einer von ihnen. Es stand groß in den Zeitungen. De Klerk hatte es angekündigt, brauchte ja Belege für seine Reformversprechen. Aber die Regierung hatte nur soviel rausgelassen, daß Sonntag der Beginn der Freilassungen sei. Die Sache konnte sich über Wochen hinziehen. Die Familien der acht wurden nicht informiert. Auch Andrew kam für seine Familie unerwartet. Seine Frau war im Haus, als sie am Morgen die Tochter draußen »Dad! Dad!« schreien hörte. Eine Menge Leute war plötzlich da, zwischen den Polizeiautos, die Andrew eskortiert hatten bis zu seinem Grundstück.

So betrat Andrew nach 26 Jahren und vier Monaten wieder sein Haus. Dort hatte er viele Jahre mit seiner Frau verbracht. Dort hatte er seine vier Kinder gezeugt und war für eine Weile Vater, wenn auch dauernd mit der Politik beschäftigt. Seine Frau hatte es in der Zwischenzeit geschafft, für die Kinder zu sorgen. Die beiden Söhne waren 1976 von einem Tag auf den andern abgehauen, keiner wußte wohin. Erst nach Jahren haben sie sich getraut, ihre Mutter anzurufen.

Hey man, schwarze Familien gehen kaputt an der Apartheid.

Einiges hatte sich in Andrews Haus verändert: Der Teppichboden im Wohnzimmer war neu. Und die Holzverkleidung. Das größte Ding aber war das Bad, das angebaut worden war. Auch zu Hause kann Andrew jetzt drinnen aufs Klo gehen.

Chris wurde von niemandem erwartet, im April 1989. Seine Leute hatten kein Geld, um von Soweto nach Kapstadt zu kommen. Er hatte kein Geld, um seine Freiheit zu begießen. Die Beamten hatten ihm 16 Rand gegeben und beim Abschied gefragt: »Irgendwelche Beschwerden?« Er gab ihnen keine Antwort.

Er ging ins Cowley House. Ein paar Tage hing er in Kapstadt rum, traf Journalisten, lief durch die Stadt, sah sich mit großen Augen das Leben an. Einmal stieg er auf Lions Head, den Nachbarhügel vom Tafelberg. Schaute auf die Insel rüber, die fern im Dunst lag und auf der nichts als Wald zu erkennen war.

Nach einer Woche fuhr er heim. Mit gemischten Gefühlen. Mein Gott, der Junge war nicht fröhlich.

Kaum einer von uns wurde wie ein König empfangen.

Und ich?

Auch bei mir ging's ziemlich mühsam.

»Kom – komm«, war das kurze Kommando von einem der zwei Beamten, die mich am Morgen zur Mole brachten, am 30. März 1989. Wir gingen über die geteerte Straße, verließen die Mauern mit den hohen Stacheldrahtkronen, vorbei an den Büros der South African Police, an der kleinen weißen Kirche, an den einstöckigen Häuschen der Gefängnisangestellten, proper, in weißem Verputz, die in Reih und Glied an der Straße stehen. Dann das Gebäude, wo ich meine Besuche gehabt hatte, mal vier, mal zehn im Jahr.

Kein Mensch war zu sehen, glatt als gäb's gar niemanden auf der Insel. Nicht weit von der Mole sah ich dann einen Wärter beim Angeln, hatte wohl seinen freien Tag.

Und schon war das Gefängnis außer Sichtweite. Ich hab' seitdem keinen Blick wieder drauf werfen können.

Eines Tages werden sie Touristen hinschippern, die Pinguine auf den Felsen draußen bestaunen wollen. Und dieses Monument der Ungerechtigkeit wird unter Denkmalschutz stehen. Und manche werden vielleicht versuchen, sich vorzustellen, wie wir hinter diesen Mauern die Zeit rumgekriegt haben.

Dann war ich auf der Fähre.

Hey man, frei!

Frei!

Kaum auszuhalten. Endlich war ich auf dem Weg, den so viele Comrades vor mir schon gemacht hatten.

Nur eine knappe Stunde bis Kapstadt.

Warum war mir nicht nach Jubel?

Ich stand an der Reling, die ganze Zeit, und schaute auf die Insel, die langsam kleiner wurde. Am Anfang sah ich noch die Wachtürme, vier, einen an jeder Ecke vom Komplex, und die Lampen der hohen Masten vom Gefängnistrakt, dann den weißen Leuchtturm an der Nordspitze der Insel, auf der höchsten Erhebung, nur 24 Meter hoch.

Ich sah die dunklen Schieferfelsen, sah Buschwerk und Bäume zum erstenmal aus dieser Perspektive.

Auf diesem Fleckchen Erde von gut fünf Quadratkilometern hatte ich also mein halbes Erwachsenenleben zugebracht. Mit 30 war ich hingekommen, jetzt war ich 50.

Wie viele werden noch auf die Insel kommen und ihre Freiheitsliebe mit Leben abbezahlen? Über 350 saßen noch drin.

Immerhin konnte ich als gesunder Mann nach Hause. Wie vielen hatten sie die vorzeitige Entlassung verweigert, obwohl sie alte, kranke Männer geworden waren, Krebs bekommen hatten, wie vielen?

Ich weiß es nicht.

Ich sag' dir, Mann, ich hätte heulen können. Lebewohl nach 20 Jahren! Ausquartiert. Mir war hundeelend zumute, ja Mann. Immer bist du nur Spielball.

Ich dachte an meine Comrades.

Die waren jetzt bei der Arbeit. Ich gehörte nicht mehr dazu, war rausgerissen aus der Gemeinschaft. Nie mehr würde ich bei ihnen sein. Zuletzt war ich mit 33 in einer Zelle, mit 17 Stockbetten. Ich schlief hinten rechts in der Ecke, im letzten Bett unten. Mit ihnen am Abend letzte Bemerkungen wechseln, mich nachts im Düstern aufs Klo im Nebenraum tasten – nie mehr.

Nie mehr.

Ich hörte das dunkle Wasser unter mir, spürte das Brummen der Maschinen, ein Schwarm dunkler Vögel begleitete das Schiff. Die Art Vögel, die ich von der Insel kannte. Ihr letztes Geleit.

Ich merkte, meine Familie war mir abhanden gekommen.

Und nicht nur das.

Ich war jetzt frei, hatte es besser als sie, besseres Essen, konnte gehen, wohin ich wollte, Frauen kennenlernen, mit der politischen Arbeit weitermachen. Früher wurden die Freigelassenen sofort unter Bann gestellt, waren immer noch mundtot. Aber ich war frei, 1989.

Und ich kam mir vor, als hätte ich mich davongestohlen, sie im Stich gelassen.

O Mann, was bleibt da noch von deiner Freude? Nichts mehr. Kein Grund mehr, deine Lungen mit der frischen Seeluft vollzupumpen, die erste Brise Freiheit einzusaugen. Mit den Jungen hatte ich so vieles durchgestanden, sie hatten mir so viel beigebracht – aus und vorbei.

Jetzt war ich draußen, und allein. Zum erstenmal seit 20 Jahren. Und zum erstenmal sah ich die Insel von fern. Sah schön aus, ein grünes Fleckchen Erde im Atlantik, das im Dunst verschwand.

O Mann, verrückt, auf einmal hast du Sehnsucht nach dem Knast.

Es ist lachhaft, selbst wenn die Buren uns endlich freilassen, tun sie uns keinen Gefallen.

Ich bin dann auch ins Cowley House gegangen.

Meine ersten Schritte in die Freiheit.

Und mir dämmerte, daß es noch nicht zu Ende war. Der Knast sitzt dir lange in den Knochen. Nimm einen Stein aus einer alten Mauer, schlag ihn raus aus dem Gefüge, laß ihn auf dem Boden liegen und vergiß ihn. Der Stein war ich.

Ich hatte das Gefühl, außerhalb der Insel nicht leben zu können.

Unfaßbar, zu gehen, wohin ich wollte, alleine, aufrecht. Zu gehen ohne die Angst, daß du an der nächsten Straßenecke angehalten wirst mit der Order, umzukehren. Ich hab' gezittert bei der Vorstellung, daß ich so weit und so lange in der Stadt rumspazieren kann, wie ich nur will, keine Mauer und kein Schloß würden mich bremsen. Keine Uniform würde mir folgen! Dabei war ich überwältigt von den Straßen. Hey, stapelweise Zeitungen, überall, ohne daß Artikel rausgeschnitten waren. Und diese Farben, Buntheit überall.

Und Blumen!

Nach den 20 Jahren war ich an tägliche Knastroutine gewöhnt, an dasselbe Essen jede Woche, an immer dieselben kurzen Wege, an vergitterte Fenster, an immer dieselben Gesichter. Und immer war einer da, der mir die Arbeit vorschrieb, der mir sagte: »Geh! Setz dich hin! Steh auf! Ausziehn! Anziehn! Hut ab! Hut auf!« Im Knast gewöhnst du dich dran, daß grundlegende Entscheidungen nicht anstehen. Und jetzt mußte ich dauernd irgendwas entscheiden. Mann, ich war ein erbärmliches Würstchen! Aber in ganz anderer Beziehung als auf der Insel. Wie sollte ich mein Leben managen? Ich mußte einen Job finden, nicht irgendeinen natürlich, sondern einen mit politischer Arbeit. Wie sollte ich das anstellen? Jetzt war ich drin in diesem ersehnten Leben und war verloren, im luftleeren Raum. Ich im Vakuum. Hilflos. Allein. Ängstlich. Ein Fremder auf der Welt. Alles war auseinandergefallen und löste sich auf. Wie krieg' ich ein Dach über den Kopf? Woher krieg' ich was zu essen? Ein Paar Socken? Ein Taschentuch?

Oh god, kaum raus aus dem Knast, fühlte ich mich schlechter als drinnen. Der Knast hatte mich ausgespuckt, weil ich unverdaulich war. In seinem Magen hatte er mich zersetzt, verdorben, mir meine Kraft genommen. Jetzt konnte es nur noch bergab gehen mit mir, ins Nichts.

Mir war saumäßig in den ersten Tagen. So muß Heimweh sich anfühlen.

Ich hab' mich treiben lassen, ratlos.

Entspannt war ich noch lange nicht. Die schwarze Wolke von Ungewißheit hing über mir, war meine ständige Begleiterin. Hab' ich denn nicht schon genug durchgestanden?

Ist das mein neues Leben?

Irgendwann hab' ich mich gefangen. Simple Gespräche im Cowley House haben mir geholfen, Kontakte mit Leuten aus Organisationen. Ich hab' mir gesagt: »Da sind gute Leute um dich rum, du wirst überleben. Was auch immer kommen wird, stell dich.«

Und dann ging's aufwärts.

Ich fuhr erst mal in die Transkei, um einen Bruder zu besuchen. Ich wurde wieder ruhig und zuversichtlich.

Nicht nur mir war's so ergangen. Auch Kwedie fühlte sich komisch in der ersten Zeit. Brauchte eine Weile, bis er sich auf der Straße nicht mehr dauernd umdrehen mußte, ob ihm auch wirklich kein Wärter folgt.

Bei seinem ersten Zwangsaufenthalt in Umtata ging er mal in eine Kneipe, um ein paar von diesen Gemüsepastetchen zu essen. Er saß alleine am Tisch, seinen Teller vor sich, und auf einmal fühlte er sich von den Leuten um ihn rum isoliert, ausgestoßen, er bildete sich ein, alle schauten auf ihn, während er aß, und sie dächten: »Schau dir den an, wie der frißt!« Er hat's nicht fertiggebracht, zu Ende zu essen. Fluchtartig hat er die Kneipe verlassen und mußte sich dann auch noch zwingen, die Straße zu überqueren, auf der ziemlich viel Verkehr war.

Aber Kwedie hat wenigstens Familie.

Es muß großartig gewesen sein, wie seine Kinder – Erwachsene jetzt – ihn unter ihre Fittiche genommen haben. Für ihn waren es lichte Momente, wenn er beim Heimkommen hörte, daß eines seiner Kinder rief: »Dad ist da.« Und sie genossen es, daß die Familie jetzt nicht mehr ohne Oberhaupt war. »Ich habe sofort guten Kontakt zu ihnen gefunden«, sagte mir Kwedie, »ich hab' mit ihnen geredet wie mit Erwachsenen, nicht wie mit Kindern. Das mochten sie.«

Und dann fingen für ihn dieselben Dispute an, wie er sie von den Jungen auf der Insel kannte. Bis nach Mitternacht saß er mit den Kindern im Wohnzimmer, und manchmal sagten sie ihm: »Ach Daddy, du mit deinen ollen Kamellen, ist doch längst überholt, was du da sagst.« Aber ein paar Tage später hörte er seine Tochter mit ihren Freunden diskutieren; sie argumentierte exakt mit seinen Worten.

Manchmal überkam es Kwedie noch, daß er sich im Schlafzimmer einschloß. Er brauchte das Gefühl der Einzelzelle. Niemand durfte reinkommen, auch seine Frau nicht. Du hast dich im Knast so sehr an das Alleinsein gewöhnt, daß du es brauchst, Mann, auch draußen. Statt dessen bist du in den winzigen Township-Baracken von Lärm und Lachen umgeben, hast keine Ecke, wo du niemanden siehst noch hörst.

Erst nach Monaten hat sich das Einschließen bei Kwedie gegeben, heute braucht er's nicht mehr.

Seine größte Freude ist, daß er endlich wieder neben seiner Frau schlafen kann. Das müssen Momente sein, wo er spürt, daß er wirklich zu Hause ist. Noch heute, fünf Jahre später, ist es manchmal ein Wunder für ihn, daß sie neben ihm liegt, daß er sie atmen hört und sie berühren kann. Er war ja schon zu alt für seinen Wunschtraum, Vater von acht Kindern zu werden. Aber einen Sohn haben sie ein Jahr nach seiner Freilassung noch bekommen, der ist jetzt vier.

Wir, die wir noch nicht so lange draußen sind, haben alle noch Probleme mit der Anpassung. Ich merke es beim Geld. Als ich eingebuchtet wurde, hatten wir noch das alte Geld in Südafrika, Pound und Cent. Das neue wurde kurz drauf eingeführt. Im Knast haben wir zwar mit Rand gerechnet, aber was unsere Familien uns geschickt haben, bekamen wir nie in die Finger, ging alles per Konto. Jetzt bin ich fast ein Jahr draußen und hab' mich immer noch nicht an die neuen Münzen gewöhnt, muß sie umdrehen, um sicher zu sein, hab' ich einen Rand oder 50 Cents in der Hand.

Mann, kann der Alltag kompliziert sein.

Nur an mein Portemonnaie habe ich mich schnell gewöhnt. Es ist das erste meines Lebens. So was, ich mußte 50 Jahre alt werden, um meinen ersten Geldbeutel zu besitzen. Vor 20 Jahren haben wir das Geld noch lose in der Hosentasche rumgetragen.

Andrew, der ein halbes Jahr nach mir rausgekommen ist, hat auch noch nicht alles gepackt. Als ich ihn kürzlich traf, wollte er mir seine Telefonnummer aufschreiben. Er ist schon Monate wieder zu Hause – aber die Kombination fiel ihm einfach nicht ein. Ein Freund hat ihm die Nummer aufgeschrieben, da hat er sich erinnert. Und dabei lachte er, lachte strahlend:

»Ich habe fünf Jahre gebraucht, um mich ans Gefängnis zu gewöhnen. Vielleicht brauche ich wieder fünf Jahre, um mich an mein neues Leben zu gewöhnen.«

20 Jahre ohne Pause, keinen Tag frei – macht das Sinn?

Wo ist mein Haß? Meine Bitterkeit?

Will ich Wiedergutmachung?

Ich werde dauernd gefragt, ob ich jetzt die Weißen hasse, ob ich noch anders kann als hassen.

Ach Mann, that's life. Meine Wut der ersten Jahre hat sich gelegt. Durch all die Dinge, die ich im Knast gelernt habe.

Mein Prinzip ist jetzt: Vergeben ja, vergessen nie. Wir dürfen an den Buren keine Rache üben, wenn wir je die Chance für eine neue Gesellschaft in Südafrika haben wollen. Wir müssen sie erziehen, vielleicht so ähnlich, wie wir unsere Wärter erzogen haben.

Da fällt mir Kwedie wieder ein: »Ich liebe die schwarzen und die weißen Menschen, so wie ich Südafrika liebe. Deshalb bin ich Aktivist geworden. Wenn ich die Weißen hassen würde – das wäre doch ein Widerspruch. Ich bin Nationalist und kann mich jetzt nicht umdrehen und einen Teil meines Volkes hassen. Sicher, viele von ihnen haben die Nationale Partei, die die Apartheid durchgedrückt hat, gewählt. Aber es hat auch immer Schwarze gegeben, die den Weißen zugearbeitet haben, das hat nichts mit der Hautfarbe zu tun. Und es hat auch immer Weiße gegeben, die für unsere Freiheit genauso gelitten haben wie wir Schwarzen. Nein, wenn's mir auch manchmal schwerfällt, in mir ist kein Platz für Haß. Und darüber bin ich froh.«

Kwedie war schon auf der Insel ein Friedensstifter, fand oft einen Ausweg, wo andere aufgeben wollten.

Und auch ich weiß, daß Haß und Wut nichts bringen. Wenn dein Handeln von Haß diktiert wird, dann wirst du engstirnig. Wenn sich wirklich mal was ändern soll, dann mußt du dich zuerst selber ändern, mußt auch deine Verbitterung verändern. Sollen wir etwa Tote noch mit Haß verfolgen? Was würden wir uns damit antun? Nein, ich laß' mich nicht vergiften, wie kläglich wäre meine Zukunft! Wie ist einer beisammen, der nur noch haßt? Wenn du dich davon hetzen läßt, verdunkelt das dein Leben. Nein, cool down. Bei jedem politischen Kampf mußt du deine Feinde besser verstehen als sie sich selbst. Ja, du mußt mehr Grips haben als sie. Das heißt, du mußt erkennen, daß sie ja nur Produkt des verdammten Systems sind. Ihnen wurde doch von klein auf eingebleut, daß wir Schwarzen minderwertig sind. Wie sollen sie erkennen, was sie falsch machen, wenn wir ihnen nicht helfen? Die Dinge sind nicht statisch, selbst in Südafrika nicht. Deshalb müssen wir zur Versöhnung bereit sein. Wir können doch nicht diejenigen zurückweisen, die sich wandeln, die einsehen, hier ist was faul in Apartheid Country. Nein, für mich ist klar, wer den Weißen gegenüber arrogant auftritt, der hat den Sinn unseres Kampfes nicht verstanden.

Und noch ein Grund, weshalb wir großzügig sein müssen: Diejenigen, die uns heute unterdrücken, sind die Armen von morgen.

Hey, was heißt das für solche Kreaturen, die uns heute noch kleinhalten wollen?

Die müssen doch von Alpträumen gequält werden, in ständiger Angst leben. Denn ihr Wahn Apartheid wird nie Wirklichkeit werden. Das haben sie inzwischen kapiert.

Was sind wohl die Alpträume de Klerks, wenn er an eine schwarze Regierungsbeteiligung denkt? Daß Mandela Präsident ist und er ein einfacher Mann der Straße? Sie haben doch Probleme, nicht wir.

Weshalb pushen sie ihre Armee in unsere Townships, setzen das Leben ihrer Söhne und Männer aufs Spiel? Noch tun sie wie Kraftprotze, aber sie müssen ziemlich verzweifelt sein. Sie lachen nicht ewig, das sag' ich dir. Es kommt der Moment, da hören sie auf zu lachen, da stellen sie uns den Stiefel nicht mehr in den Nacken.

Ich, Schwarzer, habe dagegen Träume von Freiheit. Welch ein Reichtum! Sie, die Verteidiger der Apartheid, fürchten sich. Sie haben ihr Fiasko noch vor sich. Was für ein miserables Leben! Sie tun mir leid. Ich weiß, ich habe für Gleichberechtigung und Demokratie gekämpft. Sie haben sich für eine miese Sache engagiert. Meine Zukunft kann nur besser werden. Wir leiden heute, und morgen sind wir frei. Aber sie – sie sind arm dran.

Leuchtet dir ein, daß es meine Pflicht ist, sie nicht zu hassen? Diese Haltung hab' ich aber erst auf der Insel gelernt, mochten manche Wärter noch so brutal sein.

Ob das Land sich verändert hat in 20 Jahren?

Klar ist einiges anders jetzt. Nicht nur die Mode. Jetzt wird auch keiner mehr auf der Straße nach seinem Paß gefragt und eingelocht, weil er keinen hat.

Oder was ganz anderes: Ich bin zum erstenmal von einer weißen Kellnerin bedient worden. Sensation!

Aber seien wir ehrlich, Mann. Schau hin: Wenn du in die Townships gehst, dann siehst du, daß es den Leuten dort kaum besser geht als vor 20 Jahren. Sie leben immer noch in den kleinen Baracken und in Elendshütten. Die sind sogar noch voller als damals. Und es liegt Spannung in der Luft. Wo du hinhörst, reden die Leute vom Kampf. Die halten den Mund nicht mehr, sind wieder mutig geworden. Vor allem die Jungen sind entschlossener, militanter. Die lassen sich von der Polizei nicht mehr schrecken. Aber das macht mir auch Sorgen, Mann. Was hat das System in unseren Kindern alles kaputtgemacht? So viele unter ihnen sagen, mit ihrer Verhandlungsbereitschaft stellt die Regierung de Klerk uns eine Falle; die Reformen sind nur Kosmetik. Sie haben genug vom Reformgerede, das hören sie seit Jahren. Sie haben Lust auf den bewaffneten Kampf, die Reden vom Kompromiß öden sie an. Es brodelt so sehr unter ihnen, daß ich manchmal denke, selbst Mandela wird sie nicht mehr bändigen können. Den buhen sie glatt aus, wenn er von Versöhnung spricht. Halten ihn für einen zahmen Opa. Sie haben keinen Respekt mehr, die Township Youngsters, von denen so viele unter dem Ausnahmerecht im Knast waren, monatelang, für nichts als ihre schwarze Haut. Das hat ihr Leben kaputtgemacht, sie konnten danach nicht mehr zur Schule zurück, sind entwurzelte, enttäuschte Jungen.

Woran sollen die heute noch glauben?

An Menschlichkeit?

Damit kann man denen kaum kommen. Das wird schwierig werden, unseren Jungen klarzumachen, daß es jetzt an der Zeit ist, aufeinander zuzugehen. Und überhaupt, sie sind alle in diesem System aufgewachsen, mit Gewalt in jeder Form, woher sollen sie ein Gefühl für Gut und Richtig haben?

Auch für ANC und PAC wäre es wichtig, aufeinander zuzugehen. Aber ob es zu einer Aktionseinheit hier draußen kommt – es ist so schwer, Mann, ich sehe das noch lange nicht, obwohl wir auf der Insel so viel miteinander durchgestanden haben.

Soll das hier draußen doch keine Früchte tragen?

Nicht auszudenken! Aber die machen starke Töne gegen die Regierung de Klerk, stellen Maximalforderungen, und eh die nicht erfüllt sind, sagen sie, das ist eine illegale Regierung, und lehnen Verhandlungen ab. Die Radikalität von PAC macht mir Sorge. Bei ihren Jugendlichen ist ein T-Shirt sehr populär, wo draufsteht »Ein Siedler, eine Kugel«. So was kann nichts Gutes bringen. Im Juni 1990 gab es die ersten Gewalttätigkeiten von PAC-Leuten an ANC-Mitgliedern.

Was sind das für Zeichen, Mann?

PAC verkündet, die Unterstützung der Mehrheit in Soweto zu haben.

Inkatha in Natal verkündet, die am besten organisierte schwarze Kraft im Land zu sein – verstehst du, daß ich die Zukunft nicht rosig sehe?

Und dann ist es ja auch wieder passiert, daß die Polizei in eine friedlich protestierende Menge reinschießt, im März in Sebokeng bei Johannesburg. Und schon kriegen der Haß und die Lust auf Rache neue Nahrung. So was bestätigt den Verdacht, den viele von uns irgendwo im Herzen sitzen haben: daß wir uns auf die Versprechen der Weißen nicht verlassen können und daß die Reformversprechen uns auch nicht weit bringen.

Die weißen Regierungen haben in über 40 Jahren, in über 80 Jahren ihren Kredit verspielt.

Wieviel Leben hat das System auf dem Gewissen?

Und ich hab' nie so viel Polizei und Armee in den Townships gesehen wie jetzt. Die sind regelrecht belagert. Wenn die Regierung das nötig hat, dann spürt sie den Druck von uns. Sie müßten doch wissen, daß sie auf verlorenem Posten kämpfen.

Aber weißt du, ich habe mir noch ein Souvenir von der Insel mitgebracht: Geduld.

Ich hatte mich von Anfang an darauf eingerichtet, daß ich 20 Jahre absitzen muß. Hab Geduld, sagte ich mir immer wieder. Und du lernst es.

Du sitzt in einer Zelle und lernst zu warten, bis der Wärter in aller Ruhe die Tür aufschließt.

Du sitzt im Polizeitransporter und wartest, bis du draußen einen mit dem Schlüssel klappern hörst.

Du sitzt im Office, »setz dich da hin«, sagen sie dir, gehen einen Kaffee trinken, du hörst sie noch lachen draußen auf dem Gang. Und du lernst zu warten, bis sie wiederkommen. Du sitzt immer noch da. Du wartest, bis sie dich rauslassen. Warten. 20 Jahre lang.

O Mann, ich hab' Geduld gefressen.

Inzwischen sind wir alle in irgendeinem Alltag untergekommen. Kwedie arbeitet in einer gemeinnützigen Organisation am Aufbau von Kreditgenossenschaften in Kapstadt. Ein ausgeglichener Typ. Du solltest nicht meinen, daß er 20 Jahre hinter sich hat. Heute sagt er: »Ich habe auf der Insel nicht nur meinen Studienabschluß gemacht, sondern politisches Denken und Toleranz gelernt. Und erst die Haft hat mich so entschlossen gemacht, politisch weiterzuarbeiten. Vor allem aber habe ich erkannt, daß die Weißen keine Ahnung haben, was in unserem Land vor sich geht. Das wußten unsere Wärter nicht, und das wußte auch der Richter nicht, der mich verurteilt hat. Der sagte mir doch allen Ernstes: Sie hätten jederzeit in Ihr Bantustan gehen können. Dort haben Sie doch die politische Freiheit unter schwarzer Herrschaft, die Sie dauernd verlangen.«

Wenn Kwedie sich heute an den erinnert, kann er nur den Kopf schütteln.

Ja, Mann, wir haben alle eine Menge auf der Insel gelernt. Ein Jammer nur, daß wir nicht mehr viel Zeit haben, das alles anzuwenden.

Und keiner von uns bedauert die Jahre, in denen das Leben an uns vorbeispaziert ist.

Ficks hat es mal so gesagt: »Nirgendwo sonst im Land waren so viele großartige Männer zusammen, nirgendwo sonst war so viel Mut, Klugheit und Ehrlichkeit konzentriert wie bei uns auf der Insel. Von all unseren Differenzen haben wir uns befreit, indem wir die wertvollen Seiten der anderen erkannt haben. Du siehst auf einmal, was du alles von anderen lernen kannst. Jeder von uns hatte etwas weiterzugeben, wurde geachtet. Das gibt dir Würde, und das ist meine Belohnung für all die Jahre. Auf der Insel hatte ich die tiefsten und die höchsten Momente meines Lebens. Ich bin ein reifer Mensch geworden.«

Kwedie sagt auch, lachend sagt er das, er ist jetzt ein besserer Mensch als vorher.

Man müßte den Buren glatt dankbar sein.

Andrew ist wohl der am meisten Beschäftigte von uns. Alle wollten ihn sofort haben, kaum daß er draußen war. Er sollte Reden halten bei jedem Meeting, von der Gewerkschaft, von der Vereinigten Demokratischen Front, UDF, sollte Grabsteine enthüllen, bei Weihnachtsfeiern in Soweto sprechen, einen kleinen Baum pflanzen als Ehrengast einer Umweltschutzgruppe, als Symbol dafür, daß in Soweto jetzt auch eine grüne Revolution losgeht. Beim Umweltschutz ist bei euch in Deutschland wohl mehr los als bei uns, aber wir haben genug zu tun, die Menschen zu schützen, bevor wir an die Natur denken können.

Einmal, im Januar 1990, hat Andrew vor schwarzen Studenten geredet.

»Es ist eine Schande, daß Studenten sich noch immer nach der Hautfarbe organisieren«, sagte er da, es stand in der Zeitung, »wir haben im Gefängnis gesessen, um Apartheid auszumerzen, und jetzt sehe ich, daß die Studenten, die künftige Generation des Landes, sie immer noch stützen.«

Hey, solche Reden sind immens wichtig. Es ist noch soviel Bewußtseinsarbeit unter der Jugend zu machen, damit sie nicht vor lauter Frust demnächst Amok läuft.

Aber denk bloß nicht, Andrews Leben ist jetzt problemlos. Frei in Soweto rumspazieren kann er immer noch nicht. Es hat in den letzten Jahren so viele Morde der Hit Squads – der Todesschwadronen – gegeben, das haben jetzt auch Zeitungsberichte bestätigt, daß Freunde Andrew geraten haben, im Haus zu bleiben. Sein Schlafzimmer hat er verlegt, weg von der Straßenseite an die Rückfront seines Hauses. Denn der Zaun um seinen Vorgarten ist nicht besonders hoch, und eine Handgranate läßt sich leicht durchs Fenster schmeißen.

Du siehst, mein Freund, Robben Island war unser kleines Gefängnis, Südafrika ist das große Gefängnis.

Aber Andrew brauchte sowieso viel Zeit, für sich und für sein Studium. Am 18. Januar hatte er die letzte Prüfung in Jura. Ich hab' ihn besucht, vor der Februar-Rede von de Klerk, als Mandela noch nicht frei und der ANC noch verboten war. Auf Andrews Häuschen steckte die ANC-Fahne, Taschentuchgröße. Andrew zeigte mir sein »Studierzimmer«, so hat er's genannt, ein Anbau aus Sperrholz hinterm Haus. Mann, war Andrew stolz. Das war sein Refugium, nur Bücher an einer Wand, der Schreibtisch voller Blätter. Da büffelte er für die Prüfung.

Die ganze Zeit strahlte er. Hey, er strahlt ein Glück aus, das ist unglaublich. Der Mann ist 100 Prozent, in Topform. »Ich fühle mich wie frisch verheiratet«, sagte er. Seine Frau June saß neben ihm auf der Couch, die hatte er im Arm, und ihre Hand lag auf seinem Knie. »Wir erleben unseren zweiten Honeymoon«, sagte Andrew und hatte wieder einen Grund zum Lachen, »June und ich waren so lange getrennt, daß wir jetzt alles zusammen machen. Wir haben eine Einladung nach Germany. Auch da werden wir zusammen hinfahren.«

Klar, daß er seine Prüfung bestanden hat.

Sieh ihn dir an, der Mann blüht. Keine Spur von Ermüdung, kein Zeichen von Verschleiß. Der genießt grenzenlos. Und ist hellwach, hey, der ist heiter, ein großer, starker Mann, berstend vor Kraft. Auch das macht Mut: zu sehen, er ist ungezähmt und ungebeugt.

Dabei sagt er: »Manchmal habe ich eine große Wut, wenn ich an die Jahre auf der Insel denke, aber die richtet sich nicht gegen einzelne, sondern gegen das System.«

Andrew hat so viel Elan, daß ihn nicht mal der Abstand zur jungen Generation bremsen kann. Seine Enkel – na ja, sind wohl wüste Lümmel. Deren flottes Benehmen ist ihm fremd. »Ihr könnt eure Freunde ruhig herbringen, aber ihr müßt Ordnung halten im Haus«, hat er ihnen gesagt, als ich bei ihm saß.

Daran merke ich auch, wie lange wir weg waren.

Die Youngsters leben und denken anders als wir damals. Und ihr Kampf ist anders als unserer. »Wir sind jetzt die Rentner«, sagte Andrew lachend, »da kann man nichts machen.«

Aber er nutzt jede Gelegenheit zur Diskussion mit ihnen. Er hört sich ihre Verbitterung an: »Unsere Eltern hätten sich nicht mit allem abfinden dürfen, was die Regierung ihnen antut.« Er redet mit ihnen über Strategien und Perspektiven. Mahnt zu Geduld. Sagt ihnen, daß sie's mit ihren Schulboykotten und mit den Stay-aways, der Arbeitsverweigerung, nicht übertreiben dürfen, denn die Waffe wird stumpf, kann zum Bumerang werden, und dann bringt sie nichts ein. Er weiß es ja noch aus den fünfziger Jahren.

Und er fühlt den Jungen auf den Zahn: »Seid mal ehrlich, wer von euch benutzt die Situation in Soweto mit den Dauerstreiks nur als Ausrede zum Schuleschwänzen?« Müssen ganz schön verdutzt gewesen sein, wo sie ihn sonst mit militanten Sprüchen nur so überrollen.

»Die alten Leute fürchten euch junge«, sagte Andrew mal zu ihnen, »das ist ein schlechtes Zeichen. Ihr könnt die Leute nicht zwingen, sich dem Mietboykott in Soweto anzuschließen, ihr müßt sie überzeugen.«

Andrew, Mr. Hundertprozent, mit einer Engelsgeduld saß er mitten in der Runde, schwieg lange zu ihren Vorwürfen, daß der ANC in den Fünfzigern zu lahm gewesen ist und und und.

Wir waren uns einig hinterher, er und ich: »Die Jugend hat zu viel Ungerechtigkeit erlebt, zu viel gelitten, zu viel Schmerz wegstecken müssen. Denen kann man mit Moral und Disziplin nicht mehr kommen. Da wartet entsetzlich viel Zorn auf Entladung. Mit ein paar Reformen geben die sich nicht mehr zufrieden. Kompromiß ist für die schon Kapitulation. Es braut sich was zusammen, und diese Spirale der Gewalt stoppen, das kann nur ein Wunder.«

Was wird aus Südafrika?

Aber denk dir, was Andrew mir zum Abschied sagte: »Sie haben uns Jahre genommen. Ich bin jetzt ein alter Mann. Aber ich kämpfe immer noch. Selbst als Krüppel würde ich mich hinstellen und unsere Jugend mit Reden inspirieren, denn ich glaube an ihre politische Erziehung durch die Kraft des Wortes. Ich bin jetzt 64, aber meinen Höhepunkt habe ich noch längst nicht erreicht.«

Sag selbst, ist der Typ nicht großartig?

Und wenn er in all dem Rummel von Zeitungsleuten und Veranstaltungen Ruhe sucht, geht er in sein Studierzimmer und schottet sich ab: »Muß hin und wieder mein inneres Uhrwerk justieren, nach über 20 Jahren Einzelzelle.«

Was hat es den Rassisten genützt, uns zu verbannen?

Vielleicht haben sie das erst mit der Freilassung von Mandela kapiert, daß nicht wir die Verlierer sind. They are the loosers!

Um Chris mache ich mir Sorgen. Er hat sein Journalistendegree auf der Insel gemacht. Aber einen Job hat er noch immer nicht, nach fast einem Jahr.

Er hängt rum. Mit seiner Freundin ist er auch nicht im reinen. »Seit ich zurück bin, weiß ich, daß meine Beziehungen nie mehr dieselben sein werden. Ich kann gar nicht anders, als sie unter dem einen Blickwinkel zu beurteilen, wie es war während der Haft oder wie es sein würde, wenn ich wieder drin wäre.«

Früher muß er ein toller Bursche gewesen sein, flog von einer zur anderen, konnte sich ganz auf seinen Charme verlassen und hat nie Probleme mit Mädchen gehabt. Ich glaube, es geht ihm schlecht. Er sagte mir, daß er sich in Gesellschaft oft überflüssig fühlt, er gehört nicht dazu. Das spürt er, wenn er ihnen was von der Insel erzählen will. Er könnte stundenlang reden, und sie würden es doch nicht verstehen.

Keiner versteht's, der nicht dort war.

Was sollst du erzählen? Vom schlechten Essen? Von den Schikanen? Was du vermißt hast an trostlosen Tagen? Wie es ist, wenn die Nächte lang und leer sind? Wie du Einsamkeit gespürt hast? Wie die tägliche Selbstbehauptung dein Selbstbewußtsein aufzehrt?

Ich kenne dieses Gefühl von Unverstandensein, diese neue Einsamkeit. Auch ich hab' sie kennengelernt, kaum daß ich draußen war.

Nimm allein die Späße, die wir draufhatten. Gott, haben wir uns manchmal veralbert, gebrüllt vor Lachen, haben uns Van-der-Merwe-Witze erzählt, wie eine übermütige Schulklasse, die außer Rand und Band gerät, weil der Lehrer mal weg ist.

Willst du einen »Van der Merwe« hören? Einen von unzähligen? Van der Merwe hatte eine Fahnenstange vor sich auf dem Boden liegen. Er stellte sie auf, holte eine Leiter und ein Maßband und stieg nach oben, um sie abzumessen. Aber er fiel mit der Fahnenstange um. Er versuchte es noch zweimal, da kam ein Schwarzer und fragte: »Baas, warum mißt du sie nicht, wenn sie auf dem Boden liegt?« Van der Merwe sagte: »Blöder Kaffer, ich will ja wissen, wie hoch sie ist, nicht wie breit.«

Zu solchen Späßen kamen all unsere Insider-Geschichten, wie sie eben in einer Gruppe ablaufen. Das alles ist weg, Mann. Den Jux kannst du mit keinem draußen machen, weil ihm einfach der Knast-Background fehlt.

Erst wenn Chris mit Ehemaligen von der Insel zusammen ist, lebt er auf. Am liebsten verbringt er seine Zeit mit Exgefangenen oder mit Büchern. Ganze Tage kann er mit Lesen verbringen. Da ist kein Easygoing mehr wie früher.

»Da unten auf der Insel war jeder eine ehrliche Haut«, hat er mir gesagt, »wir wußten, daß wir einander nicht reinlegen.« Er hat auf der Insel die Unschuld eines Kindes gekriegt, durch unseren Gemeinschaftssinn. Aber damit kommt er hier draußen nicht durch, hier gibt's die Kameradschaft nicht. Wir haben ihm zehn Jahre lang Schutz gegeben. Das ist jetzt vorbei.

Das sind die Nachteile der Freiheit, Mann. Dir vergeht der Rausch, ganz schnell wirst du wieder nüchtern.

An seiner Tochter hat Chris noch mal gesehen, wie furchtbar seine Strafe war. Sie ist jetzt zwölf, und er denkt sich manchmal, wenn er daheim gewesen wäre all die Jahre, hätte er ihr viel an Orientierung geben, sie leiten können, ja, einfach Vater sein können. O Mann, die ganzen zehn Jahre im Knast hab' ich Chris nicht so resigniert gesehen.

Wie groß ist der Schaden?

Vielleicht versteh' ich ihn deshalb so gut, weil es mir am Anfang genauso ging. Zuerst hab' ich mich gefragt: Was ist mir alles entgangen in diesen 20 Jahren? Und ich mußte mir sagen, laß das Vergangene vergangen sein, die Jahre sind passé.

Aber jetzt noch, mehr als ein Jahr später, bin ich am liebsten mit Ehemaligen zusammen. Jede Woche treff' ich mich mit einigen, letzte Woche erst wieder mit Kwedie. Wir erinnern uns an Situationen, wir lachen viel über gemeinsame Erlebnisse – hey, weißt du noch? –, erzählen uns Geschichten von anderen Häftlingen. Wir sprechen einfach dieselbe Sprache. Und das tut gut.

In den ersten Wochen hatte ich das Gefühl, ich kann meinen Mund nicht mehr halten. Hätte allen Leuten auf der Straße erzählen können, was da auf der Insel ein paar Meilen weiter weg vor sich geht, damit sie erfahren, wie dort Hunderten unschuldig das Leben weggenommen wird. Den ganzen Tag hätte ich sitzen und erzählen können.

Das änderte sich, als ich einen Job bekam und einen Platz zum Wohnen bei Freunden. Den Halt brauchst du. Jetzt organisiere ich schon wieder, bin dauernd unterwegs, hab' kaum Zeit mehr zum Nachdenken. Hey man, es gibt noch enorm viel zu tun in Südafrika.

Letztes Wochenende war ich in Kimberley, um mich in der Township über die Lage zu informieren. Mann, ich sag's dir, nichts hat sich geändert. Tränengas und Gummiknüppel wie gehabt. Von Reformen keine Spur.

Aber das geht so nicht weiter. Die Weißen können Schlachten gegen uns gewinnen, aber den Krieg gegen uns werden sie verlieren.

Demnächst werde ich zu meinem Bruder fahren. Vor zehn Jahren hat er mich zuletzt auf der Insel besucht, danach hatte er das Geld nicht mehr. Wir konnten uns nur schreiben. Klar freue ich mich auf die paar Tage bei ihm. Seine Kinder werden da sein, die Jungen werden wissen wollen, was ich alles erlebt habe.

Und außerdem?

Ach, in den letzten Wochen auf der Insel hatte ich mir ausgemalt, daß ich auf Safari gehen würde, sobald ich frei bin. Ich mag die Natur, Tierleben. Dachte mir, dann schau' ich mir endlich in natura an, was ich von den Büchern in der Bibliothek kenne: die Zebras, Giraffen, Löwen, die Berge. Jetzt dürfen wir Schwarze ja in den Krüger Park, ich könnte sogar nach Botswana fahren.

Das waren meine letzten Träume auf der Insel. Und jetzt sehe ich, daß ich gar keine Zeit dazu habe.

That's life.

Oft, wenn ich am Abend ins Bett gehe, wünsche ich mir, von den Comrades auf der Insel zu träumen. Damit ich wenigstens im Schlaf mal wieder bei ihnen sein kann. Ist mir noch nicht gelungen, obwohl ich so oft an sie denke.

Aber eines, mein Freund, habe ich mir ganz fest vorgenommen: Nächstes Jahr um diese Zeit werde ich verheiratet sein. Schau mich an. Ich bin zwar nicht groß, bin im Knast ein bißchen füllig geworden, und meine Haare haben sich aus der Stirn zurückgezogen, aber du wirst kein einziges graues finden. Und meine Stupsnase – na ja, mir gefällt sie. Ich bin doch nicht übel, oder?

Ob mich wohl eine will?

Ich werde sie finden. Und wenigstens ein Kind haben. Ich werde es zu einem weitsichtigen, politisch bewußten Menschen erziehen, der ein Gefühl für Recht und Unrecht hat. Das ist das mindeste.

Hey, ich habe viel weiterzugeben, Geduld, eine Menge guter Gedanken und wichtige Erfahrungen.

Wir müssen weitermachen, Mann.

Bis zu einem nichtrassistischen Südafrika, das allen Menschen gehört, die hier leben, ist es noch ein weiter Weg. Aber ich bin entschlossener als je zuvor. Und stark. Und optimistisch. Ich werde mich weiterhin nützlich machen, denn ich weiß:

Ich bin noch längst nicht tot.

Amandla!

Ich möchte dankbar all jene nennen, ohne deren Hilfe dieses Buch nicht zustande gekommen wäre:

Hanna und Ligurie, Bridget, Chris, Natalie, Gertrud, Verena, Zyda, Maren, Dorothea, Mike, Dr. K., Mam Lydia, David, Henry, Peter, Lucy, Pule, Aninka, Happy Bongani, Patrick, Tyna und Jan, Eileen und Charles, Veronica, Amos, Joe und Lynette, Barbara, Anthea und Ashley, Christoph, Neville, Wilfred, Phumi, Phumlani, Debby, Thelma, Robert, Rita und Dennis, Dorothy, Coral, Anne und Arashaad, Emmanuel, Nat und Stewart, Amalie und Harry, Kwedie, Andrew, Chris, Pops, Jeanny, Isaac, Rosemary, Ingeborg.

Miriam Tlali
Geteilte Welt
Ein Roman aus Südafrika

Der Roman beschreibt den
Arbeitsalltag der schwarzen
Muriel bei Metropolitan, dem
Möbel- und Elektroladen des
weißen Mister Bloch in Johannesburg, der seine schwarze
Kundschaft in ausbeuterische
Ratenverträge zwingt. Können
die Kunden die Raten nicht
mehr bezahlen, treibt der
schwarze Lastwagenfahrer
Agrippa die Ware wieder ein.
Er macht, wie viele andere
Schwarze auch, die Dreckar-
beit für die Weißen, um selber
zu überleben.
Ein eminent politisches Buch,
das – obwohl schon vor rund
zehn Jahren (zensiert und
gekürzt) in Johannesburg
erschienen – bestürzend
aktuell ist. Zudem eines der
wenigen Bücher aus Südafrika,
die von einer schwarzen Frau
geschrieben wurden und aus
dieser authentischen Perspektive vom Leben der unter-
drückten Mehrheit im Apart-
heidstaat erzählen.

Band 4710

Fischer Taschenbuch Verlag

fi 1098 / 1

Zum Thema Afrika

Ellen Kuzwayo
Mein Leben
Frauen gegen Apartheid
Band 4720
Sowohl in privater als auch in
politischer Hinsicht verkörpert
Ellen Kuzwayo, die »Mutter
von Soweto«, den alltäglichen
Widerstand vieler schwarzer
Frauen gegen ihre doppelte
Unterdrückung als Schwarze
und als Frauen. »Für mich«, so
schreibt Nadine Gordimer in
ihrer Einleitung zu dieser fes-
selnden und bewegten Lebensgeschichte, »gehört sie zu
jenen Menschen, die mich an
ein neues und anderes Südafrika, das unter ihren Händen
entsteht, glauben lassen.«

Dorothea Razumovsky
Frauen im Männerstaat
Südafrika
Band 3794
Mehr als dreißig Frauen aus
allen Lebensbereichen Südafrikas – schwarze wie weiße, linke
wie rechte, gemäßigte wie radi-
kale – kommen hier entweder
selbst zu Wort oder werden in
ihrer alltäglichen Umgebung,
bei ihrer Arbeit und ihren Aufgaben von einer Journalistin
porträtiert, die seit mehr als
sechs Jahren im Lande lebt.

Fischer Taschenbuch Verlag

Nadine Gordimer

Anlaß zu lieben
Roman
456 Seiten. Leinen und
Fischer Taschenbuch
Band 5948

Der Besitzer
Roman
335 Seiten. Leinen

Burgers Tochter
Roman
446 Seiten. Geb. und
Fischer Taschenbuch
Band 5721

**Clowns
im Glück**
Erzählungen
Fischer Taschenbuch
Band 5722

Der Ehrengast
Roman. 869 Seiten
Leinen und
Fischer Taschenbuch
Band 9558

**Ein Spiel der
Natur**
Roman
535 Seiten. Leinen

**Eine Stadt der
Toten, eine
Stadt der
Lebenden**
Eine Novelle und
zehn Erzählungen
315 Seiten. Leinen und
Fischer Taschenbuch
Band 5083

Etwas da draußen
Erzählung
Fischer Bibliothek
143 Seiten. Geb.

**Fremdling
unter Fremden**
Roman
Fischer Taschenbuch
Band 5723

**Gutes Klima,
nette Nachbarn**
Sieben Erzählungen
Fischer Bibliothek
144 Seiten. Geb.

July's Leute
Roman
207 Seiten. Geb. und
Fischer Taschenbuch
Band 5902

**Die Geschichte
meines Sohnes**
Roman
320 Seiten. Leinen

**Leben im
Interregnum**
Essays zu Politik
und Literatur
288 Seiten. Leinen

S. Fischer